本书出版获 2014 年广东第二师范学院"创新强校工程"建设项目（《思想政治教育教学团队》，粤教高函〔2014〕97 号）经费资助

班级管理

The Theory and Practice of Class Management

理论与实践

（第二版）

罗越媚　编著

暨南大学出版社
JINAN UNIVERSITY PRESS

中国·广州

图书在版编目（CIP）数据

班级管理理论与实践/罗越媚编著．—2 版．—广州：暨南大学出版社，2022.12
ISBN 978 - 7 - 5668 - 3574 - 1

Ⅰ.①班…　Ⅱ.①罗…　Ⅲ.①班级—管理　Ⅳ.①G424.21

中国版本图书馆 CIP 数据核字（2022）第 243280 号

班级管理理论与实践（第二版）
BANJI GUANLI LILUN YU SHIJIAN（DI-ER BAN）
编著者：罗越媚

出 版 人：张晋升
策　　划：周玉宏
责任编辑：黄　颖　刘舜怡
责任校对：苏　洁　王燕丽
责任印制：周一丹　郑玉婷

出版发行：暨南大学出版社（511443）
电　　话：总编室（8620）37332601
　　　　　营销部（8620）37332680　37332681　37332682　37332683
传　　真：（8620）37332660（办公室）　37332684（营销部）
网　　址：http://www.jnupress.com
排　　版：广州市天河星辰文化发展部照排中心
印　　刷：佛山市浩文彩色印刷有限公司
开　　本：787mm×960mm　1/16
印　　张：14.5
字　　数：290 千
版　　次：2015 年 11 月第 1 版　2022 年 12 月第 2 版
印　　次：2022 年 12 月第 5 次
定　　价：46.80 元

第二版前言

《班级管理理论与实践》一书出版以来，转眼间已经过去了七年。在这七年的时间里，它曾经被不同专业的师范生作为班级管理课程的教材来使用，有思想政治教育专业的学生，也有历史、中文、音乐等专业的学生。在上课时，学生会跟我说，他们喜欢书中既有理论部分的内容又有实践部分的内容。班级管理理论部分的内容可以加深他们对班主任工作的理解和认识，提升教育理论水平；班级管理的实践部分中有不少班级管理的实践案例和班级活动的方案设计，它们可以直接用在实际的班级管理当中。特别是对于刚刚开始当老师的师范生来说，这本书无疑是很好用的。不过，实话实说，于我而言，用自己撰写的书来当教材还是有很大压力的。因为每次上课都要面对它，教学过程中审视它和审视自己就变得不可避免了！有时候发现书中的缺点是如此明显，往往会让自己觉得难过！还好，经过几年的内心煎熬，我学会了从另一角度来看待它。其实，当有机会把自己所写的书作为一个外在于自己的对象来对待时，自己就能够更清楚地认识它的优点和缺点，内心也慢慢变得坦然了许多，开始努力尝试做到较为客观地评价自己，认识自己的不足之处并接受它。同时，我内心清楚书中的一些问题和不足，需要时间的沉淀才能够去解决、去改正、去完善。此次的修订就是这样一种努力，希望这次修订能够改进和完善书中的内容，也借此次修订，进一步阐明班级管理的理论基础，坚持以学生为本的教育理念，坚持在班级管理实践中去做教育。我坚信，教育是做出来的。在我看来，做教育一定是教育者自觉的、主动的且富有创造性的教育教学实践活动。因此，书中所有的言说都是为了做教育，是为班级管理实践服务的。

班级管理作为学校教育工作的重要组成部分，它早已经由原来以经验式为主的管理方式转变为在理论指导下教育者有目的、有计划的教育教学实践活动。如果说以前班级管理侧重于班主任的事务性工作和教师的经验之谈，那么，现在的班级管理更强调教师在教育理念指导下，自觉地做教育的过程，它突显出班级管理必须是教育理论与教育实践相结合的立德树人的过程。可见，理论与实践相结合是班级管理的鲜明特征。正是基于这样的认识，同样是研究和探讨班主任工作的一本书，我给它取名为《班级管理理论与实践》。我始终坚持班主任工作应该是教育理念指导下有目的、有计划的育人过程，班级管理是教育者在坚持立德树人这一教育的根本任务的同时，自觉地、积极主动并带有创造性地开展教育教学实践活动的过程。因此，班级管理要把学生培养成什么样的人？建设怎样的班集体才更有利于学生健康成长？如何通过班级管理培养学生成为社会主义事业的建设者和接班人？对这些问题的思考和回答，构成了本书的内在逻辑结构和框架体系。班级管理要立足于人性又优化人性，坚持社会主义核心价值观，培养学生正确的人生观、世界观和价值观。班级管理要坚持以人为本、以学生发展为本的教育理念，通过开展班级实践活动来培养学生、塑造学生，促使学生人性向善、人心向学，使学生能够在德、智、体、美、劳等方面全面发展。为此，班级管理要师生达成共识，群策群力，共建良好的班集体。

在教育实践过程中，我们越来越意识到一个好的班集体，建设一个健康的班级小社会，对于学生的成长至关重要。俗话说，"蓬生麻中，不扶而直"。也就是说，一个良好的班级往往会成为学生成长过程中的参照标准，它可以纠正学生的错误观念和不良行为习惯。相反，如果学生生活在一个不良的班级中，学生的健康成长和发展往往会受到极大的干扰和阻碍，不良班级中存在的错误观念和行为有可能成为学生成长过程中的最大障碍和绊脚石。对此，我相信我们每一个人都有切身体会。我们在受教育的过程中，曾经在班级中生活过十多年，有些班级带给自己的伤害可能一辈子也消除不掉！例如班级学生间的欺凌行为对学生的伤害极大。有些班级却成为自己一生中最美好、最为温暖的陪伴，同学间、师生间始终相互支持、相互帮助。因此，班级管理对于学生来说不是可有可无、无关紧要的。在学校教育中，班级管理就是要老师们、同学们一起努力，共同创建一个良好的班级小社会；班主任的重要职责就是带领全班学生共建良好的班集体，为学生的健康成长和发展搭建平台。因此，班级管理要坚持人性向善、人心向学。

在我看来，在班级管理过程中，人性向善有两个方面的内容需要班主任在工作中好好把握，一是个体向善，二是群体向善。也就是说，班主任一方面要善于进行个别教育，小心呵护学生内心中美好的一面，促使人性中善的一面茁壮成长；另一方面要能够带领全班学生共同建设良好的班集体，在班级中能够凝聚共识，明辨是非，形成对人性向善的基本共识。人心向学就是指班级管理要坚持以学习为重，围绕学生的学习生活来开展班级工作。一方面，班主任要肯定学生是想学习和爱学习的；另一方面，班主任要坚持学习是学生自己的事情，学习是学生应该承担的责任和履行的义务，教师只是辅助者、引导者。学生进入学校就是来学习的，我们必须肯定学校教育在学生的学习过程中起着非常重要的作用。现代社会中，绝大多数人都是通过学校教育来获得知识和技能，获得生存和发展的本领，成为对自己、对家庭、对社会有用的人。因此，教师在班级管理过程中，一定要向学生阐明学校的学习在个体成长过程中所起的重要作用，帮助学生正确认识学校教育的价值和意义，理解班级的地位和作用，自觉融入班集体。

总之，正如良好的社会需要人人参与、人人努力，它离不开正确的世界观、人生观和价值观的指引，班级社会同样如此。只有班级成员在共同价值观的指导下达成共识，才能共建美好的班集体。班主任在班级管理过程中，必须时常自觉地站在这个高度上认识班级管理所具有的教育功能和社会价值。只有这样，在班级管理过程中才能坚持正确的方向，坚持以社会主义核心价值观来塑造学生，培养学生成为新时代的社会主义事业的建设者和接班人。

罗越媚

2022 年 12 月

前　言

　　所谓班级管理，主要是指学校管理者通过班主任的领导和学生的积极参与，把班级全体同学组成一个有共同的、正确的奋斗目标，有较为严密的组织和结构，形成良好的班风、班纪和班级舆论的集体。班级管理具有三个基本功能：一是保证班集体发展方向的正确性；二是保证班级教育教学任务的顺利进行；三是提高学生的自我管理能力。班级管理是对教师的基本素质要求，每一位教师都必须具备班级管理的基础知识和基本技能。

　　班级管理理论是指在班级管理中所涉及或运用的各种理论，它是班级管理实践的理论依据，为班级管理提供必要的思想支持。班级管理的基本理论主要包括班级管理的人性基础、班级管理的价值基础、班级管理的价值追求、班级的团体特征和学生的个体特征，以及法、情、理相结合的班级管理模式等，这些理论往往具有多学科的理论基础，综合哲学、教育学、心理学、管理学等理论，构建出班级管理的理论基础和思想基础。它是本书的核心内容，是以人为本的教育理念在班级管理中的具体表现，突出班级管理的实质是教育这一理念。班级管理的过程，就是培养学生追求真、善、美的过程，是促进学生成长和发展的过程。

　　班级管理实践主要是指在班级管理理论的指导下，形成和发展出来的基本的班级管理方法和技能，主要包括班集体的组织与建设、班级活动的设计与实施、师生沟通的艺术等等。理论与实践相结合是班级管理的重要特征，培养人的教育活动不可能没有理论作为指导，同样，培养人的活动必须通过实践才能实现目标。因此，班级管理的天然特征是理论与实践相结合，一方面，班级管理理论来源于班级管理实践；另一方面，班级管理实践又必然以班级管理理论为指导。

　　《班级管理理论与实践》一书力求整合班级管理的相关理论知识和班级管理实践，通过班级管理实践中的具体案例的呈现与分析，帮助教师和师范生获得班级管理的基础知识，形成班级管理的基本技能，从而使教师胜任中小学的班主任工作。对于师范生而言，本书的特点主要表现在两个方面：一是使师范生初步了解与班级管理有关的理论，如教育学、心理学、管理学等相关理论，鼓励师范生自觉构建一个较为宽广的知识基础，从而在班级管理中能够灵活运用不同的理论指导班级工作；二是通过班级实践中的案例分析，让师范生初步形成班级管理的基本技能，如班集体建设的基本操作方法、班级活动的设计与实施、班级日常工作、师生沟通能力等等。

本书与一般的班主任工作概论类的书籍有所不同，概论主要侧重于对班主任工作所涉及的内容和方法进行概括性介绍，缺少对班级管理活动较为深入的理论分析。本书的突出特点在于，在班级管理理论部分，重点阐明班级管理的人性基础、价值基础等，使班级管理建立在人性基础上，指出班级管理应该坚持社会价值取向和个人价值取向；强调班级管理要突出以人为本、以学生为本的时代特征，应该使教育的社会价值与个人价值相统一，从而既有利于学生的社会化，又有利于学生的个性发展，引导学生追求真、善、美。

此外，本书保持了班主任教育叙事的优点，在班级管理实践部分，充分利用班级管理的相关案例，结合理论知识，使本书的理论具有较强的可操作性，突显班级管理的实践性特征。它与以纯粹叙事为主的班主任工作经验类书籍相比，突出了班级管理理论性、科学性和实践性相结合的特征，强调了班级管理既要有理论依据，又要有实践活动。

罗越媚

2015 年 8 月

目　录

理论篇

实践篇

第九章　师生沟通的艺术

绪　论　班主任的教育理念与班级管理

在日常生活中，不论是普通民众还是学者，都习惯用"教育理念"这个词来谈论与教育有关的话题，"教育理念"俨然成为一个不言自明的词语或概念。事实上，当人们想要说清楚什么是教育理念时，往往又会语焉不详，含糊其词。

那么，什么是理念？什么是教育理念？我们又该如何理解教育理念呢？

"理念"一词，最早是由西方哲人苏格拉底提出来的。他提出"理念作为模型存在于自然之中"，又指出"理念只是我们心中的一个思想"。在苏格拉底看来，理念是一种模型，它不是人们臆想出来的，而是存在于自然之中、可以为人们所认识的。同时，理念也是人们的思想，它与人们的观念、信念有关。柏拉图在苏格拉底的基础上进一步发展了"理念"这一概念，他认为理念就是万事万物的本原，是永恒的精神实体，它是关于事物的本性、本质的思想和观念。德国哲学家黑格尔对"理念"做了更为详尽的、系统的阐发，他指出理念就是真理，是概念与客观事物的统一、主观性与客观性的统一。由此可见，在西方哲人看来，理念是人类认识客观事物的思想和观念，而且这种思想和观念是人类认识的主观性与客观性的统一，是人类对客观事物的规律性认识。那么，教育理念就是人们对教育现象和教育活动的规律性认识。只有在正确理解和把握教育的规律和本质的基础上形成的教育思想和教育观念，才能被称为教育理念。

首先，教育理念是人们对教育现象及其活动的理性认识的结晶。人是理性的动物，教育是人类有目的、有意识、有计划的社会活动，也是人类培养下一代的高度组织化的活动。教育理念是人们对好的教育的基本判断和具体规定，它承载着人类对美好人性的一种追求和向往。其次，教育理念源于人们对教育现实的认识和深刻反思，它是人们对教育的实然状态的冷静观察和清醒认识。在现实生活中，"教育理念"是一个内涵和外延都极其丰富的术语，它被人们广泛地用来表述在反思教育现实的基础上所形成的教育思想、教育观念、教育主张、教育价值等。

习近平在2021年两会期间会见全国政协代表时指出：要全面贯彻党的教育方针，坚持社会主义办学方向，坚持教育公益性原则，着力构建优质均衡的基本公共教育服务体系，建设高质量教育体系，办好人民满意的教育，培养德智体美劳全面发展的社会主义建设者和接班人。习近平强调，教育是国之大计、党之大计。要从党和国家事业发展全局的高度，坚守为党育人、为国育才，把立德树人融入思想道德教育、文化知识教育、社会实践教育各环节，贯穿基础教育、职业教育、高等教育各领域，体现到学科体系、教学体系、教材体系、管理体系建设各方面，培根铸魂、启智润心。要从我国改革发展实践中提出新观点、构建新理论，努力构建具有中国特色、中国风格、中国气派的学科体系、学术体系、话语体系。要围绕建设高质量教育体系，以教育评价改革为牵引，统筹推进育人方式、办学模式、管理体制、保障机制改革。要增强教育服务创新发展能力，培养更多适应高质量发展、高水平自立自强的各类人才。对群众反映强烈的突出问题，对打着教育旗号侵害群众利益的行为，要紧盯不放，坚决改到位、改彻底。

可见，一个国家有一个国家的教育理念。从国家层面来讲，教育理念集中体现在如何确定教育方针政策和教育目标上，也体现在如何办好教育，构建教育体系上。我们国家的教育理念就是坚持办好人民满意的教育，坚持教育要培养德智体美劳全面发展的社会主义建设者和接班人，为党育人、为国育才，培根铸魂、启智润心。

一个学校有一个学校的教育理念。2021年两会期间，有两位校长的讲话引起人们的普遍关注和热烈讨论。一位是全国政协委员、江苏省锡山高级中学校长唐江澎，他说："我认为好的教育应该是培养终生运动者、责任担当者、问题解决者和优雅生活者，给孩子们健全而优秀的人格，赢得未来的幸福，造福国家社会。"另一位是云南省丽江市华坪女子高级中学校长张桂梅，她说："我们是女子高中，我们想把我们的女孩子培养成为有文化、有道德、有能力，能够自尊、自强、自立，继承我们的革命传统，做我们共产党人的接班人，成为我们党的好女儿。"这两位校长的一言一行都表达了自己所秉持的教育理念。他们都认为，好的教育不仅能满足个体成长和发展的需要，也能够满足国家和社会发展的需要。

无论是国家层面还是学校的教育理念，都包含着两个核心问题：一是教育应该培养学生成为什么样的人；二是教育应该如何培养人。

因此，教育理念就是人们对教育应该是什么、应该怎么样的深入思考，是对教育的本质及规律的正确理解和把握。它体现了人们对教育应该培养什么样的人、如何培养人的哲学思考，是教育培养人之所以为人的价值追求和理想信念。可见，教育理念是人们追求的教育理想，它是建立在教育规律的基础之上的。科学的教育理念是一种"远见卓识"，它能正确地反映教育的本质和时代的特征，科学地指明前进方向，① 它回答的是"教育应该是什么和应该怎么样"的根本性问题。

人们对于教育理念的具体表述，会随着时代的发展变化而不断地发展变化。例如，针对民国时期的教育还是只让学生背四书五经这一情况，留学美国回来的陶行知提出"教育是生活"和"生活即教育"的教育理念，并身体力行创办育才学校，坚持教育与生活密切联系。

改革开放后，为了适应社会发展和人才培养的需要，我国提出了素质教育目标，即教育要把学生培养成"德智体美劳全面发展的、有理想、有道德、有文化、有纪律的社会主义建设者和接班人"。素质教育是我国教育应该追求的目标，也是教育的应然状态，是所有教育工作者追求和坚守的教育理想和信念。素质教育作为一种教育理念，它恰恰表达了人们对于"培养学生成为什么样的人""应该如何培养人"这两个核心问题的思考与解答。

进入 21 世纪以后，人们为了适应时代发展，提出了不同的教育观念和教育主张，如以人为本、素质教育、主体性教育、公平性教育、个性化教育、开放性教育、多样化教育等。这些教育理念使教育的思想市场异常活跃，为我国的教育实践活动注入了无穷的生机和活力。正如我国在 21 世纪初实施的基础教育课程改革，就是在"以人为本"的教育理念指导下的教育改革和实践。经过十多年的改革，我国的教育发生了深刻的变化，"以人为本"和"以学生的发展为本"的教育理念深入人心。

由此可见，教育理念一旦形成和树立就具有强大的力量，它不仅是教育事业不断前进的"助推器"，也是社会变革的思想力量。

众所周知，班级管理普遍存在于学校教育当中。从广义上说，班级管理就是教育者以班级为单位，对学生进行的有目的、有计划的教育实践活动。在这里，教育者可以是学校领导，也可以是教师。从狭义上说，班级管理特指学校管理者通过班主任的领导，以班级为单位，使全班学生积极参与和努力，把班级组建成一个有共同的、正确的奋斗目标，有较为严密的组织结构的集体来执行班级具体事务，使班级具有良好班风、班纪和班级文化的教育管理过程。班级管理的实质是教育，它是通过管理来达到教育目的。因此，从教育角度来理解，班级管理首先是关于教育"应该是什么"与"应该怎么样"的观念和思想，其次它要思考和回答班级管理"应该是什么"与"应该怎么样"的问题，而且后者应该以前者为基础和前提。因此，教育理念对于班级管理来说，就是

---

① 王冀生．试论现代大学的教育理念 ［J］．中国高等教育，1999（4）：7－9．

应该坚持的教育原则、立场、方法、态度、信念和追求。

可见，班级管理是在教育理念指导下的教育工作者的理性行为，是教育工作者有意识、有目的、有计划的教育实践活动。在学校教育中，一般而言，教师是班级管理的主要执行人，尤其是班主任，在班级管理中扮演着重要的角色：一是作为教育者和管理者的班级领导角色，班主任直接承担着教育与管理学生的职责；二是作为班集体的组织者和建设者的指导角色，班主任承担着组织和建设良好班集体的职责，指导学生实施班级自治，进行自我管理和教育。因此，对于班级的教育者和管理者——教师而言，教育理念就是以学生前途和社会责任为重心，坚持以教育的社会价值与个体价值相统一为原则，坚持班级管理所秉持的理想信念和价值追求来培养和塑造学生，使学生成为对社会有用的人。

黑格尔说过，没有理念的行动是盲目的，没有行动的理念是空洞的。这说明理念与行动是联系在一起的，有什么样的理念就有什么样的行动。教育理念与班级管理同样如此。教育理念本质上就是人的思想和观念，是人理性思考的结果，而班级管理本质上是人的有意识、有目的、有计划的行为，有什么样的教育理念就有什么样的班级管理，它们是息息相关的。教师把教育理念转化为管理班级的具体措施和方法，把教育理念付诸实际，并具象化为管理学生、培养学生和塑造学生的班级目标、制度、活动等。可以说，班级管理实质上就是教师教育理念的实践。

因此，在学校教育中普遍存在的班级管理，其具体行为来源于其教育理念，将直接影响教育的效果。班级管理无疑是诸多具体事务的集合，学习、教学、日常班级管理、班级活动等，它们都是事务性的工作。正是这些事务性工作的背后隐藏着教育理念，可以说正是教育理念支配着班级管理。因此，班级管理是在教育理念支持下的管理行为和管理实践，它是教育工作者有意识、有目的、有计划的教育实践活动。如果教师的班级管理没有教育理念指导，即缺乏必要的理想信念和价值追求，班级管理只是随波逐流或处于个人无意识状态下的行为，那么，这样的班级管理往往是盲目的，它只能停留在经验层面。相反，如果一个教师在管理班级时空有理念，没有付诸实践，教育理念无法实现，那么这样的教育理念也必将是空洞的、无用的、苍白无力的。

班主任直接负责班级管理的具体工作和各项任务，是班集体的直接领导者和具体负责人。因此，如何组织和建立班集体，如何管理学生、培养学生等，无不体现出班主任的教育理念。在班级管理中，班主任具有怎样的教育理念尤为重要，这些教育理念将决定其采取怎样的教育方法、管理模式，以及对待学生的基本态度等。

可见，对于教师而言，教育理念的建立是第一位的。一名教师要具有科学的教育理念，必须先具备较为宽广的知识面和合理的知识结构，至少应具备哲学、教育学、心理学、管理学等方面的知识。与此同时，在班级管理过程中，教师必须具备把自己的教育理念付诸实践的能力，这是班级管理工作成功的关键。在这一环节中，教师首先要考虑清楚"培养学生成为什么样的人"的问题，并依据它制定出班级的培养目标，其次要从总体上设计"应该如何培养人"，即思考"如何做"的问题。在班级管理过程中，解决"如何做"的问题，一是要从建立班级规章制度入手，二是要从开展班级活动开始，双管齐下，班级管理才会有成效。因此，班级管理一方面要靠制度、靠规则，使学生形成基本的共识，共同建设班集体；另一方面需要通过师生开展丰富多彩的班级活动来实现和完成班级的目标和任务。班集体是在教育教学活动中成长的，教师的教育理念也要通过班级活动才能得以实现。归根到底，教育理念必须落实到具体的实践活动中，才能彰显教育的价值和意义。从班主任的角度来看，教育理念与班级管理之间的转化，就是班主任建立和实施教育理念的过程，并在这个过程中逐步形成班主任独特的教育风格，如下表所示：

班主任的教育理念	班级管理的具体元素	
班主任教育理念的建立	哲学	
	教育学	
	心理学	
	管理学	
	现代教育理论	
班主任教育理念的实施	培养学生	科学精神
		人文精神
		创新精神
		民主精神
	管理学生	班级奋斗目标
		班级规章制度
		班级活动
形成班主任个人独特的教育风格	科学的学生观	
	民主开放的态度	
	创造性	
	深厚的人文素养	

从表中可知，首先，班主任教育理念的建立离不开合理的学科知识结构，与教育有关的学科知识不仅有助于教师建立合理的知识结构，也有利于教师对教育现实进行深入的思考和反思，这是教师教育理念建立的知识基础。班主任要建立科学的教育理念，就要自觉学习哲学、教育学、心理学、管理学以及现代教育理论等知识。其次，在教育理念的实施过程中，班主任要重点把握两个根本问题：一是如何培养学生，这是关于培养什么样的人的问题，它既是教育的根本问题，也是班级管理的根本问题；二是如何管理学生，即班级管理具体应该如何做的问题。从培养学生方面来看，班主任要坚持培养学生的科学精神、人文精神、创新精神、民主精神等，这些精神特质既是人的素质结构的重要组成部分，又是时代对人的基本要求。从管理学生方面来看，班主任要从班级奋斗目标、班级规章制度和班级活动入手，三管齐下，只有这样，教育理念才能真正落到实处。最后，教育理念的建立和实施是一个螺旋式上升的过程，通过这样的过程，教师慢慢形成个人独特的教育风格。在班级管理过程中，所谓班主任个人独特的教育风格，就是由其教育理念与教育行动相结合而形成的富有个性和独创性的班级管理风格和特征，它是教师相对稳定的综合素质特征。

可见，班级管理作为教育实践活动，它是教育理念的载体和重要表征形式。[①] 也就是说，教育理念如果不作用于班级管理，则失去了其存在的意义和价值。对于班主任来说，一方面要有意识地通过开展班级活动来实施和体现班主任的教育理念；另一方面其教育理念也必须在班级管理中转化为具体的目标、行动和班级活动，只有通过班级活动来培养学生、管理学生，才能塑造学生，使学生在活动中成长，班主任的教育理念才有其存在的意义和价值。班主任把科学的教育理念付诸实践，使教育理念具象化、个性化，并持之以恒，这是班级管理的关键所在。与此同时，班主任应该坚持用班级管理的实践活动来检验和反思自己的教育理念，通过不断的学习与实践，提高自己、完善自我，形成科学的教育理念和个人独特的教育风格。只有这样，班级管理才能常做常新，富有创造性和生命力。

本书正是基于教育理念与班级管理之间的内在联系，来构建班级管理理论与实践，阐明班级管理与教师应该具备的教育理念，以及教师在教育理念指导下应如何开展班级管理实践活动的。本书旨在通过对班级管理理论与实践的相关论述，表明一方面班级实践需要教育理念的支持和指导，另一方面教育理念

① 何杨勇．为教育理念的合理性辩护［J］．高等师范教育研究，2003（6）：56－61．

只有通过班级管理实践才能落实到教育教学过程，体现其意义和价值。本书重点介绍与班级管理相关的教育理念，主要观点摘要如下：

（1）教育是人之所以为人的教化和训练，教育应该以人性为基础，既立足于人性又优化人性，这是班级管理应该追求的教育价值。因此，班级管理要坚持引导学生人性向善，人心向学。

（2）班级管理应该追求社会价值与学生的个体价值相统一，坚持班级的发展与学生个体的成长相辅相成，相互促进，共同发展。同时，班级管理应该抑恶扬善，从善如流，遵守社会法律和道德的基本规范和原则，坚持民主、法治，践行社会主义核心价值观。

（3）班级管理应该坚持法、情、理相结合的管理模式，既坚持以制度育人为基础，又坚持情、理相结合的育人模式，将学生培养成通情达理、具有规则意识和现代公民素质的社会人。

（4）学生作为一个独立的个体，具有自己的个性特征，教师应尊重和重视学生的个体差异性。学生作为一个成长中的个体，既会犯错误、走弯路，也会失败，这是学生生活的一部分，教师对于学生所犯的错误应该坦然面对，但又不能听之任之、放任自流。

（5）学生的成长是一个连续发展的过程，这个过程既受外在因素影响，也有内在因素在起作用。班级管理虽然属于外在因素，但是它要发挥教育的影响作用，就离不开学生的自主建构过程，离不开学生的内在因素所起的决定性作用。为此，班级管理一定要注重在班级活动中培养和塑造学生。教师要充分认识到，学生能力的形成和素质的养成都是在班级活动中慢慢实现的，不是一蹴而就的。班级管理的实质是教育，要坚持以人为本、以学生发展为本的教育理念。

总之，教育理念是人们关于"教育应该是什么"和"教育应该怎么样"的思想和观念，而班级管理的教育理念就是关于"班级管理应该是什么"与"班级管理应该怎么样"的思想和观念。班级管理理论的重点在于阐明班级管理的人性基础、价值基础，它突出"班级管理的实质在于教育"这一基本思想，回答"班级管理应该是什么"这一核心问题。班级管理实践则侧重于说明"班级管理应该怎么样"，它涉及操作层面，是班级管理理论在实践中的综合运用和具体实施，也是教育理念在班级管理过程中如何落到实处的关键所在。这是班级管理理论与实践的主旨。

理论篇

理论篇主要阐明班级管理的人性基础和价值基础、班级的团体特征和个体特征等。教育是综合的，班级管理也需要综合各方面的知识来为教育服务。因此，本篇试图融合素质教育理论、现代教育理论、管理学理论、心理学理论等内容，共同构成班级管理的理论基础，希望为教育者建立科学的教育理念，并为其最终转化为班级管理的具体行为方式提供必要的理论知识和思想基础。可以说，班级管理理论既是教育者必须具备的知识和信念，也是教育者进行班级管理的思想前提和理论基础。

第一章　班级管理的人性基础

　　人是教育研究和工作的对象，也是班级管理研究和工作的对象。培养学生是班级管理的重中之重，班级管理必须立足于学生现实的人性特征，同时又要力求超越现实人性，通过教育来提升人、完善人，使人性得到升华。因此，班级管理要立足于人性又优化人性，这是班级管理的人性基础。这既是教育的本质体现，也是班级管理的现实要求。以人性为基础的班级管理主要包括两层意思：一是班级管理必须建立在现实的人性基础上，遵循教育规律，尊重学生身心发展特点，实践"以人为本"的教育理念，坚持立德树人这一根本任务来开展班级工作；二是班级管理应建立在对学生人性特征全面、科学、准确的分析基础上，全面提高学生的综合素质，使学生在德智体美劳等方面全面发展，培养学生成为现代社会所需要的人。

一、班级管理的人性概述

　　人性，就是人的本质，包括人的自然本质和社会本质。所谓人的自然本质，就是指人的动物性，人具有生物意义上的自然特征以及由此发展而来的身心特质。人的社会本质就在于人的社会性，是指人所具有的文化特征和由于社会化而形成的所有特质。人是什么？人性又是怎样的？人们尝试去描述人性、解释人性，从而试图理解人类自身。关于"人是什么"以及"人性是怎样的"，对这些问题的思考和回答构成了人类思想史上丰富的人性论。众所周知，班级管理是关乎人的工作，它要借助管理来达到教育的目的。那么，学生是一个怎样的人？班级作为人的集合体又具有什么样的特征？这些问题都涉及人性及其特征。因此，对人性的多学科理解将有助于教育工作者更好地理解人性，从而把握当下学生的人性特征。

（一）人性的多学科理解

　　人性是人类对于自身本质特征的认识，人性论是人类基于对自身认识的归纳、概括和总结形成的理论知识。无论是在中国思想史上，还是在西方思想史上，对于人性的解释都是极其丰富和全面的，不同学科会有不同的解释，人们尝试从不同角度去理解和把握人的本质及其特征。古今中外的学者对于人性的描述和解释可谓仁者见仁，智者见智。从多学科背景来理解人性，人们会发现人性是现实的、丰富的。

1. 人既是理性的又是非理性的

关于人性是什么，对其最为丰富的解释莫过于哲学了。西方哲学史上最具代表性的观点就是理性主义和非理性主义。理性主义的代表人物（如康德和黑格尔）认为人是理性的。人的理性，简单来说就是指人所具有的认识能力，人的认识能力表现为人的思辨能力、批判精神、逻辑思维能力、分析能力等。认同人是理性的，就是认为人通过认识可以掌握自然规律，甚至把握人类社会发展的进程，即表明人是能够认识世界的，当然包括认识自身。如果说，"人是理性的"这一观点强调的是人的认识能力，那么，所谓非理性主义就是要告诉理性主义者，人是情感动物，是非理性的存在。人的非理性体现在人受情绪控制，受欲望驱使，人时常会感到空虚、无聊、绝望、恐惧，诸如此类的情感体验深深地烙进人的特性。正因为人具有非理性的一面，西方不少哲学家如叔本华、尼采、萨特、海德格尔等，充分描述了人的非理性的存在方式，如叔本华提出的人受求生意志的控制，萨特指出的人类时常受虚无困扰，尼采呼唤超人意志来抵抗俗世的沉沦，等等。

可见，人既是理性的，又是非理性的。也就是说，人是有认识能力的，但是人的认识又为人自身的情感体验所影响，甚至受情感控制。例如，画饼充饥，既是人的理性所为，又是人的非理性的具体表现。在这个例子中，人受自己的幻觉所控，忘记饥饿。现实生活中有许多这样的例子，吸毒者其实就是受制于毒品所带来的幻影，沉迷于此，难以自拔。学生同样既是理性的又是非理性的人；既是具有认识能力、判断能力、分析能力的人，又是有七情六欲的人，这是一个基本事实。

2. 马克思主义哲学认为，人是自然属性和社会属性相统一的

马克思主义者把人性理解为人具有自然属性和社会属性。人的自然属性主要指人是生物意义上的人，与人是动物这一事实有关。人作为自然存在的生物意义上的人，人的肉身与其他动物一样是具有肉体组织器官的生理构造和机能。人的肉身是由消化器官系统、内分泌组织系统、循环器官系统、生殖器官系统、感觉器官系统、运动器官系统、神经组织系统等组成的统一的生命有机体。人是自然界的一部分，人的生命的存在和发展需要与自然保持密切联系并遵循自然规律和生命法则。因此，人的自然属性表明人一方面具有自然所赋予的生命力、能动性，但另一方面作为肉体的、自然的人也是受制约的、受限制的。

马克思说：人是一切社会关系的总和。这指的就是人的社会属性，人是生活在社会关系之中的，社会关系塑造了人，给人打上了深深的文化烙印。马克

思正是从社会关系角度来定位人和理解人的。确实，人生活在社会中，没有人不具有社会属性。人之所以为人，不在于生物学意义上人的形态特征和生理机能，而在于人的社会性，人的社会属性才是人性的本质特征。人类在与自然相处过程中，为了生存和发展形成了复杂的人类社会，人们既有分工又能协作，社会有等级秩序又能上下流动，有合作又有竞争。每个人一生下来，就生活在错综复杂的人与自然、人与人、人与社会的关系网络中，融入在社会中、群体中。

学生是人，他们同样具有自然属性和社会属性。学生的自然属性体现在他们是生物意义上的人，他们的成长和发展受到自身生理、心理等方面的影响和制约。学生的社会属性体现在他们是生活在社会关系之中的，这些社会关系包括父母与子女之间、同伴之间、师生之间的关系等，当然学生也是生活在具体的、不同的区域文化之中的，他们身上具有不同文化的特征和表现。

3. 人是既善且恶的

从伦理学角度来理解人性，人是既善且恶的。

首先，人性是善的，善就是好。《中庸》提到："仁者人也。"只有具有仁义之心，人才能成其为人。孟子也说："恻隐之心，人皆有之。"当人们看到别人要掉到井里时，会产生怜悯之心，会伸出救援之手。可见，这种好是存在于人的天性之中的。人人都有孟子所说的"恻隐之心"，这是人的善根。亚里士多德说，善是目的。他说："每种技艺与研究，同样地，人的每种实践与选择，都以某种善为目的。"① 他认为，人的善就是灵魂的合德性的实现活动，合乎那种最好、最完善的德性的实现活动。因此，当一个人选择过一种有德性的生活就是善的。正所谓"人皆可以为尧舜"，只要充分发挥人的德性，人人都可以成为像尧舜一样的至善之人。

同时，人性又有恶的一面。当一个人为了自己的利益而损害他人的利益，甚至不顾一切、不择手段来获取自己的利益时，我们就说这是恶的。古语云，人不为己，天诛地灭，正好说明从古至今人们充分认识到了人性所具有的极其自私的一面，这是人性恶的根源。在现实生活中，人们时常要面对如何处理人与人之间的利益冲突。伦理学所探讨的善恶问题，正是要解决人们在生存和发展过程中所遇到的利益冲突问题，善与恶的问题始终存在于人的现实生活当中。可以说，只要有人就有利益，就有冲突，就有善恶。可见，善和恶都存在于现实人性之中，它们是人们在具体情境中才表现出来的人性特征。因此，有人说，

---

① 亚里士多德. 尼各马可伦理学 [M]. 廖申白，译. 北京：商务印书馆，2003：11.

人既是天使又是魔鬼，道德教育就是要把人提升到天使的高度，而不至于使人堕落成为魔鬼。抑恶扬善是伦理道德教育的主旨，引导人们要从善如流，选择做一个善良的人。

在教育中，我们应该要看到学生是既善且恶的，但是首先要肯定学生是善的。学生的善，往往表现为追求真理、好学上进、崇尚公平、渴望友情等方面。例如，在班集体生活中，学生时常有无私奉献的一面，也有替他人着想、为集体争光的时候，这是学生善的表现。当然，学生作为人也会有恶的表现，当他只从"为我"的、自私的角度出发来处理人和人、人和集体之间的关系时，他可能会为了追求个体利益的最大化而做出伤害他人或损害集体的事。因此，教育者应该看到人性中存在的善与恶，抑恶扬善，坚持教育是人之所以为人的教化和训练，在班级管理中能够做到引导学生人性向善、向好、向学。

4. 人是情绪性动物

心理学认为，人是情绪性动物，有喜、怒、哀、乐，这些情绪会控制人的理智，使人失去基本的判断力。当然，人也是理智的，人的理智有能力调控人的情绪，使人在面对各种情感体验时能妥善处理情绪。心理学还认为，人是具有独特个性的，即他具有独特的性格特征、意志品质和认知特点等。总之，心理学认为，人既是理智的又是情绪化的，人既有普通的一面又有独特个性的一面，是认知、情感、意志与行为的统一体。

5. 人既是经济人，又是社会人、复杂人

从管理学的角度来看待人性，主要有"经济人""社会人""复杂人"等人性假设。人性假设是管理学中的基本理论，是管理学对人性的一种基本理解，目的在于把有效管理建立在人性基础上。随着管理的深入，人性假设也发生了变化，人们对人性的理解越来越全面，越来越具体。首先，"经济人"假设，就是认为人要追求自身的经济利益，自身利益最大化是人的目标和追求。基于此种人性假设的管理，会注重通过经济利益来调动员工的积极性，或惩罚员工的消极怠工。其次，"社会人"假设，就是认为人除了追逐经济利益外，也追求其他的社会价值，如安全感、归属感、自尊、自我实现等。因此，管理者不仅要关注员工的经济利益，还要注重其对社会价值的追求。也就是说，当人们对物质财富的欲望得到满足后，会追求精神财富，在工作、生活、学习中追求生命的意义和价值，追求个体完善和自我实现等。最后，在管理学中，管理者会更多地把人理解为"复杂人"，认为人性并不是单一的，而是多面的、复杂的，管理者应该针对复杂多变的人性提出科学的管理之道。

管理学的人性假设理论对于教育工作者理解学生具有启发性。班级管理面对的教育对象同样是复杂多变的，这也是我们应该承认的一个人性的基本事实。

学生既有可能是"经济人"，又有可能是"社会人""复杂人"。但无论如何，人性不是一成不变的，而是随时随地在发生变化的。

总之，班主任要理解在不同学科背景下所描述的人性特征，了解各学科如何认识人性、描述人性，从而形成对人丰富而全面的理解。只有这样，班主任才能真正理解人性。班级管理的人性基础要求班级管理应该建立在广泛的学科基础上，借助不同学科资源科学地管理学生、培养学生和塑造学生。

（二）学生的人性特征

教育是人之所以为人的教化和训练，教育应该以人性为基础，既立足于人性又优化人性。班级管理同样如此。一方面，要理解人性是复杂多变的，班级管理要在充分尊重学生的个性特征基础上才能施加教育的影响；另一方面，教育者一定要坚持学生是可教的、可塑的，要充分发挥班级管理的教育力量去教化和训练学生、培养和塑造学生。学生的人性特征是从教育的角度来认识学生，从总体上理解和把握学生是怎样的人以及他们所表现出来的复杂人性，使班级管理能够立足于学生的人性基础上，抑恶扬善，优化人性，使学生能够健康快乐地成长。

1. 学生是有血有肉的人

怀特海说，学生是有血有肉的人，教育的目的是激发和引导他们的自我发展之路。他说："我始终信奉这样一条教育原理：在教学中，一旦你忘记了你的学生是有血有肉的，那么你就会遭遇悲惨的失败。"①

"学生是有血有肉的人"，起码可以从两个方面来理解这句话：一方面，"有血有肉的人"肯定了学生是血肉之躯，有基本的生存需要，需要睡眠、饮食来维持生命；有安全需要，只有生活在安全的环境才有利于生存和发展。班级管理要能够满足学生身体的成长需要，教育应锻造学生的身体，使他们有健康的体魄。另一方面，学生也是有血性之人，即学生也有精神追求，包括追求真理、追求进步、实现人生价值等方面的需求。从哲学层面来说，学生是有血有肉的人，就是指出一个基本的事实：学生作为人，具有自然属性和社会属性，学生是自然性和社会性相结合的人。"有血有肉的学生"是班级管理的现实的人性基础之一，班级管理所面对的学生是有七情六欲的人，班级管理必须立足于"有血有肉的学生"的基础上，激发和引导学生走上自我管理、自我发展、自我实现的道路。

---

① 怀特海. 教育的目的 [M]. 庄莲平，王立中，译. 上海：文汇出版社，2012：67.

因此，班级管理要尊重学生作为人所具有的自然属性与社会属性，学生本身所具有的自然属性是人性发展的基础，是社会属性发展的前提条件。如果没有自然性的发展作为基础，学生的社会性的发展也将难以为继。承认学生是有血有肉的人，并以此为基础衍生出班级管理的一个基本原则：班级管理要在顺应学生身心发展规律的基础上，引导学生走向自我管理、自我发展、自我实现的道路。

2. 学生是发展变化的人

古语云："士别三日，当刮目相看。"学生就是这样的一群人，他们是一群充满活力、充满希望，不断处于发展变化中的人。学生的发展变化一方面基于个体生命的成熟，它使生命处于不断的发展变化之中；另一方面源于人类的学习能力，学习导致人的发展变化。

发展心理学认为，发展指的是个体从孕育到死亡这个过程中，系统的连续性和变化。导致发展的原因是什么？作为教育者，必须明白导致发展的两个重要过程[①]：

第一个关键过程是成熟，它指个体按照遗传基因中预先设定的生物程序发展。正如种子在充足的阳光雨露的滋润下，有合适的土壤条件就会长成成熟的植物，人也如此。人的成熟进程有一个大致相同的时间表：大约在1岁时开始行走并说出第一个有意义的词，11～15岁达到性成熟，然后成年，慢慢变老，最后死亡。因此，从时间上来看，任何个体都是处于不断变化发展之中的。与此同时，人的成熟不仅包括生物意义上的成长，还包括社会化过程，前者是人的生理成熟，后者是人的心智成熟。人的心智成熟是人习得文化、掌握技能、融入社会的过程。人的自然性发展遵循自然法则，生理的成熟伴随着心智的成熟，心智的成熟又促进人的社会性发展，它们之间具有内在的关联。

第二个关键过程就是学习，人的发展变化过程也就是人的学习过程，或者说，是学习导致了人的发展。通过学习，人的思想、情感、信念乃至行为发生了相对持久的变化。例如，在语言表达方面，人在1岁时学会说单个词，随着学习的深入，从幼儿园开始看图说话，到小学习得自主阅读和写作，再到中学能够自由地表达自己的思想，这是学习让人一直处于发展变化之中。学生的学习方式是多样的，既有来自观察和模仿的，也有来自与他人交往的；既有来自系统的教育和训练的，也有来自平时的经验积累的。人们常说学习使人进步，学习使学生处于一个不断发展变化的过程之中。

---

① 谢弗. 发展心理学：儿童与青少年［M］.6版. 邹泓，等译. 北京：中国轻工业出版社，2005：4.

3. 学生是生活在关系中的人

马克思说：人是一切社会关系的总和。人不仅是生物意义上的人，更是关系意义上的人。人类处于一种关系的网络中，要面对人与自然、人与社会、人与人、人与自我等关系，这些关系构造了人类的思想、观念和文化。在班级管理中，学生是生活在诸多关系中，如学生与自我、学生与学生、学生与教师、学生与班集体、学生与知识等关系。其中重要的关系有：学生与学生、学生与教师、学生个体与班级群体之间的关系。从教育学的角度来看，师生关系尤为重要，无论是对于学生个体，还是对于班集体而言，师生关系都将产生重大影响，它不仅影响教与学，而且影响班级人际关系。因此，如何构建良好的师生关系，使学生能够在健康良好的关系中成长，这是需要教育者认真思考的问题。

在现实的社会关系中，我们所熟知的关系状态主要有两种：一种是你中有我、我中有你，相辅相成、相互促进的状态；另一种是有你没我、有我没你，相互利用、相互对立的状态。前一种关系马丁·布伯称为"我—你"关系，后一种是"我—它"关系。所谓"我—它"关系，就是指一个人把周围的其他人或生灵万物，都当作与"我"相分离的对象、与我相对立的客体，它们是为我所用的，是被我经验、利用的对象，也是满足我的利益、需要、欲望的工具。这种关系是人与人之间相互利用、互为工具的一种关系状态。班级作为学校教育中的重要团体，班级管理应该追求第一种关系状态，就是"我—你"关系，它是良性的、互利双赢的关系状态。它也是一种相遇关系，是人与人的相遇、心与心的交流。马丁·布伯说："凡真实的人生皆是相遇。"① 他说，当我和你相遇时，我不是为了满足我的任何需要，哪怕是最高尚的需要（如所谓"爱的需要"）而与其建立关系②。你不是被我经验的对象，也不是被我利用的对象，我不是为了满足我的个人欲望和需要而与你相遇，你就是一个世界，你就是生命。我以我全部的生命、我的本真心性来接近你，这样的一种关系是"我—你"的关系状态。

我们常说的教学相长所表达的就是师生彼此相遇、共同成长的一种关系状态。具体来说，在班级管理过程中，为了帮助学生把自己潜能充分发挥出来，教师必须把学生看作具有潜在性与现实性的特定人格的人。教师不可以把学生看作一系列性质、追求和阻碍的单纯聚合，而应该把学生的人格当作一个整体，由此来肯定他、接纳他、帮助他、塑造他，使学生能够发挥潜能，不断完善自我。教师必须与学生建立人格与人格间的伙伴关系，不能把学生当作被管理、

---

① 马丁·布伯. 我与你 [M].陈维纲，译. 北京：生活·读书·新知三联书店，2002：9.
② 马丁·布伯. 我与你 [M].陈维纲，译. 北京：生活·读书·新知三联书店，2002：6.

被教育、被研究、被观察的对象，更不能把学生看作被利用、被控制的人，是为了达到教师个人目的的工具和手段。为此，教师不能因为学生一时的错误而怀疑他的潜力，不能因学生某一阶段的不足而否定他的整个人生。这就要求教师要随时与学生处于一种二元关系中，把他视作伙伴而与之相遇，教师要理解学生这个伙伴是成长中的人、是处于发展变化中的人、是具有完整人格的人。同时，为了让教师对学生的影响发挥整体意义，教师不仅要从自己一方，也要从对方的角度，根据对方的一切因素来体会这种关系。教师要深刻认识教学相长，就是在与学生的相遇过程中，教师本身也在不断地成长和完善。他们之间是相辅相成、彼此玉成的。

在笔者看来，良好的、健康的班级人际关系应该类似于这种"我—你"关系，它是人与人的相遇，是你中有我、我中有你的彼此玉成。这种关系是教师、学生、家长、学校等多方共同努力所构建的良好的班级社会关系，能够形成班级共同体，从而促进学生健康快乐成长。这种关系状态就像2008年北京奥运会开幕式的主题曲《我和你》所唱的那样："我和你，心连心，同住地球村。为梦想，千里寻，相会在北京。来吧！朋友，伸出你的手。我和你，心连心，永远一家人。"总之，班级应该成为学生成长的乐园，它是师生彼此用心共建的小社会。

4. 学生是在实践中、活动中成长的人

马克思主义哲学认为，实践是人的存在方式。人是在实践中成长和发展起来的。夏甄陶指出，现实的人是从事活动的人，现实存在着的人是活动的人。活动是现实的人的根本存在形式或存在方式。[①] 学生的实践主要表现在各种各样的活动当中，如学习活动、班集体活动、文娱体育活动等。可以说，学生是活动的存在，是在活动中成长和发展起来的，他们的知识获取、技能掌握、心智成熟等都是在活动中逐步实现的。

在学校教育中，学生要进行各种各样的活动：学习、运动、思考、游戏、玩耍、创造等。正是活动使人不仅仅成为生命体，还成为一个有意识、有精神的存在。正是通过活动，人们才形成了思想、观念、生活方式、思维方式等，也正是因为活动，人的潜能和素质得到训练和塑造，人得以在活动中培育、充实、发挥属于自身的潜能和素质，使人的潜能成为一种现实的能力。正如卡西尔所说，人的劳作是人突出的特征，也是与众不同的特征。他在《人论》一书中写道：

---

① 夏甄陶．人是什么［M］．北京：商务印书馆，2000：266．

如果有什么关于人的本性或"本质"的定义的话，那么这种定义只能被理解为一种功能性的定义，而不能是一种实体性的定义。我们不能以任何构成人的形而上学本质的内在原则来给人下定义；我们也不能用可以靠经验的观察来确定的天生能力或本能来给人下定义。人的突出的特征，人的与众不同的标志，既不是他的形而上学本性也不是他的物理本性，而是人的劳作（work）。正是这种劳作，正是这种人类活动的体系，规定和划定了"人性"的圆周。①

卡西尔的观点表明，人性是在劳动中、实践中形成和发展的。要认识人性、培养人性也只能通过"人的劳作"。对于学生而言，"劳作"也是他的存在方式，学生的"劳作"就是活动（包括游戏）。班级管理要以活动为主，用活动来构建学生的生活，用活动来培养和塑造学生，用活动来挖掘潜力，发挥学生的才能。"人是什么"和"人的活动"是一致的。按照马克思和恩格斯的实践的唯物主义的观点，只有把人看作"从事活动的，进行物质生产的"，或者说只有把人看作"感性活动"，才能从根本上理解人何以成为人以及人为什么会"成为现在这种样子"。② 马克思主义认为实践是人的生存方式，这为班级管理中的班级活动提供了一个强有力的理论支持。班级通过活动来塑造和表现班级的精神面貌，学生通过活动来创造和表现自己。因此，班级活动是班级存在的重要形式，班级管理要借助形式多样的班级活动来培养学生、塑造学生，使学生的身心得到锻炼、得以成长。

5. 学生是现实性与可能性相统一的人

所谓人的现实性，是指人所具有的身心基础及人类社会的传承方式和生存方式，包括人当下的身心发展水平和智力发展水平等，它们既是教育的必要条件，又是教育的可能性所在。对于班级管理而言，人的现实性表现为班级当下的实际情况和真实状态，包括学生个体和班级群体的现实状况，这是班级管理的基础，也是出发点。

所谓人的可能性，即人是具有潜能的，具有可塑性，是有待发展变化的。人能超越现实，实现自己的理想和目标。对于班级管理来说，可能性在于班级是不断发展变化的，班级管理正是班级走向成熟的过程，是班级中的个体和群体不断超越自我、实现目标的过程。正因如此，所谓学生的发展，就是学生不断超越自我，从现实自我走向可能自我的过程。班级管理就是要帮助学生超越现实，发挥潜能。学生是现实性与可能性相统一的存在，主要表现为教育可以

---

① 恩斯特·卡西尔. 人论［M］. 甘阳，译. 上海：上海译文出版社，2004：95-96.

② 夏甄陶. 人是什么［M］. 北京：商务印书馆，2000：284.

使人的潜能不断被挖掘出来，教育是有目的、有意识地培养人和塑造人的过程。因此，班级管理的根本目的，就是在学生现实水平的基础上，引导学生发挥潜能，掌握技能，使学生成为对自己、对社会、对国家有用的人。

总之，人性是丰富多彩的。学生既是现实中的人，又是具有无限发展可能的人。学生热爱校园生活，积极参与实践活动，在这个过程中，他们充满着激情，又处处彰显人的理性选择。在学习生活过程中，学生始终尝试与人建立良好的关系，渴望被人理解和接纳，又在努力让自己变得更好。这就是丰富的人性特征，它真实地存在于我们日常生活中。班级管理的人性基础要求教育者立足于人性、优化人性，班主任必须时时处处去感受、理解学生，从而引导和教育学生变得更好。

二、学生的素质结构及其基本特征

学生的人性特征表现在学生的综合素质上。如果说，人性是抽象的，那么学生的素质结构正是学生人性的具象化。学生人性的丰富性表现在素质结构的完整性、全面性和发展性，这是学生素质所具有的基本特征。

马克思说过，共产主义社会是人类自由而全面发展的社会。人的全面发展是德智体美劳全面发展，它体现了人的自然属性和社会属性的协调发展，这说明马克思认为社会进步应该充分体现在人的全面发展上。随着社会的进步和发展，人们追求身心健康成长、和谐发展是必然的。在学校教育中，学生是作为一个整体参与教育的。班级管理所面对的学生一定是完整意义上的人，他们是追求德智体美劳全面发展的人，是渴望身心健康成长、和谐发展的人。

（一）学生素质的基本结构

"素质"是人们在日常生活中常用的词语之一，人们常常用"这个人素质不错"或"那个人素质不行"来评价他人。那么，素质是什么？一直以来，人们对如何理解人的素质表述各有不同，对人的素质结构应该包括哪些方面的观点也并不完全一致。一般而言，素质是指在先天与后天共同作用下形成的人的身心发展的总水平。所谓先天作用，是指在生理学意义上人的生理基础和条件，它是人与生俱来的先天的解剖生理特点，主要指人的神经系统，特别是人脑的特性、感觉器官和运动器官的特点。先天作用强调人的素质所具有的生理基础和遗传因素等，相当于我们常说的生理素质。后天作用强调的是人的素质与环境、教育密切相关，人会受后天环境和教育影响，形成相对稳定的品质特征，主要包括心理素质、文化素质、道德素质等。在学校教育实践中，目前比较有代表性的观点主要有两个：一是认为人的素质包括德智体美劳等方面，它着重强调人的全面发展和综合素质；二是认为人的素质包括生理素质、心理素质和社会文化素质，它突出学生个体的身心结构特征。班主任要准确地理解学生的素质及其结构特征，就要综合不同观点，从不同角度去把握。

首先从我国的素质教育目标来理解学生素质的基本结构。素质教育就是要以人的先天禀赋为基础，使学生在环境和教育的影响下，形成和发展具有相对稳定性的身心组织要素、结构及其质量水平。素质教育一方面要开发人的身心潜能，另一方面要把社会发展的物质文明和精神文明成果内化为学生个体的身心结构，这也是人类文明在个体中的积淀和内化过程。我国的素质教育目标就是要培养学生德智体美劳全面发展，使学生成为有理想、有道德、有文化、有纪律的社会主义公民，这就是学生素质相对稳定的身心结构特征。我国的素质教育更强调学生的社会化过程，学校教育要有目的、有意识地把社会的政治要求、思想规范、道德准则、知识结构等内化为学生个体的身心结构，成为学生的内在积淀和素养。

其次，对学生素质的理解应该与对人性的理解相一致。既然承认人性是具有自然性和社会性的，那么学生素质就应该包括先天的生物遗传方面的特性和人经过后天环境影响与教育习得而形成的品质。因此，要全面且准确地理解学生素质的基本结构，必须明确以下两点：一是人的素质是先天与后天因素相结合而形成的，它是个体在先天遗传的基础上，在后天环境和教育影响下的社会化过程。二是任何人的身心活动都是生理、心理和社会文化层面的综合，人的素质必然包括生理素质、心理素质和社会文化素质。其中，生理素质是人的素质的先天基础，主要包括人的体型、体质、神经系统等。心理素质是人在一定生理条件下心智的发展和成熟，主要表现为人的性格、能力、认知水平、心理品质等，它是先天与后天相结合形成的。社会文化素质是人在后天教育和环境的影响下形成的社会化品质，主要包括道德素质、科学素质、文化素质等。

综上所述，我们可以总结出人的生理素质、心理素质和社会文化素质的具体内容与它们之间的关系，如下表所示：

	类别	主要内容	特点
人的素质结构	生理素质	体型、体质、脑、神经系统、感觉器官、运动器官等	先天
	心理素质	性格与气质、自我意识、能力、认知素质、心理品质等	先天与后天相结合
	社会文化素质	道德素质、科学素质、文化素质、社会生存素质等	后天

由此可见，学生的素质是指学生个体在先天禀赋的基础上，通过后天环境熏陶和教育培养而形成的较为稳定的、在长时间内起作用的身心品质，包括生理素质、心理素质和社会文化素质。学生素质的形成和发展离不开教育，教育可以开发、塑造和完善人的素质。其中，生理素质强调人的身体素质，可称为体质；心理素质主要强调人的心理品质，可以称为心理健康素质；社会文化素质强调人的社会化程度，可以简称为素养或教养。教育工作者要从这三个层面来全面理解学生素质，理解人之所以为人的基本结构特征，才能更好地发挥班级管理的育人功能，培养和塑造学生，实现我国素质教育目标。

（二）素质的基本特征

素质作为一个结构，有其发展的过程和特征。它的发展像生命有机体一样，呈现出内在性、发展性、差异性和整体性等基本特征。

1. 内在性

人的素质与遗传有密切的关系，一方面，人的素质的形成和发展总是以人的先天禀赋为基础，受人的生理特性及其心理发展规律的支配，这是素质内在性的表现；另一方面，内在性又表现为素质是人的深层品质特征，它的形成是一个内化的过程。政治要求、思想规范、道德准则、知识结构等都只有通过"内化"才能成为人内在品质的东西，才能形成人的素质中较为稳定的组成部分。因此，内化后的素质的高低、好坏程度与教育呈正相关。素质的内在性特征要求教育工作者在教育方面必须承认人的先天基础，尊重学生的身心发展规律，只有在此基础上有目的地施加教育，才能培养学生的素质。

2. 发展性

发展性的特征也包含两层意思：第一，从历史来看，人类的身心素质是历史发展的结果；第二，从个体来看，人的素质的形成有先天的也有后天的因素，它们相互结合的时机、方式等使人的素质呈现出从低级向高级发展的阶段性特征。例如，人的身心发展具有由低级到高级、由量变到质变按次序发展的特性：身体的发展大致遵循着从头部向下肢、从中心向边缘、从骨骼到肌肉的顺序；心理的发展一般是由机械记忆到意义记忆，由具体思维到抽象思维，由喜怒哀乐等一般情感到理智、道德、美感等复杂情感。[①] 此外，人的先天素质虽相对稳定，但并不是一成不变的，先天素质上的某些缺陷可以通过后天实践和学习获得不同程度的补偿。至于人的后天素质则更具有发展性，人们正是通过好的

---

① 扈中平. 现代教育理论［M］. 2 版. 北京：高等教育出版社，2005：71－72.

环境和教育来使身心健康发展。可以说，素质的发展性特征肯定了教育的可能性和必要性。

3. 差异性

"性相近，习相远"，儒家认为人性是基本一致的，但是由于生活在不同的环境中，人与人之间又存在差异。也就是说，每个人都有独特之处，表现出不同的个性，这是人的差异性特征。

一个人生下来，无论是在先天条件上，还是在后天环境中都不可能是一成不变的。人的先天生理素质的差异是客观存在的，有的差异不可能通过后天的努力来消除。同样，每一个人所处的后天环境和所受的教育也不尽相同，在班级管理中，班主任应充分考虑学生之间和班级之间的差异，从而找到适合本班学生和班级特点的发展道路。例如，同样是表现友爱，有的人表现得炽热，有的人则表现得深沉；有的人重热心服务，有的人重心灵关怀。学生也同样如此，就认错来说，每位学生的方式不一样，有的人会当面承认；有的人嘴硬，但心里却很愧疚；有的人采用书信道歉等。因此，班主任不可能用一种模式和规格去要求所有的学生。要发展其个性特长，尊重人的差异性，不能"一刀切"。教育应既要注重全面发展，又要关注个性发展。

4. 整体性

整体性是指人的素质水平是一种综合效应，是人的各方面素质的综合表现。它有两层意思：一是人的素质水平不能仅仅根据个体某一方面的能力或素质状况进行判断，只有诸方面的潜能都得到充分而又和谐的发展时，其身心素质发展水平才能真正体现；二是指人的各项素质之间是相互联系、相互制约、相互促进的。因此，教育必须着眼于从总体上提高学生的素质水平。

综上所述，素质教育应该是尊重学生个体差异性的教育，是以学生发展为主的教育，是以培养和提高学生内在综合素质为主的教育。班主任应该准确理解素质的结构特征，把握学生个体和班级群体的发展状况与发展潜能，有目的、有步骤地引导学生全面发展。

三、班级管理与素质教育

素质教育的提出不是偶然的，它是对我国中小学教育实践中出现的应试教育的一种深刻反思。应试教育把学生的成长和发展简单化为成绩的提高，把学校教育功利化为应付考试和提高升学率。素质教育的提出表达了一种科学的学生观：它承认学生是发展变化的人，是在实践活动中成长的；学生是生活在社会关系中的人，具有不同的需要和追求；学生是现实性和可能性相统一的人，是能够在德智体美劳得到全面发展的人。因此，素质教育归根结底就是要回答培养什么样的人、为谁培养人以及如何培养人的问题。教育工作者应该正确理解和把握人性，落实立德树人根本任务，把班级管理建立在人性基础上，抑恶扬善，优化人性，培养学生成为德智体美劳全面发展的社会主义建设者和接班人。

（一）班级管理要落实立德树人根本任务，培养德智体美劳全面发展的社会主义建设者和接班人

在我国，素质教育的提出有其一定的时代背景。20 世纪 80 年代初，我国中小学逐步形成了片面追求升学率的所谓"应试教育"，人们提出"素质教育"是要呼唤教育回归它的育人本质。应试教育把学生单一化、片面化了，它只把教育当成升学的工具。因此，在 1996 年，国务院的重要文件《中华人民共和国国民经济和社会发展"九五"计划和 2010 年远景目标纲要》明确提出中小学要"改革人才培养模式，由'应试教育'向全面素质教育转变"，实施素质教育成为我国"九五"期间的主要内容。素质教育理念深入人心，学校教育从课程改革到日常管理再到班级管理都在探索实施素质教育的方式方法，我国学校教育得到很大的发展和提高。随着我国经济社会的快速发展，党和国家不断深化对素质教育的理解，对我国教育提出更高更全面的要求。党的十八大报告首次提出"把立德树人作为教育的根本任务，培养德智体美全面发展的社会主义建设者和接班人"①。党的十九大提出"落实立德树人根本任务，发展素质教育，推进教育公平，培养德智体美劳全面发展的社会主义建设者和接班人"。党的十九届六中全会《决议》提出"教育的根本任务是立德树人，培养德智体美劳全面发展的社会主义建设者和接班人"②。由此可见，立德树人是教育的根本任务，发展素质教育首先就是要坚持并落实立德树人这一根本任务。

我国的素质教育是提高国民素质的教育，是培养社会主义事业建设者和接班人的教育。未来激烈的国际竞争归根结底是人才的竞争，是国民素质、国家教育的竞争。美国社会学家英格尔斯说过："人的现代化是国家现代化必不可少的因素，它并不是现代化过程结束后的副产品，而是现代化制度与经济赖以长期发展并取得成功的先决条件。"

我国的素质教育要求义务教育必须贯彻国家的教育方针，努力提高教育质

① 胡锦涛. 坚定不移沿着中国特色社会主义道路前进　为全面建成小康社会而奋斗：在中国共产党第十八次全国代表大会上的报告［N］.人民日报，2012 – 11 – 18（01）.

② 中共中央关于党的百年奋斗重大成就和历史经验的决议（2021 年 11 月 11 日中国共产党第十九届中央委员会第六次全体会议通过）［N］.人民日报，2021 – 11 – 17（01）.

量，使儿童、少年的品德、智力、体质等方面全面发展，为提高全民族的素质，培养有理想、有道德、有文化、有纪律的社会主义建设人才奠定基础。也就是说，素质教育是培养人的综合素质的教育，主要体现在两个方面：一是素质教育是立足于"以学生为本"和"以学生发展为本"的教育理念基础之上的，素质教育注重培养学生的综合素质和能力，使学生成为国家和社会的栋梁之材，并为他们实现自我价值打下坚实的基础。素质教育强调教育所具有的社会价值，要培养对社会、对国家有用的人才以及未来发展所需要的人才，这是素质教育的社会价值所在。二是素质教育明确了学生素质的基本要素和结构特征，学生素质必须包括生理素质、心理素质、社会文化素质等方面，只有这样，学生的素质才算是完整的。同时，有理想、有道德、有文化、有纪律是我国素质教育对学生成为社会主义公民的素质要求，是学生应有的社会文化素质。

其实，对人的综合素质的培养是世界各国教育的共同追求和目标，例如，韩国提出"全人教育"目标，教育要"培养未来社会所需要的健康的人、爱美的人、有能力的人、有道德的人、自主的人"。日本也提出了面向21世纪的人的综合素质："为了面向21世纪，培养目标应当是：①宽广的胸怀、健康的体魄、丰富的创造力；②自由、自律与公共精神；③面向世界的日本人。"总之，素质教育是以培养人的综合素质为目的的教育，它重视人的创造性、自主性和适应性的培养，是突出"以人为本"和"以学生为本"的教育。

习近平在2018年9月10日召开的全国教育大会上明确指出：培养什么人，是教育的首要问题。我国是中国共产党领导的社会主义国家，这就决定了我们的教育必须把培养社会主义建设者和接班人作为根本任务，培养一代又一代拥护中国共产党领导和我国社会主义制度、立志为中国特色社会主义事业奋斗终身的有用人才。这是教育工作的根本任务，也是教育现代化的方向目标。立德树人作为教育的根本任务，回答了培养什么样的人、为谁培养人和如何培养人的根本问题。学校教育理应坚持并落实立德树人根本任务，培养德智体美劳全面发展的社会主义建设者和接班人。为此，班级管理应坚持做到：要在坚定理想信念上下功夫，教育引导学生树立共产主义远大理想和中国特色社会主义共同理想，增强学生的中国特色社会主义道路自信、理论自信、制度自信、文化自信，立志肩负起民族复兴的时代重任。要在厚植爱国主义情怀上下功夫，让爱国主义精神在学生心中牢牢扎根，教育引导学生热爱和拥护中国共产党，立志听党话、跟党走，立志扎根人民、奉献国家。要在加强品德修养上下功夫，教育引导学生培育和践行社会主义核心价值观，踏踏实实修好品德，成为有大爱大德大情怀的人。要在增长知识见识上下功夫，教育引导学生珍惜学习时光，心无旁骛求知问学，增长见识，丰富学识，沿着求真理、悟道理、明事理的方向前进。要在培养奋斗精神上下功夫，教育引导学生树立高远志向，历练敢于担当、不懈奋斗的精神，具有勇于奋斗的精神状态、乐观向上的人生态度，做到刚健有为、自强不息。要在增强综合素质上下功夫，教育引导学生培养综合能力，培养创新思维。要树立健康第一的教育理念，开齐开足体育课，帮助学生在体育锻炼中享受乐趣、增强体质、健全人格、锤炼意志。要全面加强和改进学校美育，坚持以美育人、以文化人，提高学生审美和人文素养。要在学生中弘扬劳动精神，教育引导学生崇尚劳动、尊重劳动，懂得劳动最光荣、劳动最崇高、劳动最伟大、劳动最美丽的道理，长大后能够辛勤劳动、诚实劳动、创造性劳动。①

（二）班级管理要把素质教育目标具体化和细化为班级学生素质的发展目标

我国的素质教育目标是培养德智体美劳全面发展的人，在班级管理的过程中，教育者要实施素质教育，必须把握两个基本面：一是班级管理要有利于学生个体素质的提高，二是班级管理要注重班级这一群体的整体素质的提高。也就是说，要落实素质教育，班级管理一方面要以学生素质发展为基础，重视学生个体的成长和发展，提高学生的综合素质和能力；另一方面又要注重群体素质的提高，通过班级的成长和发展，为个体素质的养成提供良好的班级环境和教育氛围。这是班级管理实施素质教育应坚持的基本原则。班级管理必须将素质教育目标细化和具体化。班级管理必须制定班级学生的素质发展目标，使素质教育目标具体化，进而实现我国的素质教育目标。

具体来说，班主任应该在国家素质教育目标的指导下，结合本班学生的实际情况，制定出符合班级实际、操作性强、易观察和评价的班级学生素质教育目标。例如，湖北省沙市十五中学在"制定班级实施素质教育目标的研究"过程中，着眼于班级学生的素质发展，研制了班级学生素质发展的教育目标体系和操作内容，如下表（由湖北省沙市十五中学提供）所示：②

① 习近平. 坚持中国特色社会主义教育发展道路　培养德智体美劳全面发展的社会主义建设者和接班人［N］.人民日报，2018 - 09 - 11（01）.
② 班华，陈家麟. 中学班主任实施素质教育指南［M］.南京：南京师范大学出版社，1999：37 - 40.

目标体系			操作内容	
一级目标	二级目标	三级目标	内容	形式
文明习惯	行为文明 语言文明 思想文明	1. 孝父母、尊师长、待同学 2. 知礼仪、善交往、讲信用 3. 爱集体、爱家乡、爱祖国 4. 明是非、辨美丑、通情理 5. 仪表美、语言美、举止美	1. 行为规范训练月 2. 争当百名示范生活动 3. "向不文明行为告别"宣誓活动 4. "向标兵观礼、向烈士壮礼、向英雄敬礼"活动月 5. 礼仪讲座 6. "当代中学生形象大家谈"征文	1. 讲座 2. 竞赛 3. 主题班会和队会 4. 征文 5. 实践活动
学习品质	愿学 乐学 会学 善学 主动学 独立学	1. 齐备的学习用具 2. 强烈的学习动机 3. 正确的学习态度 4. 浓厚的学习兴趣 5. 科学的学习方法 6. 持久的学习毅力 7. 合理的学习时间	1. 班委会督查 2. 班主任动员报告 3. 学习苦乐谈 4. 学以致用社会实践 5. 学习困难周汇报 6. 一曝十寒危害谈 7. 学习方法讲座 8. 学习方法心得交流会 9. "先飞鸟"经验谈 10. 科学用脑专题讲座 11. 学习时间安排方案展览	1. 晨会 2. 夕会 3. 实践活动 4. 讲座 5. 演讲 6. 交流会
劳动品质	爱劳动 善劳动 创造性劳动	1. 积极劳动的热情 2. 正确的劳动态度 3. 基本的劳动技能 4. 爱惜劳动成果 5. 生活自理	1. 学校清洁劳动积分评比活动 2. 星期天上街义务劳动 3. 热爱劳动、珍惜劳动成果演讲 4. 假期勤工俭学 5. 从事家务劳动、独立生活	1. 社会实践活动 2. 劳动技能讲座 3. 劳动技能比赛 4. 家访谈心 5. 家长会

班级管理理论与实践（第二版）

（续上表）

目标体系			操作内容	
一级目标	二级目标	三级目标	内容	形式
			6. 上好劳动课 7. 郊外野炊 8. 烹调技艺比赛	
健体习惯（卫生习惯）	自觉健身 自觉健心 自我调节	1. 自觉参加体育锻炼 2. 有一套适宜的健身方法 3. 保持健康向上的心理 4. 保持用脑、用眼、饮食卫生	1. 勤做"三操" 2. 健身方法讲座 3. 心理健康咨询 4. 病从口入 5. 健身操比赛 6. "奔向21世纪"冬季长跑赛	1. 体育锻炼活动 2. 专题讲座 3. 比赛
法制纪律	遵守校纪校规 有法律意识 懂得法律知识 形成守法习惯	1. 遵守学校各项规章制度 2. 遵守社会公德、维护公共秩序 3. 爱护公共财物 4. 掌握基本的法律知识 5. 懂得毒品的危害	1. "争当遵章守纪好少年"活动 2. "爱护公物、保护环境"征文 3. 普法讲座 4. 主题教育，观看电影《少年犯》 5. 参观禁毒展览	1. 讲座 2. 征文 3. 参观 4. 观看电影

在上表中，素质教育目标在班级管理中可以细化为一级目标，包括文明习惯、学习品质、劳动品质、健体习惯（卫生习惯）和法制纪律；一级目标再具体化为二级目标和三级目标等。这些目标的细化和具体化不仅有助于素质教育目标和要求的落实，也易于对学生提出明确的要求，引导学生全面发展。

因此，落实立德树人根本任务，素质教育的实施有赖于学校依据素质教育目标提出班级管理的具体要求和操作系统。湖北省沙市十五中学正是把素质教育目标细化和具体化为日常管理的各个方面，在文明习惯、学习品质、劳动品质、健体习惯（卫生习惯）、法制纪律等方面对学生进行细致入微的教育，从不同方面评价学生，促进其素质全面、综合发展，这充分体现了素质教育坚持立德树人，培养德智体美劳全面发展的社会主义建设者和接班人的基本内涵。

26

四、班级管理应该引导人性向善、人心向学

班级管理必须以人性为基础来教育和引导学生。教育者对于学生不能作过于简单化的理解，对人性不能作单一假设，要承认学生是多面的、复杂的，人性是丰富的，宛如丰富多彩的自然界一样。班级管理既要以人性为基础，又要优化人性，积极引导学生向善、向学。

人性向善是指学生是向善的，教育者应该肯定学生具有善良的本性，具有朝向好的方面发展的自觉意识和能力。因此，班级管理首先要注重培养学生良好的行为习惯和道德品质，教师要善于发现学生美好的一面，并积极引导学生努力向好的方面成长和发展。其次，人性向善要求班级管理注重培养学生健康的心理品质，使其具有积极向上、乐观开朗的个性，能够使学生成为阳光的、快乐的、充满正能量的人。

人心向学是指学生是可教的，具有可塑性，教育者应该肯定学习是学生的天性，学生是愿意接受教育、愿意学习的。人心向学，就是要求班级管理注重培养学生的求知欲、好奇心，促使其热爱知识、追求真理。对于学生而言，在学校的学习时间是人生中最为关键的学习阶段，也是汲取知识、掌握技能的黄金时间。班级管理应该以学生为本，坚持学生应以学习为重，保护学生的好奇心和求知欲，培养学生对真理、知识的热爱。

人性向善、人心向学的班级管理要求教育者坚持"先要向善，过程抑制"和"总体认可，个案对待"的教育原则。由于人性是复杂的，王北生提出了教育"先要向善，过程抑制"和"总体认可，个案对待"两个原则。他指出，"先要向善，过程抑制"，就是指教育者先要从总体上预设人性向善，要认识到学生是可教的，可以培养的，可以雕塑的，经过教育是可以发生变化的，可以成才的；在教育过程中教育者会遇到一些问题，如有些学生违反纪律、恶作剧，这时就要用抑制和纠偏的方法来处理。"总体认可，个案对待"，即要从总体上认可学生的向善性、可教性，有问题的或出问题的总是少数或个别学生。对于有问题或出问题的学生，要根据问题的性质和后果采取具体问题具体分析的个案处理方法，必要时可采取适当的"惩罚"。即使惩罚，也要尊重学生人格，保护学生的自尊心，切莫走极端。①

可见，在班级管理过程中，班主任一定要坚持"先要向善，过程抑制"和"总体认可，个案对待"这两个基本原则，认可学生所具有的向善、向学的人

---

① 王北生. 当代教育基本理论论纲［M］.北京：人民教育出版社，2012：13－14.

性特征，在培养学生的过程中重视养成其良好行为习惯、学习习惯，抑制个别学生的不良思想和行为，努力建设具有良好班风和学风的班集体。与此同时，班主任在教育和引导学生人性向善、人心向学时要把握住两个重要条件：一是时机，二是坚持。所谓时机，就是班主任要善于抓住学生成长发展的关键期和班集体建设发展的重要阶段，理解学生成长和班集体建设是一个过程，它不是一时一日就可以见功效的，需要班主任耐心等待、见机行事。所谓坚持，就是指无论是培养人还是建设一个班集体，一定会经过由"成型"到"定型"的过程，它不是一蹴而就的，需要师生努力坚持同样的目标，重复同样的行动，不断奋斗，才能见效。这是班风形成的过程，也是学生良好的行为习惯、学习习惯形成的过程。这是因为习惯就是重复一种行为，它由"有意"到"定型"需要时间，需要反复练习、反复行动。人性向善、人心向学的班级管理同样需要反复练习、反复行动，坚持不懈，这样学生才能坚持向善、向学，班级管理才能建立在人性基础上不断优化人性。

（一）抑恶扬善，引导学生向善

所谓抑恶扬善，是指班级管理应该注重培养学生良好的行为习惯和学习习惯，致力于改变学生中存在的不良行为，从而使学生积极向上、追求进步。人是具有可塑性的，人可以随着引导而改变。人的可塑性基本上是指改变的可能性，尤其对于处在成长发展阶段的学生来说，改变的可能性更大。这种可塑性，用雕塑的过程来比喻最为贴切。泥土或石膏与水混合后，柔软而适于捏制成任何形状；但在失去水分而变得坚硬之后，便不能进行塑造了。人自出生到长成，犹如泥土或石膏柔软的状况，易于"改变"，而一旦"定型"之后，可塑性便消失了。这可以在生活经验中得到诸多的证据。

以语言学习为例。心理学研究表明，语言发展的顺序在人类社会中似乎存在共性，儿童都是先逐渐掌握语言规则（语音学），然后掌握词义（语义学）、语法（句法学），并且学会在语言环境中通过可被接受、能被理解（语用学）的方式组合词语。[①] 语言发展的顺序性表明语言学习具有阶段性，语言学习方面可塑性最强的阶段应该是婴幼儿时期到小学六年级。如果在学习语言阶段孩子受到极端剥夺和忽视等不良环境影响，那么其语言学习极有可能发生严重滞后，甚至无法习得语言。比如一个叫吉尼的女孩从 20 个月到 13 岁，一直被单独关在一个阴暗的房间里，她几乎生活在一个无声的世界，没有与正常人接触

---

① 史密斯，考伊，布莱兹. 理解孩子的成长［M］. 4 版. 寇彧，等译. 北京：人民邮电出版社，2006：220.

过，直到妈妈带她逃走。吉尼逃出来后，受到当时语言学专业刚毕业的学生柯蒂斯的照顾，吉尼在其他方面都有很大进步，但是在语言方面的发展不尽如人意，比如她从不问问题，也没有学会使用代词，她的电报语①也没有发展成更为复杂的句子等。这个例子说明，语言学习有一个关键期，当错过了这个语言发展的关键期，人在学习语言方面的可塑性将会降低。在现实生活中，一个很多人都了解的基本事实就是年龄越大，学习语言会越难，与儿童相比，成年人学会一种新语言要难得多。可见，对于处于可塑性很强阶段的儿童和青少年来说，坚持抑恶扬善，引导学生向善非常重要。良好习惯的养成也是如此。

人的习惯有多种，有些是利于个体成长的，有些是无益的，甚至是有害的。一般情况下，学生年龄越小，自主性越差，改变不良习惯的阻碍也越小，养成良好行为习惯的可能性也越大。因此，中小学生所处的年龄段是最好的塑造阶段，教育要重视这个阶段，并且要以这个阶段为主，这就是所谓的"教子始于幼年"。班级管理要珍视学生所处的可塑、可教的黄金时期，使教育发挥最大的效能。

总之，学生的可塑性是必然存在的，但是有赖于教师的"善用"和"利导"。所谓"善用"，一是要把握学生发展的最佳时期，二是要尊重学生成长的个体性和差异性。学生的成长和发展是需要时间、需要条件的，教育也是需要耐心、需要等待的。"利导"主要就是顺应和依据学生成长发展的历程和现象，等待时机，因势利导。在班级管理过程中，教师要抑恶扬善，引导学生向善、向上、向好。

（二）学习为重，兼顾文体，劳逸结合

在班级管理中，教育者首先要假定学生都是爱学习的，这样的假定是有道理的。儿童是天生的学习者，学习是人类自身的需要。人类之所以能够在众多生物中脱颖而出，成为具有智慧的、不断扩展自己智慧和实践领域的独特生灵，就是因为学习。② 我们可以观察0~3岁的婴幼儿在本能下的生活，他们从翻身到爬行再到直立行走，哪一个动作不是他们自发地、反复练习而习得的? 他们从来不会停止活动，一直反复练习，直到彻底掌握为止。他们学习语言也是如此，模仿，练习，再练习。大人们惊讶于婴幼儿的学习能力，其实，人类是天生的学习者。这种学习的欲望、学习的坚持一直在持续，只是不同年龄段的学

---

① 电报语：特指儿童学习语言早期的语言特点，年幼的儿童只会用简单的词汇来表达，这种语言表达与电报相似，如"牛奶要"等。

② 郭思乐. 教育走向生本［M］.北京：人民教育出版社，2001：37－38.

生兴趣会发生变化，有时候他们在学校不爱学习，并不是对学习不感兴趣，而是对某种学习方式感到厌倦。

因此，以学习为重是班级管理对学生的合理要求，也是班级管理必须把握的大方向。学生是发展的个体，正是学习使学生不断地产生新的追求，也正是学习使学生的思维不断发展和成熟。学生时代是学生学习的最佳时期，学习是学生生活的重中之重。班级管理虽然千差万别，但是学习仍然是最为重要的。班级管理应该以学生的学习为重，这正体现出以学生为本、以学生发展为本的教育理念。班级管理应该围绕学生的学习来进行规划和设计，班级活动也应该坚持学习为重、兼顾文体、劳逸结合的原则。

学习为重是指班级管理应该始终重视文化科目教与学，积极鼓励和支持学生的学习。教育者应该明确在学习阶段不同学科对于学生成长发展的意义所在，不能有所偏废。在现实学校生活中，有些班主任过于强调自己所教学科的价值，这样会给学生带来不良的影响。教育者应该对学校所有科目的教育价值有基本的共识。例如，语言学科的学习对于学生研习语言、形成良好的语言能力是非常重要的。语言学科包括中文和外语，通过学习语言课程，学生习得语言表达的技术，获得语言结构、语法等方面的知识。可以说，学习语言就是学习如何表达思想和心理状态，学会与人交流，这是对学生基本能力和素质的要求。自然科学的学习，如数学、物理、化学、生物等，是对学生进行科学训练的过程，使学生通过观察自然、分析自然现象，从而把握自然规律。这是使学生掌握生存技能的基础科目。当然，还有地理、历史等人文学科都是非常重要的。

兼顾文体，是指班级管理要文娱活动和体育活动兼而有之，使学生学会过一种有张有弛、劳逸结合的生活。俗话说，会休息的人才会工作，会休息的学生才会学习。其实，参与文体活动是学生的另一种学习方式，它区别于课堂学习，它是学生参与式的、体验式的学习。一方面，班级管理通过文体活动来培养学生的组织能力、策划能力、协调能力等，使学生在活动中学习、交流、合作、成长；另一方面，文体活动提供了一个表现的平台，让学生在文体活动中发挥特长、表演技能、展示自我，从而鼓励学生追求全面发展，追求综合素质的提高和完善。

（三）制度育人，活动育人，双管齐下

班级管理要达到育人的目标，必须一靠制度，二靠活动，双管齐下。所谓制度育人，就是班级管理一定要遵循法治而非人治，要通过建立和完善班级规章制度来规范班级管理行为和学生的行为。所谓活动育人，就是班级管理通过一系列的班级活动来培养学生、塑造学生。也就是说，班级管理一方面要注重

班级规章制度的健全和完善，通过规则来规范学生的行为，另一方面要通过举办形式多样、内容丰富的班级活动来培养学生，挖掘学生的潜能，使其具备多种能力，并提高自身的素质。

班级毕竟是一个群体，是一个由不同的人组成的共同体，每个人都会有自己的利益诉求，因此难免发生冲突。此时，制度可以起到规范人们行为的作用。班主任应通过制度来规范学生的行为，使学生正当的权益和行为受到保护，也使学生不至于损害他人和集体的利益。制度本质上是人们协商的结果，是人们的共识。因此，制度育人可以提高学生的理性认识，培养规则意识和协商精神。

同时，学生是在实践和活动中成长的。学生的这种成长方式可以通过游戏和玩耍来理解。比如，对于孩子来说，游戏和玩耍始终是他们最喜欢的活动，因为它们带给孩子无尽的快乐，同时又能使孩子学习到书本上、课堂上所学不到的东西。在班级管理中，教育者如何顺应学生的这种天性，按照适合学生的方式来引导他们，这就需要设计和开展不同的班级活动。通过活动，比如类似游戏的活动，不仅可以满足学生玩耍的欲望和需求，又可以通过活动来培育学生，促进学生成长。总之，班级管理要立足于学生的身心发展特点和现实需要来开展具体而实际的活动，并以所有学生为对象举行综合性的班级活动，培养学生德智体美劳全面发展。

第二章　班级管理的价值基础

　　班级，作为学校教育的一个基本单位，已经存在很长时间了。班级的存在满足了人类生存和发展的需求，通过班级这种教育方式，人类实现了文化传承和社会发展的目标。班级也满足了学生个体生存和发展的需要，使学生成长和发展为社会所需要的人才。因此，班级无论对于个人还是对于社会都具有重要的意义和作用，这就是班级管理的价值所在和价值基础。一方面，班级管理的价值与教育价值是一致的，它们都体现了教育的社会价值与个体价值的相互统一；另一方面，班级管理的价值基础强调了班级管理应该坚持立德树人，坚持社会主义核心价值观，坚持以学生为本，这是班级管理的基本价值取向和理应坚守的底线。

一、培养什么样的人和怎样培养人是班级管理的两大核心问题

　　培养什么样的人和怎样培养人是教育的永恒主题，它蕴含着人们对教育目的和教育价值的思考。众所周知，人是可教的。人的生理机制的未特定化使人产生受教育的需要，人对于外部影响的开放性使人受教育成为可能。人必须接受教育和人的可教育性，决定了教育始终要回答培养什么样的人以及怎样培养人这两个大问题。这两个问题实际上就是关于教育目的和教育价值的理论问题。

　　在教育发展史上，人们一直以来对教育目的和教育价值有不同的看法，形成了不同的理论。有的人认为教育应该培养社会所需要的人，坚持教育的社会价值；有的人则认为教育应该弘扬人性，尊重和发展人的个性，坚持教育的个体价值。前者通常称为教育目的的社会本位论，后者称为教育目的的个人本位论。社会本位论者坚持教育应该谋求国家的利益、民族的利益和社会的发展，个人本位论者则强调教育要丰富个体的心灵，培养道德高尚的、理性的人。其实，社会与个人从来都不是分离的，社会是由个体组成的，社会价值必须建立在个体价值的基础上；个人也从来不可能脱离社会，个人生存的价值和意义必须立足于社会的需要，个人价值必须植根于社会才能得以实现。因此，教育既要培养国家和社会发展所需要的人才，又要满足学生个体谋求生存与发展的需要，教育的社会价值与个人价值是统一的。

　　班级管理的实质是教育，它所具有的教育本质特征决定了班级管理必须具有与教育同样的目的和价值。培养学生成为什么样的人和怎样培养学生不仅是教育的永恒主题，也是班级管理的两大核心问题。它彰显了人们对教育目的和教育价值的深刻思考，也表达了人们对教育的认识和反思。教育的根本目的是发展和完善人的本性，把人塑造成人，这是教育不变的追求和永恒的价值，也是班级管理的价值基础。因此，班级管理必须把培养学生成为什么样的人和怎样培养学生放在首要位置，使人性得到充分发展，使人不仅能适应变化的世界，还能创造人类理想的世界，这是教育的根本要求，也是教育的根本特性——教育通过改变人来改变世界。

　　班级管理应该在追求社会价值的过程中促进个体的成长和发展，从而实现个体价值，同时又在追求个体价值的过程中，努力实现社会价值，两者相辅相成，协同作用，培养出既适应社会发展需要，又能不断完善自我、实现个体价值的高素质人才。正如《国家中长期教育改革和发展规划纲要（2010—2020年)》（以下简称《纲要》）所指出的：坚持以人为本、推进素质教育是教育改革发展的战略主题，是贯彻党的教育方针的时代要求，核心是解决好培养什么人、怎样培养人的重大问题，重点是面向全体学生，促进学生全面发展，着力提高学生服务国家服务人民的社会责任感、勇于探索的创新精神和善于解决问题的实践能力。在这里，《纲要》指明了教育的核心问题是解决培养什么样的人和怎样培养人的问题；同时也明确提出教育应该培养学生成为对国家、对社会有用的人，成为具有创新精神和实践能力的人。

　　目前，不少学校学习企业的管理方式来管理班级，如采用所谓的精细化管理、量化管理等，希望借鉴企业行之有效的方法来管理班级。平心而论，借鉴管理方法本无可厚非，但是教育者应该始终明白一个基本道理：班级管理与企业管理是根本不同的。企业管理的目的在于降低成本，追求利润的最大化，而班级管理的目的在于育人，它的本质特征是教育。"教育就是给学生一个方向，就是透过知识和德性去启迪人、完善人，这不可能没有价值在后面支撑。"① 因此，对于班级管理而言，班级管理的价值基础起支撑作用，它的核心问题就是培养什么样的人和怎样培养人。班级管理就是要通过管理来达到育人的目的，通过管理来培养人、塑造人，使学生成为对自己、对国家、对社会有用的人。

　　具体而言，班级管理的价值基础主要包括两个方面：一是班级管理对社会的价值，它是班级管理对社会的作用和意义所在；二是班级管理对个人的价值，

① 周保松. 走进生命的学问［M］. 北京：生活·读书·新知三联书店，2012：161.

它是班级管理对于学生个体而言所具有的作用和意义。从社会的角度来考察班级管理的作用和意义时，班级管理必须坚持和体现群体利益与群体价值，它要坚持社会的基本价值取向和观念，这些社会价值观念是有利于社会整体利益的。从学生个体的角度来考察班级管理的作用和意义时，班级管理应尊重学生的利益，支持和鼓励学生追求个人价值，班级管理必须有利于个体的发展和个人价值的追求和实现。

总之，班级管理一方面承载着人类的文化基因、文化理想和价值追求，承载着人类社会对美好生活和美好未来的向往；另一方面又承担着个体社会化的重任——培养和教育个人，使个体能通过教育来实现个人价值和追求。用一句话来概括班级管理的价值基础，就是"班级管理应该坚持社会价值和个人价值相统一"，既坚持社会主义的核心价值观，又坚持"以人为本、以学生发展为本"的教育理念，培养学生成为对国家、对社会有用的人，并实现个体的人生价值。

二、坚持教育的社会价值与个体价值相统一

班级管理的实质在于教育，从这个角度来说，班级管理有什么价值？它对个人有什么作用，有什么意义？对国家、对社会又有什么作用，有什么意义？这是班级管理的价值追问，也是它的教育价值的体现。班级管理作为一种教育活动，它的价值在于其能够满足国家、社会、家庭、学校、学生个体等不同教育活动主体的需要，既能够满足人类社会发展的需要，实现教育者培养下一代的目标，又能够满足受教育者获得知识和技能的需要，使他们能够适应社会发展的要求，实现个体的人生价值。因此，班级管理的价值与教育价值是一致的，它是教育的社会价值与个体价值的统一体。也就是说班级管理的价值基础既包括教育的社会价值，也包括教育的个体价值。从社会层面来看，班级管理能够满足党和国家的需要，提高国民素质，培养德智体美劳全面发展的社会主义建设所需要的人才，这是教育所追求的社会价值，即教育的社会价值。从个体层面来看，班级管理满足了学生生存和发展的需要，通过教育培养学生的创新精神和实践能力，满足学生在品德、智力、体质等方面全面发展的需要，即教育的个体价值。

具体来说，班级管理的社会价值集中体现在其要实现我国的教育目的，满足党和国家的需要，培养社会主义事业的建设者和接班人，使学生成为德才兼备的人。班级管理的个体价值体现在班级管理有助于学生获得知识、形成技能和培养综合素质，使学生实现个体社会化。在班级管理过程中，学生个体社会化主要表现为两个方面，一是通过学习学科知识来理解和掌握进入社会所需要

的知识与技能，二是通过班级管理来理解社会生活所需要的规则、意识等。班级是一个小社会，学生在班级中开始了个体的社会化过程，他们在班级中获得知识和技能，习得规范，学会与人相处，班级是学生个体社会化的关键场所。与此同时，班级管理过程伴随着学生的成长和发展，是充满个性化的过程，学生在班级社会中发展自己，在班级群体中了解他人、认识社会、发现自己，从而为自我的完善和发展找到合适的定位。这是班级管理对于学生个体成长与发展所具有的意义和价值，也是班级管理的个体价值。

在班级管理中，学生既作为学习者在班级中接受教育，又作为生存者在班级社会中接受训练，形成基本的素养。无论是学习团体的教育意义，还是生活团体的教育意义，都体现出班级管理必须实现教育的社会价值和个体价值的统一，使两者和谐一致，相辅相成。

综上所述，班级管理的价值基础就在于坚持教育的社会价值和个体价值相统一，两者协调一致，共同发展。它包括两个层面：一是班级管理对社会的发展和进步具有积极作用，坚持为党育人，为国育才，努力创建良好的班集体，通过班级管理培养社会所需要的人才，为社会输送适应社会发展需要的高素质人才；二是班级管理要对个体的成长和发展具有积极作用，坚持以学生为本，满足学生生存和发展的需要，努力为学生实现自我的人生价值打下坚实的基础。

三、坚持社会主义核心价值观

一般而言，班级包括三个层次的关系：知识性关系、社会性关系和个人自我的关系，这三者所对应的班级的主要活动就是学习活动、交往与合作活动和个人的自我成长与发展活动。它们分别发挥着知识传承、个体社会化以及个性化发展的功能。与这三类活动相对应，主要的、基本的价值观念有：①真实性与科学性；②平等与尊重；③公平与公正；④以人为本与团结互助；⑤真诚与责任。这些基本价值取向往往以观念的形式出现在班级管理过程中，并被绝大多数的教育者与受教育者所接受和坚持。例如，平等与尊重的观念是班级交往和合作活动的基本价值取向，也就是说，班级管理中不同主体之间应该相互尊重、平等相待：第一，交往互动的双方彼此了解，不仅要了解自我，也要了解他人。教师了解自己，也了解学生；学生了解自己，也了解他人，包括教师和学生。第二，交往双方彼此承认，承认他人与自我有相同的地位、权利，他们的这些地位、权利是值得尊重的。教师要承认学生的地位和权利，学生也要尊重教师的地位、权利和义务，并且承认其他学生与自己有相同的地位和权利，这是班级成员之间良性互动的前提。第三，交往双方人格平等和机会平等，反对强迫和压迫，既反对教师对学生的强迫和压迫，也反对学生之间以强凌弱，以及其他类型的强迫和压迫。第四，遵守共同的规则。交往双方必须遵守共同认可的规则，不能有任何人凌驾于规则之上，无视班级的规章制度。为此，班级管理坚持基本的社会价值取向至关重要。班级管理只有坚持基本的社会价值取向，才能使班级成员达成最大的共识，妥善解决班级社会存在的问题和冲突。坚持社会主义核心价值观，就是班级管理应坚持的基本社会价值取向。

2014 年 2 月 12 日，《人民日报》公布了我国社会主义核心价值观：富强、民主、文明、和谐；自由、平等、公正、法治；爱国、敬业、诚信、友善。社会主义核心价值体系包括三个层面：国家层面的价值取向是坚持社会主义，追求富强、民主、文明、和谐的社会主义国家，富强、民主、文明、和谐是国家层面的核心价值；在社会层面，自由、平等、公正、法治是社会的核心价值追求；个人层面的核心价值是爱国、敬业、诚信、友善。它从上到下，从国家到个人，从社会到个体形成了一个完整的价值体系。也就是说，我国的社会主义核心价值观用了十二个词二十四个字来表述现代社会公民应具备的国民素质要求。社会主义核心价值观既是国家的追求，是社会的信念，也是对个人素质的要求。它是形成社会共识的基础信念，也是凝聚社会力量的基本共识。因此，班级管理的社会价值是对社会主义核心价值观的坚守，培养学生认可和坚持社会主义核心价值观，这是班级社会基本共识的基础。

班级管理理应坚持社会主义核心价值观，这是班级管理的社会价值，也是最为基本且核心的价值取向。在班级这个小社会中，时时刻刻都有可能发生一些意想不到的事情，这些事情的发生及最后的妥善解决都依赖于人与人、个人与集体之间相处所应该秉持的基本道德、价值原则、法律法规等，它体现了社会的公平正义、个体的尊严和价值。它与社会道德规范、社会核心价值、个体生活的尊严等相关，也是班级管理的社会基本价值取向。班级作为一个小社会，它理应坚持人类基本的价值观念和价值准则，共建良好的班级社会。从教育的社会价值来看，班级管理应该坚持正确的社会价值观念，帮助学生树立科学的世界观、人生观和价值观；应该坚持培养学生对我国社会的基本价值观念的认同和坚持。社会主义核心价值观就是我国社会主义社会的重要价值观念和价值认同。

社会主义核心价值观的十二个词二十四个字是高度概括的，无疑也是抽象的。要在班级管理中体现社会主义核心价值观，班主任必须把这些抽象的概念进行整合，转化为班级日常可操作的行为习惯养成和价值观念培养，把社会主义核心价值观落实到班级管理的方方面面。具体来说，班级管理可以致力于培养学生具备如下几个方面的价值观念和行为习惯：

1. **坚持爱国主义教育和集体主义教育，培养学生的家国情怀**

社会主义核心价值观在国家层面的价值取向就是坚持走社会主义道路，追求富强、民主、文明、和谐的社会主义国家。家国情怀就是指一个人所具有的国家观念和民族意识，它是一个人对于国家、民族深深的认同感和归属感。培养学生的家国情怀就是要培养学生坚持和认同社会主义国家，承认一个人作为个体与国家和社会是息息相关的，个人的成长和发展离不开国家和社会。对于学生而言，意识到自身的成长和发展离不开国家、离不开自己的民族、离不开社会，是在培养一种基本的价值信念和社会共识。班级管理中的爱国主义教育、集体主义教育都是着重培养学生的国家观念、集体意识，它有利于培养学生的家国情怀，增强民族自信心、自豪感。班主任要充分利用班级活动如升旗礼、主题班会、集体活动等，潜移默化地培养学生、塑造学生。

2. **坚持制度育人，培养学生的规则意识和法治观念**

社会主义核心价值观在社会层面的价值取向是自由、平等、公正、法治，它是我国社会主义社会的核心价值追求。班级管理要坚持制度育人，培养学生崇尚自由、平等、公正、法治，共同建设良好的班级社会。班主任要充分意识到，培养学生认同和遵守班级规章制度，建设班级社会良好的法治和规则，让学生有章可循，具有规则意识和法治观念，这是我国社会主义国家实现法治的一个坚实基础。如果班级管理不坚持原则、不遵守规范，学生从学校走向社会以后，他们也不会认可法治，不会遵守法律。因此，班级管理必须坚持制度育人，班级规章制度应该为培养具有法治精神，崇尚自由、平等、公正、法治的社会主义公民打下良好的基础。

3. **坚持公正性原则**

公平正义是人类社会发展的基本理念，也是理性社会制度设计的一项基本准则，更是一个社会能够良性运行的基本保证。公平正义是人类最大的也是最重要的权利，是人类文明的基本价值。① 班级管理必须坚持公正性原则，这不仅是社会主义核心价值观的要求，也是教育公平在学校中的具体体现。

班级作为一个由不同学生个体组成的小社会，班级管理涉及多方权益，它们之间必然存在冲突和博弈。例如，教师与学生之间的权利和义务及其相互关系，学生与学生之间如何分配教育权利和义务，教师如何保证学生受教育权、又应该如何奖惩学生等。这些问题的妥善解决都依赖于自由、平等、公正、法治，它们都是社会主义的核心价值。因此，班级管理要坚持公正性原则，就是

---

① 张小媚. 公平正义：社会主义核心价值观的价值基础 [J]. 中央社会主义学院学报, 2011 (3): 93-96.

要求班级中的每一位成员，无论是教师还是学生，都应该严肃思考几个问题：怎样的班集体是值得师生共同努力去创建的？班级社会应该如何组织才能既有利于集体利益，又有利于个体成长？为了创建良好的班集体，坚持公正性原则，班级成员应该如何做？那就是起码要坚持两条底线：一是群体的发展要有利于个人的发展，班级不能以群体发展为借口，以牺牲个人发展为代价；二是个人的发展不能损害群体的利益和其他个人的利益，当个人为了一己私利而损害群体利益或他人利益时，必须受到应有的惩罚。教师应该在坚持这两条底线的基础上来构建班级组织结构，制定班级规章制度，这是公正性原则在班级管理中的基本内涵。

在班级管理过程中，坚持公正性原则有赖于班主任合理分配学生的基本权利和义务，保证学生间权利和义务分配的相对公平。那么，班主任在班级组织结构与规章制度的规划和制定等方面，如何做才能更好地尊重并保护学生在班级中的权利及义务呢？

首先，在班团干部的选拔和任用上，班主任要思考如何做会更公平，使班级学生都有机会平等参与班级管理。班团干部的轮流制和竞选制，相对于由教师决定班团干部的任命制来说，是更为公平的组织制度设计。但是，轮流制和竞选制对于不同年龄阶段、不同学段的学生来说又应该有所侧重。与竞选制相比，班团干部轮流制对于正处于受教育阶段的学生来说能够更好地体现教育的公平和公正性原则。轮流制让每一个学生有同等的受教育机会，使学生都有机会通过担任班团干部去实践、去体验，获得成长。如果不采用班团干部轮流制，那么绝大多数学生都没有机会担任班团干部，更没有机会去培养和掌握当班团干部所需要的素质和能力。因此，如果班级人数不是太多，采用轮流制是较好的方式。如果班级人数多，那么采用竞选制更为合适，它是一种机会均等的正义，每一个学生都有机会参与班团干部的竞选，通过表现自己的能力和素质来赢得机会。在班级组织建设方面，班主任可以从长计议，在班级管理过程中合理采用任命制、轮流制和竞选制。

其次，明确班级规章制度是公正的基本保证，坚持程序正义。在班级中，每一个人都是独立的个体，有自己的目的、利益和追求。具有不同需求和利益的人们同处于一个团体中，必然会因目的不同、利益不同、追求不同而产生冲突。如果人人都只追求自己的利益最大化而不顾规则的约束力，那么，最终的结果是人人自危，所有人的利益都无法得到保障，目的也难以达到。为了坚持公正性原则，班主任有责任告知学生这种利害关系，向学生阐明规则以及班级规章制度对于保护个人权益、维护公平正义的重要意义和价值。只有这样，才能培养学生尊重规则、尊重法治的意识，使学生有一颗公平、正直的心。同时，班级规章制度的制定应该基于班级成员之间的广泛交流和讨论，形成共识。只有经过大家讨论和协商，大家共同认可而制定出来的规范和制度，才具有普遍的约束力。

最后，要遵循少数服从多数的原则，明确公平正义并非绝对的。在班级管理过程中，在遇到利益冲突必须在多数人和少数人之间做出选择时，大家做出的决定一方面要按照规章制度行事，坚持程序正义，另一方面要坚持将损害降到最小，遵循少数服从多数的原则。

总之，坚持公正性原则，就是在班级管理过程中尊重和保护每一位学生的受教育权利，尽可能使受教育权利在学生之间得到合理分配；要让学生明白权利和义务是对等的，学生在班级中要承担责任和履行相应的义务；应让每一位学生在班级中各尽其能、各司其职、各得其所，为共同建设美好和谐的班级社会尽自己的一分心、出自己的一分力。

4. 坚持坦诚待人、相互尊重的原则

班级是人与人之间的关系网络，学生与学生之间、教师与学生之间、学生个体之间构成一个相互交错的人际关系网。人与人之间要相互尊重，坦诚相待，这是班级情境中交往互动的前提，也是交往互动中各主体间道德境界的具体表现。马斯洛的"需要层次理论"指出，尊重是人的一个非常重要的高层次的心理需要。自尊心是人的心灵里最敏感的角落，一旦损伤了一个人的自尊心，就会遭到意想不到的阻力或对抗。因此，班级中的成员只有在相互尊重的基础上，才能形成团结、和睦的关系，获得他人的认可和集体的支持，从而增进友谊。在班级中秉持坦诚待人、相互尊重的交往原则时，师生要做到以下几点：一是要真诚，要真心对人，不虚伪，不口是心非、言不由衷；二是要团结互助，守望相助，共同进步；三是要学会换位思考，反思自我，理解他人。

5. 坚持合作

所谓合作，就是相互支持，互利共赢。合作是重要的社会价值观念，是人类生存的重要法则，也是班级管理所应坚持的基本社会价值之一。在这个小社会里，班级成员之间的交往互动以及利益冲突主要涉及三个方面的问题：一是怎样对待群体或组织，二是怎样对待他人，三是怎样对待自己。在班级管理中，教师要充分认识到班级交往互动的三层结构模式，并在这三个层次中构建集体利益和学生个人利益相互结合、共同发展的良好的班集体。教师要鼓励和支持学生之间、班级之间、师生之间建立广泛的交流与合作关系，共同构建和谐的班级，这是班级管理的主要任务。在人与人交往的过程中，选择合作而非冲突，将对学生的行为和观念产生重大影响。在班级管理过程中，合作会使学生广泛交流，并进行有效的意见交换和互动沟通，从而使学生得到他人的帮助和指导，

获得进步；学习上的合作会使学生更加积极地解决各种问题，进行高水平的发散性思维，他人在自己的帮助下获得成功，也是对自己的一种鼓励和鞭策；合作也使学生之间相互信任，互相认可和支持；合作使所有的学生都积极参与活动并承担义务；合作使学生减少对失败的恐惧；等等。教师应鼓励学生之间、班级之间、师生之间相互合作，反对极端个人主义，支持学生共同建设和谐班级。

四、坚持以学生为本，坚守个人核心价值

坚持以学生为本，就是班级管理应该坚持学生是教育的根本，班级管理最重要的、最根本的目的是学生的成长和发展。班级是为了学生的成长与发展而组织和建立起来的，是为了学生的学习、发展和未来而实施的教育和管理。以学生为本的班级管理，体现了以人为本的科学发展观，也体现了教育对人的价值的尊重、保护。

用一句话来概括班级管理应坚守的个人核心价值，就是班级管理应该坚持以学生为本的原则，尊重学生的个体差异性，促进学生全面发展。

具体来说，以学生为本的班级管理应该坚持的个人价值取向主要表现在如下几个方面：

1. 尊重学生个体的权利

所谓权利，是人们在一定社会关系中应当享有的利益以及实现这种利益的权利。对人的尊重就是承认人的权利，对人的满足就是这种权利的实现，就是对人享有的利益的肯定。[①] 学生的权利主要包括受教育权、生命权、健康权、人格权利、人身权利、休息权利、劳动权利等。

其中，学生的生命权、健康权是个体最为基本的价值。班级管理首先要维护学生的生命和健康，不能以损害学生生命和健康为代价来发展班集体。

每一个人都不愿失去生命和健康，这是学习、工作、生活的生理基础和基本要求。学生的生命权、健康权是学生个体的基本价值追求，也是教育者应该予以充分尊重的，教育者应小心呵护学生的生命和健康。例如，在开展班级活动时，要充分考虑到学生的身体健康、人身安全等方面的问题。在班级管理中教师要保护学生，防止学生间出现霸凌现象。

2. 坚持学习为重，使学生受教育权利得到尊重和实现

学习是学生的主要任务，班级管理应该围绕这个主要任务来展开。学生是

---

① 袁贵仁. 价值观的理论与实践［M］. 北京：北京师范大学出版社，2006：34.

可接受教育的群体，也是必须接受教育的群体。学习是一个人生存和发展的基本需要，在现代社会中，没有一个人可以不经过学习而能获得生存所需要的基本知识和技能。因此，班级管理要坚持学习为重，使学生的受教育权利得到尊重和实现。

首先，班级管理要注重课程学习和课堂教学管理。班级管理在承担知识传承的功能时，学习是其最重要的活动和核心内容，无论是谁都有责任营造一个有利于学习的团体，这也是班级规范存在的一个基石。任何人破坏学习环境和学习活动都将损害别人的利益，同样也将损害自身的利益。班级的发展和成长不应该牺牲学生课堂学习的权利，更不应该剥夺学生在课堂上平等受教育的时间和机会。因此，教师要努力提高课堂教学质量，使课堂能够成为启迪学生智慧、感悟学习乐趣、领会人类智力活动魅力的场所。同时，师生要共同努力维护良好的课堂教学秩序，保证课堂教学和课程学习能够顺利进行。

其次，强调学习既是学生的权利也是学生的义务，学生应该自觉接受教育，承担学习这一任务。在班级管理中，一方面要突出学生的学习，另一方面，教师要善于激发学生的学习积极性、主动性和创造性，鼓励学生自主学习、主动学习，主动承担起个人的学习责任，配合教师认真学习，完成相应的学习任务。教师一定要让学生明白，学习是自己的事，教师只是指导者、帮助者，并且要让学生相信自己是能够在教师指导下顺利完成学习任务、实现学习目标的。

最后，班级管理要注重考试的评价和反馈功能，警惕唯成绩论英雄、唯分数论成败的现象，保证学生受教育权利能够得到公正对待。在目前的学校教育中，出现了许多以学习至上为借口，班级管理唯考试、唯成绩是论的现象。在班级管理中，有的教师为了班级的成绩和个人的业绩，以及学校的升学率而只注重学生的学习成绩，忽视了学生德智体美劳全面发展，这样的现象应该引起教育界的高度警惕。教师要承认学生的学习是长远的、多方面的，不能把学生的学习窄化为只是为了应付考试而学习、为了升学而学习。班级管理如果过分强调分数，过分强调成绩排名和升学率，很容易使学生对学习产生错误的认识，以为学习无非就是为了考试、为了提高分数而已，从而失去了学习的原动力。一旦不用考试，或没有考试的压力，学生就不学习了。其实，学生的学习除了学科学习之外，还包括其他方面的学习，如在实践活动中学习、在劳动中学习、在交往中学习、在游戏中学习等等。因此，学生有权利要求德智体美劳全面发展，学校教育和班级管理应该提供全面发展的教育机会，保证学生受教育权利得到尊重和实现。

3. 尊重学生的人格，坚持人人平等的原则

学生在班级管理过程中作为活动主体，其价值体现在学生是班级价值的创造者，学生具有人格价值。人格价值是一种目的价值，在人格价值方面，人与人应当平等，每个人都有他应有的社会地位、尊严和权利，社会应尊重他的人格和尊严，在条件许可的范围内，尽可能地满足他的正当需要。任何在人格方面把人分为三六九等的做法都是错误的。① 因此，尊重学生作为一个完整意义上的人所具有的尊严，教育应该尊重学生做人的资格和基本的权利。但是，在现实生活中，我们的教育确实存在不少不尊重学生人格的现象。例如，成绩不好的学生往往在班级里会受到一些不公平的对待，甚至会受到教师的歧视、同学的排挤等。有些时候成人会把学生成绩的高低与学生未来的人生直接挂钩，把成绩不好的学生认定为没有未来。这样的一种观念是极其不可取的。在应试教育的压力下，有些家长、教师、学校为了升学率，会让学生形成一个错误观念，认为只有考上好的大学才是成功的，人生才有意义。其实，这是一个极其片面的观念，容易误导学生。

尊重学生的人格，意味着我们要尊重学生个体的差异性，尊重学生个体的个性特征、情感特征和思维特点。教育者应该尽可能不把成人的意志强加在学生身上，让学生学会自我选择、自我承担、自我发展、自我成长。同时，在班级活动中，不同主体间——师生之间、学生之间、教师之间，在人格上应保持平等，这是开展人际交往活动的前提。应当承认，在教学中，师生之间、学生之间、教师之间实际上存在认知水平、认知方式等方面的差异，但他们在交往互动中的地位是平等的，在人格上是平等的。正是为了解决认识上的矛盾与差异，才需要在平等的基础上实现对话、协商、讨论，甚至是相互间的妥协，从而达到认识上的交流并达成共识。在教育中坚持平等原则，教师要从以下三个方面着手：

（1）在班级交往中，尽可能放弃权威地位，持平等的态度与学生交往。在师生交往中要倡导"吾爱吾师，吾更爱真理"的精神。

（2）在交往中要做到民主。师生间存在实际能力、知识水平的差异，但相互之间要取长补短，坚持开展平等的对话、讨论，分享认识成果。

（3）建立开放的、不带支配性的交往互动情境。班主任应该拒绝学生或学生家长把社会上的"拉关系""走后门"等不良风气带入班级交往中，保证师生关系的纯洁性。同时，班主任要鼓励学生主动与人建立良好的人际关系，对于某些自命清高、不愿与人交往的学生，应进行适当的教育和引导，鼓励和支持学生积极构建同学友谊。

---

① 袁贵仁. 价值观的理论与实践［M］. 北京：北京师范大学出版社，2006：31.

　　总之，班级管理要坚持立德树人这一教育的根本任务，既要坚持用社会主义核心价值观来培养学生、塑造学生，又要坚持以学生为本的教育理念。坚持教育的社会价值与个体价值相统一，在教育过程中，尊重学生的个体差异性，充分调动学生学习的主观能动性，培养德智体美劳全面发展的社会主义建设者和接班人。

第三章　班级管理的价值追求

真、善、美是人们的价值追求，求真、求善、求美是人们实现价值的过程。教育作为培养人的一种社会活动，"教育应使人成其为人"，这是它的永恒主题。人在教育中被赋予了极高的地位，教育的神圣职责和使命就是培养学生追求真、善、美，成为对社会有用的人，有益于人类社会发展的人。这既是教育的理想和追求，也是班级管理的价值追求。班级管理要培养学生追求真、善、美。

一、培养学生追求真、善、美

班级管理要培养学生追求真、善、美，这个"追求"是一个过程，它意味着学生的成长过程是一个勇于求真、求善、求美的受教育过程。那么，什么是真？什么是善？什么是美？我们该如何理解班级管理应该培养学生追求真、善、美呢？

（一）何谓真、善、美

所谓真，一般就是指真理，它是关于人类对自然、社会、思维等的规律性认识，主要回答"是什么"的问题，它包括自然科学知识、社会历史知识、思维知识等。真理的特点在于它的客观规律性，也就是说人们要追求真理，认识客观事实和规律。一般来说，真理与科学相关，人们在追求科学真理的过程中，必须具备科学精神、求实精神和理性精神等，这些精神气质有利于人们进行科学研究。

所谓善，一般是人类思考自然和社会应该是什么的问题，它重点回答"应该是什么"，如人类应该如何组织、一个人应该如何度过一生、人与人之间应该如何相处等，诸如此类的问题与善有关。善与人类的实践活动直接相关，与人们的良好愿望和精神追求有关。简单一句话概括，善就是要求人们在实践中遵循客观规律，尊重客观事实，按照客观规律办事。因此，善的特点在于它所具有的人文特征，就是人之所以为人的基本特征。人们追求善的理念，表明人类对于自然界、人类社会有一个基本的、良好的价值判断，人们在生活中思考什么样的生活是值得过的，这是人的理性表现，需要人们具有反省能力、反思精神。

所谓美，就是"既真且善"，它是真与善的交集。人类追求"真且善"的境界，即人类不仅追求科学之真，也追求人文之善，使科学和人文相结合，创造美好的人类社会。在这里，美不是一个纯主观的情感体验，而是人们在价值追求的过程中，自觉地把科学之真与人文之善结合起来，创造美好的生活。真、善、美三者之间的关系如下图所示：

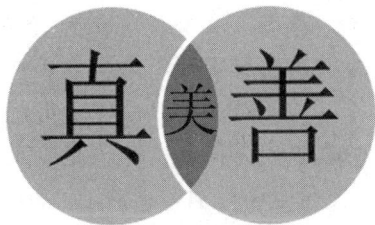

应该说，科学本身是中性的，它自身并没有规定人类应该如何应用它，科学探究并不会自动地把人引向善的方向，如何利用科学取决于掌握科学的人。因此，人们应该自觉把科学置于人类求善的价值审视之下，把科学的求真与人类的求善统一起来。人类必须思考如何运用科学来建设一个既适合人类生存和发展，又能满足人类求知欲望、开发人类潜能的美好社会，这就是人类追求真善美的过程。

其实在现实生活中，真的不一定是善的，善的也不一定就是真的。光有真，没有善，人类社会并不一定会变得美好。正如核的威力一样，如果人们善于利用核技术，它可以给人们带来清洁的能源；但是如果人们把它用于战争，那么它不仅会带来杀戮，而且它的破坏力足以毁灭地球。因此，如何利用科学、如何善用人类的智慧是一个非常重要的话题，也是值得我们深思的。如果说科学给予人们一种能力去改变世界，那么人文则是给予人们一种反思能力和判断力，它告诉人们是否应该行动，是否应该改变世界，以及采用何种方式去改造世界。如果一个人具备了科学和技术方面的专长，却不具备人文素养和人文精神，有可能会剑走偏锋。人类社会的历史已证明了这一点，技术给人们带来了方便，但也"助推"了两次世界大战；现代社会中，人们虽然生活在科技带来的便利之中，但是也时常生活在科学技术被恶意使用所带来的恐惧中，如核武器、生化武器、恐怖主义，还有环境污染、食品安全问题等。现代社会所面临的这些问题恰恰表明：科学与人文在人类社会发展过程中的分裂，是人类面临的极大挑战之一。法国学者埃德加·莫兰指出了人类所面临的这种文化挑战，他说：

"文化从此不仅被剪裁为散开的碎片，而且被分裂为两大块。人文文化和科学文化之间的巨大分裂从 19 世纪开始而在 20 世纪更加严重，这给两者都招致了严重的后果。人文文化是一种总体文化，它通过哲学、杂文、小说滋养了一般智能，回应人类的伟大探询，刺激对于知识的思索和促进认识的个人的整合。科学文化具有另一种本性，它分割了认识的领域；它产生了可赞叹的发现、天才的理论，但是没有导致对人类的命运和科学本身的变迁的思考。人文文化趋于变成失去被磨谷粒而空转的磨盘，这些谷粒原是由关于世界和关于生命的科学研究的成果构成的，后者本应滋养人文文化的伟大探询；而科学文化失去了对普遍的和整体的总的反思性，甚至变得没有能力反思自身和思考它提出的社会的和人类的问题。"[1] 莫兰指出人类文化发展到 20 世纪时，分裂为两大块：人文文化和科学文化。这种分裂表现为科学文化只是带来"可赞叹的发现、天才的理论"，但是缺少了对人类命运和科学本身的思考，失去了对世界普遍性和整体性的理解和把握。人文文化本来是由"关于世界和关于生命的科学研究的成果构成的"，它是一种总体文化，但是它也变得无法滋养人类的一般智能，无法刺激人类把知识与人类自身发展整合起来。因此，如何合理地运用科学技术为人类社会服务，这是需要人类深入思考的问题。人类既需要科学技术来解放人、发展人，又需要人文之思来发现和解决人类所面临的问题，科学与人文只有相互协调发展，才能建设美好的人类社会。

（二）班级管理应该培养学生求真、求善、求美

一位纳粹集中营的幸存者当上了一所中学的校长，每当一位新教师来到学校，他就交给新教师一封信，信是这样写的："亲爱的老师，我亲眼看到人类不应见到的情景：毒气室由学有专长的工程师建造；儿童被学识渊博的医生毒死；幼儿被训练有素的护士杀害。看到这一切，我怀疑：教育究竟是为了什么？我的请求是，请你帮助学生成长为有人性的人。只有在使我们的孩子具有人性的情况下，读、写、算的能力才有其价值。"第二次世界大战带给人类的教训无疑是深刻的，校长的信指出了一个严肃的问题，为什么教育只训练出学有专长的工程师、学识渊博的医生、训练有素的护士，却没有教会他们应该具有人性、具有人道主义精神？试想，如果一个人缺乏对生命的起码的尊重和关切，那么一个人所具有的读、写、算的能力又有什么意义呢？看了这封信，我们不由得陷入沉思：教育究竟是什么？教育应该是什么？与此相应，怎样的班级管理才

---

① 莫兰. 复杂性理论与教育问题 [M]. 陈一壮，译. 北京：北京大学出版社，2004：105.

能培养学生具有人性？班级管理应该怎样培养学生，使其成长为具有人性的人？

目前我国教育存在的主要问题之一，就是学校过分强调学生应试，通过题海战术让学生取得高分，这是科学和人文的分裂在教育中的反映，它表明我国教育存在的人文精神和科学精神缺失的问题。应试教育违背了教育规律，也违反了学生身心发展的内在规律。因为应试的方法本身并不重视科学知识之间的内在关联，也不重视梳理科学知识之间的来龙去脉，只是让学生简单地练习不同的题型，这样的教育方式明显违背了教育规律。同时，大量的重复练习加重了学生的负担，违反了教育应该适应学生的身心发展规律的原则。这是我国教育不尊重科学、缺乏科学精神的具体表现。更为严重的后果是，在应试教育下，考试这个考核和评价的手段变成了目的。考试手段成为目的后，学生和教师都被简化为考试的工具，学生为了考试而学习，教师为了考试而教学。教师的教学变成了一种功利性很强的、为学生考试服务的手段。具体表现就是，在学校教育中，学生不停地练习各种各样的题型，教师在课堂教学中讲题、解题，教师教学中原有的具有独特个性和生命力的教育被简化为简单的讲练结合的考前训练。难怪人们常说："考、考、考，老师的法宝；分、分、分，学生的命根。"这样的段子恰好表明了学生和教师在应试教育下的迷失，这是一种主体性的迷失，也是人文精神缺失在教育中的具体表现。为了改变这种局面，我国教育必须坚持培养学生科学精神和人文精神协调一致发展，班级管理应该培养学生追求真、善、美，使学生既具有科学精神，又具有人文精神。

二、培养学生追求科学精神和人文精神协调发展

学者们指出，人类社会的发展是由科学与人文合力推动的，科学与人文是社会发展缺一不可的两根杠杆。[①] 班级管理应该培养学生具有科学精神和人文精神，使两者协调发展，共同构筑学生的精神世界，提高学生的综合素质。

（一）科学精神及其具体内涵

一般情况下，人们会认为科学是"确切而普遍有效的知识"，它是关于世界是什么的真理性认识。《大英百科全书》中关于科学是这样定义的：科学是涉及对物质世界及其各种现象并需要无偏的观察和系统实验的所有各种智力活动。一般说来，科学涉及一种对知识的追求，包括追求各种普通真理或各种基本规律的作用。因此，它主要指人们通过观察、实验等方式去探究各种自然现

---

① 孙伟平. 在科学与人文之间保持必要的张力：科学精神与人文精神研讨会综述［J］.哲学动态，2002（12）：17－19, 27.

象和社会现象，从而发现现象背后的客观规律及其作用。例如，对于精神病患者的研究——这种病是怎样的，它的致病原因是什么，该如何治疗——这些都属于科学。科学是求真的，一方面，科学以理论形态呈现，就是所谓的科学知识；另一方面，科学也通常以技术的形式表现出来，就是人们常说的科学技术。科学知识是人类在求知欲和好奇心的驱使下，主动探索未知世界而形成的规律性认识，它要达到的目的是人类对世界的规律性认识。科学技术是人类对科学知识的应用，是人类在社会实践中自觉利用科学知识为人类服务。科学对于社会发展意义重大，人类的几次科技革命使人类社会从传统的农耕文明走向现代的工业文明，科学技术的广泛使用使人类从繁重的体力劳动中解脱出来，科学技术对人们的生活方式产生了巨大的影响，甚至使人类的生活方式发生根本性改变。同时，科学是人类的智力活动，它对于人类自身的发展极其重要，人类探索世界的过程拓展了人类的精神世界，因此，班级管理要培养学生的科学精神，使人类可以通过科学培养和塑造人，使人具备科学精神，提高人的科学素养。

具体来说，科学精神主要包括两个方面的内容：一是尊重事实，尊重客观规律；二是大胆探索，追求并坚持真理。① 科学精神就是在掌握一定的科学知识、科学技术的基础上，大胆怀疑，不断探索，努力寻求对事物的规律性认识。主要包括理性精神、怀疑精神和求实精神。

所谓理性精神，就是对已被实践检验的真理的一种尊重，相信伪科学、迷信等是失去理性的表现。人是理性的动物，但是人的理性精神是需要培养的。理性精神是人们对真理的尊重，它在日常生活中首先表现为对常识的尊重。对于生活中出现的一些违背常识的言论和行为，我们要保持高度警惕，相信常识，相信人的理性。如果理性精神没有得到很好的培养，那么人所具有的非理性的一面，往往就会通过其他方式呈现出来，它带着人类的恐惧、无知和愚昧，给人类社会生活带来极大的负面影响。例如，2013 年，"气功大师"王林事件闹得满城风雨。据说他可以"隔空取物"，为人治病，有不少人对此深信不疑，对王林可谓是顶礼膜拜，花重金请他治病或看风水，等等。用常识思考，"隔空取物"这样的事情本身就是很荒唐的，它违反常理、违背规律。可是，在迷信的外衣下，王林竟然屡屡得手，这不得不让人深思。

所谓怀疑精神，就是指一个人不满足于已有的解释，不迷信、不盲从权威，并始终保持对未知世界的强烈好奇心。胡适曾说过，追求科学真理要"大胆假

① 俞吾金．科学精神与人文精神必须协调发展［J］．探索与争鸣，1996（1）：4－7.

设，小心求证"。"大胆假设"实际上表明，科学精神要求人们在追求科学的同时，需要具有怀疑精神，不满足于现有的理论和结论，不迷信和盲从权威。这又需要人类对未知世界保持强烈的好奇心，在好奇心的驱使下，人类对世界的探索创新就是科学研究的过程。

所谓求实精神，就是坚持实事求是的原则，锲而不舍地追求真理的一股勇气和一种牺牲精神。[①] 求实精神首先表现为对真理的尊重、对客观规律的尊重、对事实的尊重。亚里士多德说过："把是什么说成是什么，把不是什么说成不是什么，便是真的。"这是一种实事求是的态度，是其是，非其非，这是起码的求实精神。其次，求实精神也表现为人类在求知欲和好奇心的驱使下，求得事实与真相的勇气和决心。

综上所述，科学与事实有关，与真理有关，"忠于事实而不是忠于主观的臆断"，这是科学精神的起码要求，也是科学精神的首要特征。当权威的意见与事实相悖时，科学精神要求我们无条件地选择尊重事实；当某种观念有碍于探求真理时，科学精神要求我们自觉放弃那种观念。科学精神要求人们诚实，勇于追求真理，坚持实事求是的原则。因此，学校教育必须重视培养学生的科学精神，应坚持做到以下三点：

第一，传授科学知识。随着现代科技的发展，每一个学生都应该具备基本的科学知识，如环境保护、疾病控制、营养健康、电子技术等相关知识。如果学生缺乏必要的科学知识，无知和迷信将会横行于世。例如，现在人们的生活水平提高了，但是缺乏科学的营养健康知识，就容易盲从、轻信，像张悟本这样的"江湖医生"就能够利用人们的无知来牟取私利。

第二，培养科学的思维方法，尤其是问题意识、逻辑思维、分析思维等，培养学生科学地发现问题、分析问题和解决问题的思维方法。

第三，鼓励学生亲自动手，培养学生的操作能力、实验能力和实践能力。

（二）人文精神及其具体内涵

1884 年，英国哲学家斯宾塞发表了一篇文章《什么知识最有价值》，他给了一个物质至上的答案：科学。因为在他看来，科学可以帮助解决人们遇到的所有问题。然而，现实生活告诉我们：科学并非万能，科学的发展也会带来许多严重的问题。人类社会的健康发展需要人文精神，教育需要培养学生具有人文素养。

---

① 解思忠. 国民素质读本 [M]. 北京：国际文化出版公司，2000：256.

汉语中的"人文"一词最早大约见于《周易》，本意是指同天文——自然界的法则、秩序——相对应的人类生活或人类世界的法则、秩序。《周易》的《贲（卦二十二）》中写道："刚柔交错，天文也；文明以止，人文也。观乎天文，以察时变；观乎人文，以化成天下。"意思为：刚柔交错，阴阳迭运，此乃自然现象；文明而有所约束，这是人类社会的伦理道德现象。观察自然现象，以掌握四时的变化；考察人类社会的伦理道德现象，以教化天下，成全礼俗。①这是我国最早对人文的理解。可见，人文与人类社会的伦理道德现象有关，它是人类的教化现象，人文使人们变得"文明而有所约束"。当前社会物欲横流，有的人为了追求金钱，贪污受贿、造假售假、以次充好、贪图名利、不择手段，这些人无视人类社会的伦理道德规范，无视法律，内心毫无规范和原则，为了一己私利不顾做人的基本原则和道德底线，在他们身上表现出来的，恰恰就是人文精神的缺失。因此，人文精神是人类对自身生存意义和价值的思考与关怀，它体现了人类的基本理想和价值追求。人文精神的核心问题表现在人们不断反思和追问的两大问题上：人应当怎样生活？人类社会应当怎样组织？

从学科知识的角度来看，人文精神主要体现在哲学、宗教、文学、艺术、历史等学科之中，它们蕴含着人类对自身命运的终极关怀。在这里，我们所说的人文精神，基本上延续了我国古代对人文的传统理解。叶秀山有一段话可以帮助我们更好地理解人文精神。他在《无尽的学与思：叶秀山哲学论文集》一书中这样写道："……我们不但不把'活东西'当作'死东西'看，而且要把'死东西'当作'活东西'来看，把过去死了的人如实地当作曾经斗争过的人来看，把古迹当作古人的'创造物'来看，把'过去'当作'现时'（过去了的现时）来看，把自然当作人的'世界'来看，这是一种人文的态度，是活生生的、活泼泼的态度，是一切睿思智慧（思）、说古论今（史）、诗情画意（诗）的生活源泉。"②我们要培养学生具有这样的人文态度，就是要让学生明白人与自然、人与社会、人与人之间的内在关联，要让学生明白过去、现在和未来的关系，从而培养学生具有一定的历史感、敬畏心和怜悯心。人文精神就是人们承认过去、现在和未来是相互联系的，承认人与自然、人与社会、人与人之间具有一种连续性和关联性，这种连续性和关联性使人不能恣意妄为。

人文精神的培养，就是要让人们明白自己是从哪里来的，又要到哪里去。我们说，如果一个人缺乏人文精神，他就不会理解自己是从哪里来的，也不会看到历史的延续和生命的意义所在。如果一个人缺少人文态度，那么他只会关

---

① 唐明邦. 周易评注［M］. 北京：中华书局，1995：58.
② 叶秀山. 无尽的学与思：叶秀山哲学论文集［M］. 昆明：云南大学出版社，1995：4-5.

注当下的欲望和利益，而不会去关心他人，也不会关心未来，更不会关照过去。

那么，我们应该如何培养学生具备人文精神呢？首先，鼓励学生亲近大自然，产生对自然、对生命的热爱之情，学会珍惜自然、珍惜生命。其次，创造条件让学生了解社会、了解生活，鼓励学生走入社会，参与社会实践，了解人类社会的多样性和多元化。再次，鼓励学生多阅读，培养读书的习惯，有意识地鼓励理科学生阅读人文作品、文科学生适当阅读科普读物；鼓励学生了解历史，阅读相关的历史文献，知道自己是从哪里来、又要到哪里去的，了解国家、民族和人类的发展史，培养学生的历史意识。最后，鼓励学生适当离开网络和游戏，给自己一个完全自由而独立的时间和空间用于反思，培养学生的自省能力和反思精神。

在班级管理过程中，教师要重视培养学生的人文精神，班主任要认真做好以下几项工作：

一是要重视道德养成教育，这是培养人文精神的基础。道德是人类社会的基本行为规范和准则，也是人文精神的重要内容。道德本身就是实践，就是行动，它是人们实实在在的善的行为。学生通过班级社会来习得基本的道德规范，这是学生接受社会教化的关键一步。道德从来都不是停留在口头上的"美好语言"或"口号"，事实表明，过多的说教和灌输无法使学生养成良好的德行。班级管理过程中，教师一定要注重学生日常行为的教育，通过班级社会帮助学生养成良好的道德行为习惯。

二是要注重人格教育，培养学生的健全人格。人格教育，主要是指侧重于培养学生具有健康的心理和良好的性格的教育，它的重点在于培养学生的健全人格。健全人格具有如下特点：①人格健全者有作为权利义务主体的自觉，维护做人的尊严，有责任感，自觉履行义务；②人格健全者对社会怀有浓厚的兴趣和情感，关心他人，关心人类的未来、世界的发展；③人格健全者能与人和谐相处，理解并接受不同的生活方式、生活态度；④人格健全者具备良好的个性特征，开朗乐观、积极进取；⑤人格健全者能保持顺境与逆境、理想与现实之间的平衡，富有弹性。总之，人格健全者身上体现了人文精神关注人自身的尊严、肯定人的价值、追求人的自我实现等特征。

三是要重视理想教育和信念教育，培养学生成为有理想、有信仰的人。理想教育和信念教育主要是帮助学生树立正确的人生观、世界观和价值观。教师要通过理想教育和信念教育，引导学生思考人生的意义和价值，思考一个人应该如何对待人生、如何度过一生等；也可以引导学生思考对世界的总体看法，思考人类社会应该如何组织等问题。

四是要突出以人为本、以学生为本，关注学生的成长和发展，关注学生个体生命的尊严和价值，这是培养学生具有人文精神的基本要求。

具体来说，班主任要善于通过班级文化建设来培养学生的人文精神，通常可以采取如下措施来创设班级文化：①

第一步，确立目标。班主任要认真研究本班学生的特点，包括家庭背景、思想意识、性格特征、知识基础、思维习惯等，做好对班级的准确定位，要求学生认真地思考"我要成为怎样的一个人""我们要建立一个怎样的班级"等问题并确立班级奋斗目标。第二步，组织活动。班主任应制订详尽的计划，选择适当的时机，举办形式多样、独具特色的班级活动，如班级辩论赛、时事沙龙、读书交流会、微型音乐欣赏会、优秀范文展览会、班级之星评选等，要注意定好课题，形成系列，以此来陶冶学生的情操、净化学生的心灵。同时，班主任要做一个有心人，要充分利用校运会、校园歌唱大赛、朗诵大赛、科技节等活动来提升学生的集体荣誉感，增强班级的凝聚力。活动结束后要对学生的表现进行客观的总结，借此树立典型，督促后进。第三步，反复深化。班级精神文化是"看不见、摸不着"的隐性文化，需要班主任用心感悟，尽可能采用多种方式，促使这种文化真正融入学生日常的言谈举止之中。例如，创办班刊就是一个不错的选择。一方面，一期班刊的成功出版，往往凝聚着教师和学生的智慧与汗水，承载着班级文化的灵魂和精神，它为学生构筑起心灵的港湾，挖掘和体现了学生的天赋与才华。另一方面，学生在创办班刊的过程中，懂得了群策群力、精诚合作的重要性，学会了分享自己的劳动成果，养成了热爱阅读的良好习惯。随着时间的推移，班级的书香气息将弥漫开来，人际关系也会变得更加和谐，班级的人文气息也会更加浓厚。

总之，通过创造浓厚的人文氛围来培养学生的人文精神，是班级文化建设的重要内容，班主任要有意识地引导学生共建班级文化，潜移默化地培养学生的人文精神，综合提高全班学生的人文素养。

（三）科学精神与人文精神必须协调发展

在当今世界，由于科学技术的迅猛发展对社会生活产生的重大影响，人们往往容易偏爱科学，认为科学精神才是最为重要的精神品质。其实，爱因斯坦早就说过："科学只能断定是什么，而不能断定应该是什么。"科学是对事实的一种断定，人文是对价值的一种判断，这种判断是建立在人们对世界的意义追寻和价值追求基础之上的，它体现了人作为实践活动主体所具有的生存智慧。

---

① 梁嘉声. "6S"管理理念下的班级文化建设［J］. 教学与管理，2014（4）：29－31.

尽管科学和人文之间存在差异——科学关注事实,人文关注价值,但是,科学精神和人文精神是统一在生活中,统一在人的实践活动中的。因此,科学精神和人文精神必须协调发展,这是人性完善的必然要求,也是人全面发展的基本要求。俞吾金早就指出科学精神与人文精神的分离和对立不利于我国建立现代化国家,他说:"单独地提升科学精神,必然会使科学主义泛滥起来,从而导致对人文价值的忽视;反之,单独地提升人文精神,不用科学精神来限定人文精神的界限,人文精神就会淹没在神秘主义和信仰主义中。近代西方社会曾经出现过的'通灵术'和当代中国社会仍盛行不衰的迷信活动就是一个最好的说明。"① 可见,科学精神与人文精神具有互补性,它们的协调发展有利于人性的完善,有利于社会的健康发展。

因此,在现实生活中,人们既需要科学也需要人文,科学精神与人文精神都是内化于人的品质特征之中的,不能把它们割裂开来。如果科学和人文对立起来,我们将无法理解完整意义上的人的本质。因此,班级管理要培养学生追求真、善、美,就是要把科学精神与人文精神统一起来,协调发展。

三、培养学生具有创新精神

据考证,"创新"一词作为一个学术用语,首先是由美籍奥地利政治经济学家约瑟夫·阿罗斯·熊彼特提出的。他认为,在市场经济领域中,创新是生产要素和生产条件的一种从未有过的新组合,这种新组合能够使原来的成本曲线不断更新,降低成本,由此产生超额利润或潜在的超额利润。因此,创新就是建立一种新的生产函数,把一种从来没有过的关于生产要素和生产条件的新组合引入生产体系,从而产生超额利润。它主要包括以下五种情况:引进新产品;引用新技术,即新的生产方法;开辟新市场;控制原材料的新供应来源;实现企业的新组织。② 可见,创新在经济学领域中包括生产要素创新、技术创新和制度创新等。随着现代市场经济的深入发展,创新已经成为一个国家经济发展的强大推动力。为此,早在 20 世纪 90 年代,我国的素质教育目标就明确提出了要培养学生具有创新精神和实践能力。

因此,创新精神的培养应该是教育的题中应有之义。首先,创新是人的本性,是人的主体性得以发挥的标志。马克思说"人具有主观能动性","人能动地认识和改造客观世界"。教育必须发挥人的主观能动性,即人的主体性。其次,创新意识和实践能力是人的完整个性的有机构成,是个性健全发展的基本

① 俞吾金.科学精神与人文精神必须协调发展 [J].探索与争鸣,1996(1):4-7.
② 张培刚.熊彼特的创新理论 [J].教育参考,2003(1):63.

标志。个性是个体的具体性、主体性在每一个人身上的独特表现。教育所面对的正是一个个具体、生动的人。最后，人的创造性和想象力是自由个性的表现。培养学生的创新精神就是尊重和充分发挥学生的主体性，尊重学生的个体差异，发展学生的个性。

所谓创新精神，就是指一个人具有的敢于打破陈规陋习，用全新的观点和角度看待事物、解决问题的勇气和意识。在现实生活中，人的创新精神主要表现为人的创造性思维和问题意识。

现代创造性研究的倡导者吉尔福特指出，在创造活动过程中，创造性思维是个体创造性的具体表现，其核心是发散性思维，即"从给定的信息中产生信息，其着重点是从同一来源中产生各种各样的尽可能多的输出"。现在多数心理学家认为创造性有两个关键要素，即"新颖性"和"适用性"，将创造性定义为个体产生新颖奇特而具有实用价值的观点或产品的能力。① 因此，创新精神就是指人所具有的创造性、创造力，创造性思维是人的创新精神的具体表现。

从心理学的角度来看，所谓创造性思维，就是指一个人从某些事实中寻求新关系、找出新答案的思维过程，它是一个人用新方式处理某一问题的思维过程。台湾心理学家张春兴认为，创造是指在问题情境中超越既有经验，突破习惯限制，形成崭新观念的心理历程，是指一个人具有的不受成规限制而能灵活运用经验解决问题的超常能力。显然，创造是人们在发现问题、解决问题时的一种心理活动，这种心理活动强调新颖性、独特性和适用性。同时，创造也是人的一种能力，是人们能够灵活运用已有经验解决问题的超常能力。

笔者在多年的教学中，一直尝试让学生体验人的创造性思维的活动过程，从而使其理解创造性思维的特点。为此，在"培养学生具有创新精神"的课堂教学中，笔者专门设计了一些小活动让学生亲身体验人的创造性活动，以及在从事创造性活动过程中我们的思维会受到哪些因素的影响，又有什么特点等等。其中一个活动是这样的：

请学生准备一张白纸，大小不限，要求学生通过自己的创造性劳动使白纸变得富有意义，能表达自己想要表达的意思，或传达某种思想和情感。

当接到任务后，学生马上进入沉思状态，对着手中的白纸开始思考。有的用折叠的方式，如折飞机、千纸鹤、小船、花、青蛙、灯笼等，也有的用笔在纸上画画或写字……总之，学生尝试各种各样的方式来完成任务。在活动过程中，有不少学生表现出很强的创造性思维特征。下面介绍几个学生的作品：

---

① 刘春雷，王敏，张庆林.创造性思维的脑机制［J］.心理科学进展，2009，17（1）：106－111.

（1）书签。一位同学做了一张书签送给老师，书签上画有他在课堂上即兴创作的工笔画，以及他想对老师说的话。这张书签小巧、精致，适合夹在教案本上。在展示作品的时候，这位同学拿着书签走上讲台，并把书签送给了老师。当这位同学把作品送给老师时，很多同学都认为他的主意很好，而且佩服他敢想敢做。这位同学的作品的新意主要表现在两个方面：一是他把一张纸做成书签；二是他勇敢地把书签送给了老师，表达他的内心情感。有些同学说自己也想到可以写一封信或画一幅画，可是很少有同学会想到把自己的作品送给别人，以此来表达自己的情感。或者有同学也有这个想法，却不敢大胆向老师表达。还有的同学不知道该如何使自己手中的纸张变得更富有意义，只是在上面盲目地画或写，没有想过让它们承载自己的思想和情感。

（2）手撕的小玩意儿。一位同学从白纸上撕下几个"Y"形的小玩意儿，将这种形状的纸片从高处散落，它们会旋转下降。这位同学请几位同学一起站在讲台上，把"Y"形纸片同时从高处散落，使纸片如"天女散花"般自由飘落。这位同学的创意主要表现在以下几点：一是她用手撕纸张，这是与很多同学不一样的地方；二是她把一张纸变成几个小物品，而不仅仅局限在一张纸上；三是她邀请其他同学一起在班上展示她的作品，并将这个表演命名为"天女散花"。可以看出，在这个创造过程中，她不仅有想法，知道自己想做什么，而且有能力把她的想法流畅地表达出来。

（3）凯旋——花船。有不少同学折了千纸鹤、扇子、花、船、幸运星等，从单个作品来看并没有什么新意，甚至有不少雷同。几位同学发现这个问题以后，把她们的作品组合起来，做成了一个花船，千纸鹤是船头，与船身结合在一起，用扇子作船尾，船上放着各种各样的花、幸运星等，并涂上不同颜色。当她们把组合好的作品呈现给大家看时，大家不由自主地赞叹道："好美的船啊！"这个作品的主要创意是将普通的手工作品重新组合，使其变成了一个全新的作品，并起了一个很有意义的名字——"凯旋"。

在学生进行这类创造性活动的过程中，他们普遍感受到自己的思维受到影响并认识到自身的局限性，他们认为主要有以下几个影响和限制：首先，经验的限制，已有的经验会限制自己的思维。不少学生都将纸折成同样的形状，如千纸鹤、船等，很难突破经验的限制，产生新的想法。其次，学生明显感到自己想象力不足。当意识到自己的作品与其他同学相似甚至相同时，想不出新的点子来完成任务。最后，在进行创造性活动的过程中，有的学生认为自己很有想法，但是不知道该如何表达在一张纸上，没有能力把自己的想法化为现实。

在这样的活动过程中，学生的思维异常活跃，他们亲身体验到人的创造性思维是怎样的一种心理活动，也体验到人的创造性是一种能力和技能。如果一个人有很好的想法，但是没有相应的能力和必要的技能把它变成现实，那么人的创造性活动也就无法实现。可见，创造性思维具有如下特征：创造性思维的核心是发散性思维；创造性思维的发生是一个心灵的顿悟过程，它具有突发性；创造性思维也是人的联想能力，想象力越丰富，创造性越突出。同时，一切创新都源于问题，问题意识的培养是培养创新精神的切入点。在上述活动中，主要的问题是"怎样使手中的白纸富有意义"及"如何用它来表达自己的思想和情感"。如果学生带着这样的问题参与活动，那么他就有了一定的方向，这个方向就是"我想表达什么"。只要学生找到自己想要表达的思想或情感，那么他的创造性活动就有了目标和方向。当然，问题也许不是一开始就能很清晰地被人意识到，就像"凯旋"一样，学生发现了各自的折纸含义单一，于是组合起来，使作品具有新意。因此，创新精神也表现为一个人的问题意识。如果没有问题意识，那么这个人是很难进行创造性活动的。

所谓问题意识，是指人们在认识活动中，经常意识到一些难以解决或疑惑的实际问题及理论问题，并产生一种怀疑、困惑、焦虑、探索的心理状态，这种心理状态又驱使个体积极思考，不断提出问题和解决问题。① 因此，问题意识是培养创新精神的基础，教师要鼓励学生多提问题，善于提出问题。教师可以尝试教会学生一些"提问题"的方法：②

（1）通过观察提出问题。达尔文说："我既没有突出的理解力，也没有过人的机智，只是在察觉那些稍纵即逝并对其精细观察的能力上，我可能在普通人之上。"达尔文在环球旅行时发现不同地方的植物形态很不一样，于是开始观察并做出详细的记录，可以说正是详细的观察和记录成就了达尔文。巴甫洛夫对青年人的忠告就是"观察，观察，再观察"，一个人只有学会观察，才有可能透过现象发现问题。

（2）学习观察方法，学会做观察记录。教师要向学生介绍科学的观察方法，使他们学会观察。首先要注意观察的先后顺序；其次要注意观察时的思维方法，善于同中求异、异中求同，找出现象之间相同或相似的地方，或找出不同之处；最后要做好观察记录，如记录时间、地点、事物的状态或变化等，还要做一些必要的测量。例如，让小学生观察绿豆发芽的过程，教师应该要求学生观察绿豆本身发生的变化，测量绿豆的体积变化以及豆芽的长短变化等等。

（3）运用联想的方法提出问题。见到一事物、语词或动作想到另一事物形

---

① 姚本先. 问题意识与创新精神［N］.中国教育报, 2001－02－21.

② 张志文，张巳瑛. 问题意识与创新精神和创新能力的培养［J］.中国教育学刊, 2002（1）: 39－40.

象、语词或动作就是联想。研究表明，在现有知识和经验的基础上训练活跃的联想能力，能够促进创造力的发展。[①] 联想的方法就是发散性思维的具体表现，其中头脑风暴法是最为常用的一种训练联想能力的方法。头脑风暴法的核心就是高度自由的联想。这种技法一般是通过一种特殊的小型会议，使与会者毫无顾忌地提出各种想法，彼此激励，相互诱发，引起联想，引发创造性设想的连锁反应，从而产生众多的创造性设想。[②] 例如，尽可能多地写出易拉罐的用途——教师可鼓励学生自由联想、大胆想象，尽可能多地列举用途：做笔筒，养花或水生植物，做成工艺品、打击乐器……

要培养学生的问题意识，鼓励学生多思考，对教师的日常教学工作提出以下几点建议：第一，接纳学生提出的任何奇特的问题，学生所提问题无论是否合理，教师均持肯定的态度接纳；第二，鼓励学生发挥创造性思维，对平常问题的处理能提出超常见解者，给予其精神上的鼓励；第三，在学业测试中，增加少部分无固定答案题，让学生有机会发挥其创造才能；第四，向学生提供创造楷模，或介绍学生阅读文学家、艺术家、科学家的传记，或带领学生参观各类创造性展览；第五，教师要鼓励学生发问、质疑，鼓励学生敢想、敢说、敢做。[③] 此外，研究发现创造力强的学生多出自以下教学环境：学校气氛较为民主，教师不以权威方式管理学生；教师鼓励学生自动自发，并能容许学生表达不同意见；学习活动有较多的自由，教师容许学生在自行探索中发现知识。因此，从学校角度来看，要培养学生的创新精神，首先，学校要支持和鼓励教师与学生成立课外兴趣小组，如生物观察兴趣小组、观鸟小组、科技制作小组等。其次，坚持开展主题节活动，为学生的创造性活动提供一个分享、交流和展示的平台，如科技节、艺术节、体育节等。再次，坚持通过学科教学来培养学生的问题意识，重视启发式教学。最后，开展社会实践活动，实践出真知。班级管理同样如此，班级要成立兴趣小组、学科学习小组等，开展各种各样的班级活动，全方位、多角度地培养学生的创新精神。

四、培养学生具有民主精神

回顾 20 世纪的最后 20 年，有两股巨流横扫地球，一是经济的市场化浪潮，二是政治的民主化浪潮。市场经济席卷各大洲各大洋，使原来的计划经济几乎绝迹；民主化浪潮则使各式各样的个人独裁、军人统治、极权政治土崩瓦解。

① 莫雷. 教育心理学 [M].广州：广东高等教育出版社，2002：324－325.
② 刘仲林. 中国创造学概论 [M].天津：天津人民出版社，2001：65.
③ 张春兴. 教育心理学：三化取向的理论与实践 [M].杭州：浙江教育出版社，1998：247－248.

在人类历史上，从来没有这么多的国家、人民在期盼民主、建设民主、实践民主。民主成为人们的价值观念和价值追求。那么，什么是民主呢？

首先，按照马克思的解释，民主有四个方面的含义：民主是一种政治权利，即在政治上当家作主的权利；民主是一种特定类型的国家制度，即国家的政体；民主的深层本质和基础是政治统治的阶级性质，即国体；民主必然与专政相联系，共同构成完整的国家政治实践。①

现代英语中民主（democracy）的基本含义有四个方面：①民主是政权的一种形式，在这种政权形式中，主要的政治决定权利由全体公民直接履行，这些人按照多数决定的程序采取行动，通常被称为直接民主；②公民不直接履行权利，而是通过人民所选举的代表来履行这种权利，代表须向选举他们的公民负责，这是代议制民主，也是间接民主；③代议制民主作为政权的一种形式，多数人的权利的履行是在宪法约束的框架中进行的，目的在于保护少数的个人与集体享有和多数人同样的权利，例如言论、宗教信仰、通信等自由权，这被称为自由的宪法民主；④任何一种社会制度都倾向于将社会的经济差别，尤其是由私有财产分配不公平导致的差距缩小到最低限度，这种民主是经济民主。②科恩在《论民主》一书中给民主下了一个极为简洁易懂的定义，他说："民主是一种社会管理体制，在该体制中社会成员在大体上能直接或间接地参与或可以参与影响全体成员的决策。"

因此，民主就是人民自己管理自己的事务，这种管理包含自我控制、自我决定目标、自我选定达到目标的手段等。民主精神是一种尊重他人，平等待人，虚心听取和采纳别人正确意见的思想、观念和作风。③ 在班级管理中，一个重要的班级目标就是通过民主管理，增强学生的公共参与意识，逐步培养学生的民主精神。

首先，班级目标是要解放学生，建立开放民主的班级社会。班主任在管理班级时要确立学生在班级社会中的权利、义务和地位。每一个学生理应是课堂的主人、班级社会的公民。教师要尊重学生的人格，珍视学生的个性。同时班主任要努力破除传统班级的封闭性，面向全体学生，把班级建设成一个模拟社会。只有这样，才能培养年青一代的公民意识、参与意识和自治能力。

其次，班主任要帮助学生建立并完善班级机构和规章制度，主要有班级学生大会、班委会、团队组织、学生自我管理小组等。鼓励学生积极参加不同机

① 肖前．马克思主义哲学原理：下册［M］．北京：中国人民大学出版社，1994：407.
② 王守昌．西方社会哲学［M］．北京：东方出版社，1996：334－335.
③ 班华，陈家麟．中学班主任实施素质教育指南［M］．南京：南京师范大学出版社，1999：170.

构并开展各项活动，同时鼓励这些机构与教师平等合作，共同参与教学计划、教法改革和教育评价等活动。班级学生有权通过集体讨论和民主决策，独立地、创造性地制定集体目标、行为规范和教学教育活动计划。学生民主管理机构保障学生参与班级管理的权利，从而培养学生的独立精神，使其懂得保护人的权利、维护人的尊严。

因此，在培养班级中的民主精神时，班主任可以充分发挥班级会议、班级机构、班级学生干部的作用。例如，班主任鼓励班团干部充分利用班级例会（例行会议，一般每周一次）讨论班级的管理事务和存在的问题，可以围绕以下几个议题展开：本周出现了哪些好事？本周出现了哪些麻烦事？下周要采取哪些改进措施？是否要制定规则？① 通过对这几个议题的讨论和交流，培养学生既肯定班级管理中积极的一面，又善于发现班级发展中的不足，提出建设性意见，不断改进班级管理工作。同时，在讨论过程中，班主任应要求学生遵守讨论规则：①畅所欲言；②虚心听取他人发言；③在发表不同意见时，不能对反对者进行人身攻击，应就事论事；④注意自己的措辞和语气，尽量用商量的口吻表达意见，如"我的看法是这样的""对于这个问题我是这样想的""我觉得你这样说也不是没有道理，不过我个人的看法有点不同"之类的有助于讨论继续下去的表达方式；⑤不挑衅，多提建设性意见和操作性强的改进办法。

总之，班主任可让学生共同讨论和交流来达成共识，引导学生共同管理班级，培养学生的民主态度，建立一个民主开放的班集体。

案例

魏书生的《一粒瓜子壳和 1 000 字说明书》②（节选）

一天，生活委员报告说："老师，这几天地面不干净了，不仅有纸，还有瓜子壳。"

"怎么办？大家讨论一下吧！"我说。

大家首先确定了零食的范围：非吃饭（包括课间食）时间内吃的一切食物，统称零食（病号需要当然除外）。特别需指出的是瓜子、冰棍、糖葫芦等带壳、带棍的食物。

吃零食有没有利？当然有，但同学们认为，就总体而言，弊大于利。表决

① 钟启泉.班级管理论［M］.上海：上海教育出版社，2001：311.
② 魏书生.班主任工作漫谈［M］.南京：译林出版社，2013：129.

结果：大家通过了在校内，特别是在教室内不吃零食的决定。

按照我们班的班规班纪，有了一项较重要的规定，便要确定一位同学具体负责检查落实这项规定，大家管这位同学叫"承包人"。

谁负责监督大家做到不吃零食呢？问题刚一提出，班内便有数十人竞争，大家都抢，究竟谁干？争执了一会儿，不知谁冒出一句："平时谁最爱吃零食就选谁！"

"好！"同学们齐声拥护这个建议，于是大家推选出卢×"承包"这件事。

卢×站起来问大家："如果发现别人吃零食怎么办？"这一问，又引起大家热烈的争论。

"发现一次罚写 100 字说明书。"

"对！吃瓜子的还应该罚得重一点！"

"重到什么程度？"

"谁将一粒瓜子壳扔到地上，就罚写 1 000 字的说明书。"

…………

我看大家都充分发表了自己的意见，便说："停止讨论，现在表决。同意吃零食一次写 100 字说明书的同学请举手。"

只有两名同学赞成。

"同意扔一粒瓜子壳在地上就写 1 000 字说明书的同学请举手。"

班内举起了数十双手，以压倒数量通过了严罚吃零食者的规定。

第二天，卢×同学上任了，为了获得监督别人的权力，他先从自己做起，努力改掉爱吃零食的习惯。

…………

16 年来，我任班主任的各个班的学生，在班上吃零食的情况是最少的……过去爱吃零食的同学跟我说："刚开始，不吃零食不习惯，见了瓜子、羊肉串、糖葫芦就馋，就想吃。有时上课、学习时还惦记着去哪儿买、怎么吃，班级管得紧，过了几个月，也就习惯了。现在感到确实利大于弊，不止节约了钱，更重要的是学习时心静了……"

班级是一个小社会，在这个小社会中会出现各种各样的问题，需要及时解决。魏老师坚持班级管理的民主化，让学生进行自治管理。科恩说"民主就是尽可能少的权威和尽可能多的参与"，在吃零食的问题上，班主任完全可以让学生自己学会解决班级中出现的问题。班主任要做的就是及时地引导和帮助学生制定相应的规章制度，并写成说明书，让班级管理有章可循、有法可依。班主任的民主化管理有利于培养学生的公民意识和规则意识，在讨论、交流和决策的过程中，案例中的学生能始终围绕吃零食的问题，就事论事，并最后做出表决；通过规则后，班级学生遵守约定，这无疑有助于培养学生的规则意识和法治观念。

　　班主任的民主化管理，可以使班级成为一个开放的、遵守规则的、共同进步的小社会。这样的小社会有利于民主精神的培养，并能够促进学生健康成长和全面发展。

第四章　班级的团体特征

从教育学来说，班级本来包括"班"与"级"，即夸美纽斯所说的"学班"与"学级"。学班，是指将具有同一学习目的或任务的人群根据某一标准进行编排；学级，就是将不同的班依照其学习目的或任务上的连贯状况依次编排。[①]可见，班级是学校教育教学活动的基本组织形式，学校教育正是借助班级这个组织形式来完成任务、实现目标的。从组织行为学的角度来考察班级，它作为一个教育教学活动的基本组织形式，具有相对稳定的组织结构、组织目标、规章制度，以及人们在团体生活中所形成和发展出来的群体心理特征。因此，班级的团体特征主要是指班级作为一个正式团体所表现出来的结构化、规范化和班级文化特征。

一、班级是一个正式团体

正式团体是根据定员编制、章程或其他正式文件而建立的个体的集合。正式团体一旦形成，就具有区别于个体的特征，个体往往在团体中通过某种方式或者因为某种原因而聚集在一起。因此可以说，正式团体是以一定的社会活动方式和社会规范联系在一起的个体集合，这种集合是一种组织的集体形态，它主要通过人们的交往、联系、相互影响来达到共同的目标和满足共同的需要。正式团体具有如下几个主要特征：①团体内部各成员之间相互依赖、相互联系，在心理上相互意识到对方；②团体各成员之间通过活动产生交互作用，并在心理上、行为上彼此影响；③团体各成员在情感上有"我们同属一个群体"的感受。学校的班级就是一个正式团体，它有班级规章制度、人员编制限定、稳定的组织结构、共同的目标和共同的活动等。

（一）班级作为正式团体的基本特征[②]

具体来说，班级作为一个正式团体，它的基本特征主要表现在以下几个方面：

---

① 魏国良．学校班级教育概论［M］．上海：华东师范大学出版社，1999：35.
② 钟启泉．班级管理论［M］．上海：上海教育出版社，2001：20.

（1）班级团体是针对学校教育这一社会制度编制的，它要遵照宪法、教育基本法、学校教育法规及课程标准等来决定班级的教育目标、教育内容以及时间的分配等。因此，班级是为了实现教育目标而设置的、适合学生发展的基本团体。

（2）班级团体的目标是促进学生自身的发展，这是它与其他团体的根本不同。班级团体的发展既包括学生个人的成长，也包括学生群体的发展。为了学生自身的发展，班级团体必须坚持我国的素质教育目标，使学生在德智体美劳等方面全面发展，培养学生成为有理想、有道德、有文化、有纪律的社会主义公民。

（3）班级为了实现它的目标，必须接受教师有目的、有意识的影响，而不是以学生的好恶为标准。一方面，学生作为受教育者，他们的教育过程是接受教师有目的、有意识的影响的过程；另一方面，班级作为一个群体，学生个体与班级群体之间会存在一定的分歧。因此，班级目标的制定以及如何实现班级目标，一定要与学生个人的主观意见区别开来，如何正确处理学生个人目标与班级目标之间的冲突和矛盾，这需要教师的指导。因此，班级是在教师的指导与帮助下形成和发展起来的。在班级管理过程中，教师的帮助和指导主要表现为目标的确定、策略的设计、关系的协调以及经验的传递等。在班级管理过程中，教师与学生的关系是指导与被指导的关系。

（4）对于学生来说，班级的编制是偶然的，学生的归属则是强制的。中小学的班级一般是由年龄相近的未成年人组成的。在我国，班级一般是按照年龄和学段随机选择编定的。如果一个学生隶属于一个班级，那么他就是班级中的一员，就必须遵守班级的规章制度，不能随意更换班级。班级一旦形成，就有了共同的目标，需要大家一起努力实现，就有了共同的规章制度，需要大家严格遵守，这些都是带有强制性的。

（5）由于学生的需求、能力、性格不完全一致，班级成员即便是在同一个教师的指导下，在共同的规章制度管理下，也不可能完全相同，这是因为人们交往时带有个性、气质、能力。同时，班级中的公务关系必然受到私人关系的补充，心理上的接近如同情、友爱、尊敬等使成员团结为一体，互相帮助解决问题。当然在团体中也会存在各种否定的情绪态度，如反感、歧视、蔑视，甚至是仇视等。班级是一个小社会，在这个社会中，学生的七情六欲、爱恨情仇都是真实存在的，这是班级管理应该面对的一个现实。

总而言之，班级是为了实现国家的教育目的和学生学习的需要而组成的一个正式团体，班级目标的架构主要是由教育目的、学生发展、社会需求及法律法规等各种因素决定的。同时，班级为了实现目标，需要激发学生的自觉性，如果没有学生的自觉性，班级的任何目标都是不可能达到的。因此，班级在学校教育中扮演非常重要的角色。它不是一个松散的团体，相反，它会在学校教育过程中，经过师生共同努力而发展成为具有凝聚力和向心力的班集体，呈现出鲜明的集体特征。

（二）班集体的主要特征

苏联的心理学家曾将团体分为松散的团体、联合体和集体三种形态，认为集体是团体的最高形态。集体是在达到由社会的有益动机所制约的活动的共同目的时，具有组织上和心理上团结一致特点的团体。集体具有以下特征：①集体是符合社会意义的有一定目的和任务的个人集合体，集体是一种团体；②集体有组织机构和领导人员；③集体成员心理上团结一致，能有效地完成具有社会意义的任务，能建立稳定和互助的关系；④集体成员有必须共同遵守的规范、原则和组织纪律。因此，班集体是一群学生在同一目标的指引下和同一规范的约束下，相互影响、相互作用、协调活动的一个组合。

班集体是团体的最高形式，它具有共同的奋斗目标、共同的班级规范和规章制度，有班级组织结构和领导人员，有共同的集体意识和心理认同。归纳起来，班集体的主要特征如下：

（1）班级组织结构。为了实现班级目标，班级中不同的成员在群体中有不同的角色和地位，执行不同的任务，主要有班干部、少先队、团支部、小组等。在班级组织结构中，不同的职务有不同的职责、任务和具体的分工，以维护班级秩序，保证班级管理的顺利运转。

（2）班级规范，主要有班级的规章制度、班规、班纪等。规范是为了尊重班级的每一个成员，同时也保证了班级工作的顺利进行和班级目标的实现。

（3）班级文化。班级文化是班级组织结构内部的一种机制、精神、关系、环境和氛围，其中班风是班级文化的集中体现。班级文化主要包括班级规章制度文化和班级物质文化，如教室、设备等，还有班级精神文化，如班级目标、口号、信念等。班级文化的突出特征，首先是它具有集体意识，它是班级成员对班级的认同感、归属感、自豪感等。集体意识是指班级成员意识到自己是班级中的一员，意识到其他成员的存在，并认同班级中的相互依存关系与情感，用"我们"来称呼自己所在的群体，并自觉与其他群体区别开来。其次是具有班级目标。班级有一个的共同奋斗目标，学生为实现班级的共同目标付出自己的努力。班级奋斗目标也具有凝聚人心、团结一致的作用，是班级文化的重要组成部分。

总之，班集体作为一个正式团体，它具有结构化、规范化和文化特征。班集体的结构化主要体现在班级组织结构和职能部门的分工与合作，以及在组织结构的基础上形成的班级成员之间的"阶层化"。规范化主要是指班级需要规章制度来维持秩序，来协调群体之间、个体之间以及个体与群体之间的关系和利益。班级文化特征强调的是班级成员在共同生活过程中逐步形成的群体共同价值观念和心理特质。

二、班级的结构化特征

班级是学校的基层组织，是学校根据我国的教育目的和要求，按照一定的规章制度组织起来的正式团体。它主要以教学班的形式出现在学校教育中，班级对于学生来说是一个重要的小社会，是学生社会化的重要场所。在这个小社会中，班级团体有其结构化特征。

（一）班级的组织结构及其特征

班级组织结构有不同的模式，常用的班级组织结构模式主要有以下几种：①

1. 直线式结构

直线式结构即"班主任—班长—组长—学生"这一模式。这种组织结构形式相对简单，班主任领导班长开展班级工作，班长服从班主任，组长服从班长，学生要服从班主任、班长和组长的管理。它的最大优点是权力集中，管理高效，容易执行和落实各项具体工作。不足之处是由于权力过分集中，班主任往往容易顾此失彼，难免疲于奔命；班干部在班主任安排下开展工作，个性不足，也难以培养其独立的组织能力、管理能力，不利于班级干部整体素质和能力的提高。这种直线式的组织结构往往适用于低年级学生和人数较少的班级。

2. 职能式结构

职能式结构是根据班级管理目标、管理内容及分工的需要，设立中层职能管理人员，如学习委员、体育委员、劳动委员、文娱委员、团支书、组织委员、宣传委员，如下图所示：

---

① 齐学红．新编班主任工作技能训练［M］.上海：华东师范大学出版社，2007：73－75.

$$班主任—班长—\begin{cases} 学习委员 \\ 体育委员 \\ 劳动委员 \\ 文娱委员 \\ 团支书 \\ 组织委员 \\ 宣传委员 \end{cases}—组长—学生$$

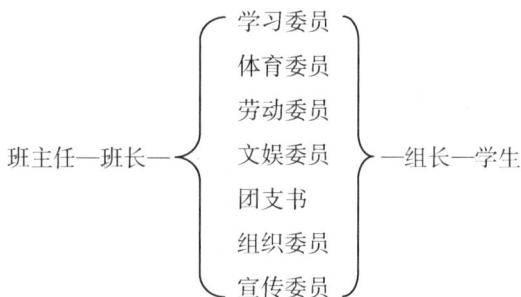

职能式结构的特点：一是按组织目标和内容配备专业管理人员，使班级管理更加专业化；二是配备中层管理人员，缩小管理跨度，有利于班主任从事务工作中解脱出来，提高管理效率；三是担任中层职能工作的学生都具有一定的特长，学生之间的特长互补可提高班级管理的整体水平；四是学生参与管理，不仅可以培养其组织能力、协调能力，还可以调动其积极性，发挥其主观能动性。职能式结构也存在不足：由于班级组织活动内容的分工管理、具体操作都由中层管理人员进行，有可能削弱班长的职能和作用；同时，职能分工容易造成本位思想，增加了班级管理整体协调的难度；职能人员配备太多，也易造成责任不清，相互推诿，从而影响工作效率。此外，由于团支书是在班长领导下开展工作，团支部的职能相对弱化了，不利于其发挥应有的作用。

3. 直线职能式结构

直线职能式结构把班级管理人员分成两类：一是班委会，一是团支部（或少先队）。班委会负责常规管理，配合、协助班主任贯彻落实学校的各项教育教学工作计划，完成班级工作任务，开展适合本班的学习、文娱体育活动和劳动卫生等方面的工作，维护班级正常的教学秩序。团支部的主要工作是完成学校团委分派的任务，组织学生进行政治理论学习，做好学生的政治思想工作；利用班级宣传阵地，如黑板报、班报、学习园地等，进行正确的舆论引导。

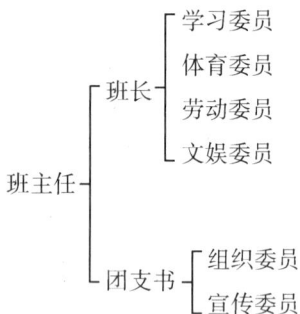

$$班主任 \begin{cases} 班长 \begin{cases} 学习委员 \\ 体育委员 \\ 劳动委员 \\ 文娱委员 \end{cases} \\ \\ 团支书 \begin{cases} 组织委员 \\ 宣传委员 \end{cases} \end{cases}$$

直线职能式结构的特点：一是实行班委会和团支部分工负责制，使中层分工更科学也更专业，有利于实现班级的管理目标；二是加强班委会的职能，有利于班委在日常管理中发挥主体作用；三是突出团支部的地位，使团支部在班级管理中充分发挥模范带头作用。它的不足之处在于班级管理中，班委会和团支部存在交叉管理，如果意见不统一，容易产生争执。同时，班委会和团支部有些岗位重叠，容易造成冲突或扯皮，影响工作效率。

综上所述，在班级管理中，不同的组织结构模式都有其优缺点，结构不同，其功能和作用也有所不同，教师采用哪种模式要根据本班的实际情况而定。同时，组织结构模式不是一成不变的，为了实现班级目标和提高管理效率，教师应不断改变结构形式，设计出适合班级特点的最优的组织结构。班主任在设计组织结构时要注意以下几个要点：第一，在分工明确、有利于团结协作的前提下，要坚持严格的岗位责任制；第二，岗位的设置要有利于调动学生的积极性和发挥学生的个性特长，注重培养学生的组织能力、管理能力，实现自我教育的目的；第三，在决定是否合并、撤销或更换班级组织结构构成要素时，要充分考虑班级的实际情况和学生的能力水平，要有利于实现班级的目标；第四，班级管理组织结构要相对稳定，不能因人而异，但也要及时根据班级的发展变化和学生的能力进行适当的调整，实现管理结构的动态平衡。

（二）正式群体和非正式群体共存

班级团体一般存在两种结构，即正式结构和非正式结构，它们是相对而言的。所谓班级的正式结构，主要是指由学校按一定的规章制度组成的、成文的教学班，以及教学班的班级组织结构，如班委会、团支部、少先队等，它们属于班级团体中的正式团体，也称为正式群体。

相对正式结构而言，班级还存在非正式结构，它主要是指在班级发展过程中形成的非正式群体，它是学生之间自然形成的人际小圈子，是在个人偏好的基础上自发形成的。这种非正式群体既存在于班级团体内部，也可能存在于班级之间，如学生跨班级形成的人际小圈子。与正式群体相比，它具有以下几个特点：①没有明文规定组成，也没有明确的共同目标和任务；②自然形成一个或两个核心人物，学生自愿服从这个小圈子自发形成的小头领的指挥；③学生以彼此之间相似的兴趣、爱好、需求、态度与价值观聚集在一起；④结构松散，随时可聚可散，人际关系主要是情绪性的。

在班集体的成长和发展过程中，结成非正式群体的原因是多方面的。例如，小学低年级的学生往往只是由于同桌、同路上学、同住一个小区或家长之间的关系好而互相接近，还没有形成稳定的小圈子，中高年级的学生往往是因为相同的兴趣爱好、共同的活动而形成人际小圈子。随着学生年龄的增长，学生的自我意识发展，其对人对事逐渐形成个人独立的判断，形成班级中的非正式团体的因素会发生变化，除了地缘及兴趣、活动外，更为重要的聚集因素是：①相同的价值取向与共同的兴趣爱好的结合；②性格相似、家庭及本人的社会地位相同；③被少年所看重的某些个人品质，如诚实、学习成绩优秀又肯帮助同学等；④少年精力旺盛，需要更多的活动来满足个人的情感需要。班级中非正式群体的存在，对班级管理产生了客观的影响。

案例

　　某班有四个女生总是形影不离，她们喜欢在英语课上给英语老师制造麻烦。终于英语老师在课堂上狠狠地批评了她们并请来了家长。在家长的要求下，第二天的班级位置调整中，班主任把她们分开了，但是这样做的明显后果是：以前她们总是积极地回答问题，现在四个人上课都不开口甚至不听课，相互之间还在课堂上做一些眼神和动作以引起其他同学的注意。其中一个女生还对班主任说："老师，你们就不要破坏我们几个人的友谊了，我们是结拜的姐妹，怎么分也分不开的。"另一个女生干脆写了一封信，让老师不要有意拆散、破坏她们的友谊，认为这些都是英语老师的错，英语老师告状就是不理解学生的表现。另外两个女生也很自然地附和起来，很快班上的学生都关注这件事情，经常出现上课的过程中突然乱套的局面，让英语老师无计可施。①

　　在案例中，四个女生形成了一个非正式群体，她们形影不离表明她们有相同的兴趣爱好、共同的价值观念等，这些是她们结成同伴的基础。在课堂教学中，她们与英语老师之间存在一定的冲突，因为英语老师的不当处理，她们感到友谊受到威胁，为了她们之间的友谊，四人甚至不惜与教师的教育相抗衡。其实，类似这样的现象在学校教育中比较普遍，几乎每个班级都可能存在这种非正式群体。有研究表明，儿童倾向于与自己在学校适应方面相似的同伴组成同伴团体，如被同伴拒绝的儿童倾向于跟同类儿童为伴，具有攻击性行为的儿童常与别的有攻击性行为的儿童在一起，而社会能力与学业成就相似的儿童会选择组成团体。② 同伴团体的这种相似性，使得他们之间会相互模仿、相互学

---

　　① 朱红枫. 非正式群体状况及班级管理策略：基于某职校班级的社会学分析［D］.南京：南京师范大学，2004.

　　② 杨渝川，郑淑杰，郑日昌，等. 儿童对所属同伴团体选择和适应［J］.心理发展与教育，2002（2）：44－48.

习。他们对班级的影响有可能是消极的，但也有可能是积极的。

因此，班级内部存在着众多特征不同、功能各异的小群体，这是一个基本的事实。① 在一个班级中，正式群体和非正式群体共存是一个常态，是学生学习、生活的需要，同时也是学生社会化的需要。从学生的个体社会化角度来看，特征不同、功能各异的小群体能满足学生的不同心理需求，有利于学生形成健全丰满的人格，也有利于学生学会基本的社会规范，学会与人沟通、合作、交流等社会基本技能。因此，班主任在管理班级时，应该着眼于学生群体来组织各项活动，让学生归属于一定的群体，鼓励正式群体与非正式群体之间的良性互动，使班级的不同群体之间具有相融性、互补性和适当的竞争性，这是促进班级健康发展的重要因素。

（三）非正式群体的类型②

在学校教育中，处于不同发展水平的班级会形成不同的非正式群体。一般而言，班级中的非正式群体大致可分成三种类型：

（1）亲社会型。这种群体的价值目标与班级正式群体的价值目标是一致的，是班级正式群体的补充。例如学生自发组织的读书会、动物饲养小组等，这些非正式群体与班级的目标基本一致，支持和协助班级开展活动。

（2）自娱自乐型。学生只是由于情绪上的好感和消磨课余闲暇时间的需要而聚集在一起，他们的活动主要是讨论怎样玩、怎样玩得有趣。例如，学生一起去 KTV、打扑克牌、玩游戏、逛街等。以娱乐为主的非正式群体本无可厚非，但是如果学生把过多的时间和精力花在娱乐上，就表明他们精神空虚。因此，班主任如果不加以引导，这类非正式群体会对班集体生活造成一定的负面影响。

（3）消极型。这类非正式群体与班级的发展相背离，如小团体成员故意与班委"对着干"，或发牢骚、故意拆台、破坏纪律等。还有些班级非正式群体可能与社会上的不良青年有联系，如打群架、聚赌等。消极型的非正式群体与班级正式群体的目标和追求是不一致的，它对班级的成长和发展有负面影响。

三、班级的规范化特征

规范是一种公认的、体现群体要求或秩序的行为标准，它可以是口耳相传或约定俗成的，也可以是以文字形式记录和颁布的。无论何种形式的规范，都是用来协调人与人交往、活动，提高群体活动效率，保持群体形态特征的准则。

① 魏国良. 学校班级教育概论［M］. 上海：华东师范大学出版社，1999：38.
② 龚浩然，黄秀兰. 班集体建设与学生个性发展［M］. 广州：广东教育出版社，1999：114－115.

班级的规范化特征主要是指班级作为一个正式团体，具有团体规范，需要用团体规范来保证和维持团体与个体的相关利益。在班级管理中，班级的规范化特征主要体现在班级的规章制度、班级纪律等方面，它们是班级的团体规范，也是影响学生个体社会化的关键因素。班主任在管理班级时应该非常重视这些因素，用好、用对团体规范，帮助学生树立正确的世界观、人生观和价值观，为他们步入社会做好充分的准备。

（一）班级规范的内涵及其主要类型

班级是由众多学生个体以一定的方式维系而成的团体，它需要一定的行为准则来保护群体和个体的利益，需要具体的规范、条例来统一其成员的信念、价值观和行为，以保障班级目标的实现和集体活动的一致性。这些具有约束班级成员作用的行为准则、规范条例等，就是班级规范。班级规范就是被绝大多数班级成员所认可和接纳的行为标准和思想观念，它既有利于班级的整体利益和团体发展，也有利于维护学生的个体利益和个人发展。从广义上来说，班级规范包括制度、法律、道德、文化等；从狭义上来说，它主要包括班规、班级公约、学生守则、班级纪律等。班级规范要坚持立德树人，充分体现班级管理的价值基础，坚持社会主义核心价值观，突出"以学生为本"的教育理念。

教育部指出，为了全面落实党的十八大和十八届三中、四中全会精神，深入贯彻习近平总书记系列重要讲话精神，积极培育和践行社会主义核心价值观，进一步增强中小学德育的针对性、实效性，根据学生发展的新特点，2015 年 8 月 20 日发布了新修订的《中小学生守则》（教基一〔2015〕5 号），并要求各地可依据修订的《中小学生守则》，结合实际情况，制定小学生日常行为规范、中学生日常行为规范。

中小学生守则

1. 爱党爱国爱人民。了解党史国情，珍视国家荣誉，热爱祖国，热爱人民，热爱中国共产党。

2. 好学多问肯钻研。上课专心听讲，积极发表见解，乐于科学探索，养成阅读习惯。

3. 勤劳笃行乐奉献。自己事自己做，主动分担家务，参与劳动实践，热心志愿服务。

4. 明礼守法讲美德。遵守国法校纪，自觉礼让排队，保持公共卫生，爱护公共财物。

5. 孝亲尊师善待人。孝父母敬师长，爱集体助同学，虚心接受批评，学会合作共处。

6. 诚实守信有担当。保持言行一致，不说谎不作弊，借东西及时还，做到知错就改。

7. 自强自律健身心。坚持锻炼身体，乐观开朗向上，不吸烟不喝酒，文明绿色上网。

8. 珍爱生命保安全。红灯停绿灯行，防溺水不玩火，会自护懂求救，坚决远离毒品。

9. 勤俭节约护家园。不比吃喝穿戴，爱惜花草树木，节粮节水节电，低碳环保生活。

在学校教育中，班级规范所涉及的内容非常广泛，其中既有明确规定的准则条文，也有自发形成、无明文规定的行为模式。不过，无论是成文还是不成文的规范，班级规范的内容主要包括学会做人和学会学习两个方面的要求。学会做人，就是"成人"教育，学生必须社会化，接受并遵守社会基本的道德规范，这是班级管理应坚守的基本价值取向。同时，学生在学校教育中要学会学习，这是"成才"教育，学生要成为社会所需要的人，这既是学生的基本生存需要，也是未来发展的要求。因此，班级规范包括做人规范和学习规范。一般来说，班级规范主要有三类：一是关于学习的规范。它保证学生的学习活动得以顺利进行，保证学生受教育的权利。二是关于班级组织结构的规范。它主要是制度性规范，突出程序正义，如班团干部的选拔与任命制度、请假制度、综合测评制度等，它具有法的特性，带有强制性。三是伦理性规范。它主要是处理人与人之间关系的规则，包括学生与学生之间、教师与学生之间的关系。

可见，班级规范一方面使学生社会化，让学生学会做人、学会学习；另一方面可以维持班集体的秩序，维护班集体的利益。同时，对于个体而言，班级规范保证了个人的自由，保护了学生受教育的权利、学习的权利、个体的尊严和价值。这也是班级管理的价值基础在班级规范中的具体体现。

（二）班级规范是一种强大的教育力量

班级规范在学生的共同活动中一经形成，便具有一种公认的社会力量。它通过不断内化为学生内心的尺度来达到对学生的约束，从而在学生个体的社会化过程中发挥积极作用。因此，班级规范赋予学生个体行为和外界事物以一定的意义，使学生明白依据一定的价值标准应该做什么和不应该做什么。当班级规范真正为学生所采纳和接受，并内化为其自觉行动的内部观念时，学生个体的社会化进程便实现了一个质的飞跃——完成由生物人向社会人的转变。因此，

班级规范本身就是一种强大的教育力量，它的作用表现在以下四个方面：①

（1）班级规范是班集体存在和发展的支柱。正如团体规范是一切社会团体得以生存、巩固和发展的支柱一样，班级规范也是班集体得以存在和发展的支柱。班级规范在班级成员的交往中发挥着"法典"或"媒介"的作用，人人都根据班级规范来约束自己的言行和评判他人的言行。如果缺乏班级规范这一交往时可供编码、解释、翻译的"法典"，班级成员之间就无法相互理解和共享所传递的信息、经验和情感，集体活动也就难以进行。因此，班级规范对班集体来说是不可或缺的。

（2）班级规范是统一认识的标尺。班级规范就像是一把标尺，迫使每一个成员都用它来对照自己的行为。原来对某一事物看法不一的学生个体，一旦结成一个班级，他们就会在判断和认识上逐渐产生一致的意见。这样就使班级形成一个认知和评价的标准，从而最终形成共同的认识意向。在集体生活中，即便有个别成员持不同意见，班级规范的压力和个人的服从性势必使他与班级规范保持一致。同时，班级规范可以帮助学生达成"班级是我们的"这一共识，良好的班集体需要所有人共同努力才能形成这一集体意识或观念，这无论是对于学生来说还是对于班级来说都很重要。班级规范使班级成员意识到班集体的发展有赖于学生个体的努力，良好的班集体能够促进学生的成长和发展，集体和个人的发展是相辅相成的。

（3）班级规范是引导行为的指南。不可否认，学生在班级社会中有各种各样的需要和目标，采取什么样的行动来满足这些需要和达到这些目标，必须考虑班级规范为个体所规定的活动范围，以及班级规范所规定的日常行为方式，否则就会妨碍他人甚至侵害他人的利益。班级规范可以对学生个人的行为起到引导作用，使学生明确在班级中自己应该做什么、不应该做什么以及应该怎样做。

（4）班级规范使团体具有凝聚力。任何一种团体都有一个共同特征，就是促使团体成员结合在一起，具有区别于其他团体成员的一种凝聚力。班级规范是班集体凝聚力的重要指标，它是团体发展水平的指标。班集体的凝聚力是班级成员发生作用的所有力量的汇合，集体凝聚力表现在成员的心理感受方面，就是通常所说的认同感、归属感和力量感，而班级规范有助于学生形成对班级的认同感、归属感和力量感。所谓认同感，就是指凝聚力强烈的班级内各个成员对一些重大的事件与原则问题，都保持着共同的认识与评价。所谓归属感，

---

① 时蓉华. 新编社会心理学概论［M］. 上海：东方出版中心，1998：362.

就是每一个学生在情感上加入班级，作为集体的一员，具有"我们"和"我们的"这种意识，它是表现团体凝聚力最重要的形式之一。例如，当班集体取得成功或遭遇失败时，学生有共同的感受，也会为其他学生的成功感到高兴与自豪，关心和爱护自己所属的班集体。所谓力量感，就是在团体凝聚力强烈的条件下，一方面，当一个人表现出符合团体规范、符合团体期待的行为时，团体就会给予他赞许与鼓励，以支持其行为，从而使他个人的自信更足、决心更大，促使他的行为得到进一步的强化；另一方面，当个人融入班集体中时，学生会感受到极大的心理支持，体会到为集体而努力时所生发出来的自豪感、荣誉感和成就感。

总之，班级规范一旦被班级绝大多数成员所接受和认可，它就成为强大的教育力量，在学生中发挥重要的作用。

（三）为什么需要班级规范

俗话说，没有规矩，不成方圆。生活中处处有规范，班级当然也有规范，我们已经习以为常了。只是当我们深入思考并尝试回答"人为什么需要规范"这一问题时，会发现对于习以为常的班级规范，人们可能会有不同的解释。有的人站在管理者角度，认为规范是为了管理，有的人会认为规范就是对人的一种限制。学生更多时候可能会倾向于认为班级规范就是学校和教师对他们的一种管理和限制。其实，规范的产生与人类的生存密切相关，与"人性是自私的"这一基本假设相关。

赵汀阳指出："规范是人们利益权衡的策略性结果，因此人们对规范有着一种自相矛盾的潜意识，一方面希望规范能够保护自己的利益，另一方面又为自己的利益而挑战规范。不能被挑战的规范就不再是规范了，而是规律。"[①] 赵汀阳指出了规范的特征，一方面它是人们利益博弈的结果，另一方面规范一经形成，又成为人们寻求自身利益最大化的障碍。因此，要理解为什么需要班级规范，就必须清楚规范所具有的这种自相矛盾的特征以及人性的基本特点：第一，规范是人们利益权衡的策略性结果；第二，人性是自私的。班级是一个小社会，人与人之间的利益冲突难以避免。因此，为了帮助学生更好地接受和认可班级规范，班主任在解释为什么需要规范时，可以从三个方面帮助学生深入思考和回答规范的必要性。

首先，规范是人们利益权衡的策略性结果。规范从表面上看是管理者制定

---

① 赵汀阳. 论可能生活：一种关于幸福和公正的理论［M］. 修订版. 北京：中国人民大学出版社，2004：32.

的，实质上是利益相关方博弈的结果。一般而言，个体只为自己和眼前利益着想，当人人都只为自己的利益而着想并采取行动时，难免会伤害他人的利益和集体的利益。这时为了他人和集体的利益，必须有规范来限制个人的私利，一要防止个人利益损害他人利益，二要防止个体利益损害集体利益。班级作为一个团体，个体利益与集体利益是辩证统一的，个体利益的实现使集体得以持续存在并得到发展，反过来集体的发展又有助于个体自身的发展和完善。对于班级学生而言，以"人性是自私的"这个假设为基础来理解和制定班级规范具有现实意义。

同时，班级规范是多方利益主体博弈的策略性结果，它是代表国家需要和要求的学校、代表学生个人利益的家长，还有教师、学生等诸多利益主体，为了各自的目的和满足自身的需要而权衡的结果。班级规范首先是保护各方利益受到最小侵害而生成的，即保护各方的基本权益不受侵害。在班级中，既然每个人都要保护自己的基本利益，那就必须有一些原则和标准来对人的行为进行适当的限定，班级规范的基本原则就是不允许某些人为了个人利益而损害他人利益，尤其是损害学生的基本权益，如生命权、受教育权、健康权等。应该说，班级规范能够最大限度地保护学生在学校的受教育权利、保护集体利益和个体利益，使各方利益都能得到基本保障。

其次，规范是为了公正，而不是为了管理者的方便。因为，规范的公正性恰恰表现为对人性的自私自利能够加以限制和约束。班级规范的这种公正性体现在人与人之间的平等和相互尊重，平等对待利益各方，尊重彼此的利益和合理需求。班级所建立的规则和标准，是用来规范人们的行为的，它避免了他人为了自身的利益而侵犯别人的利益，这是班级规范的道德底线。班级规范也防止个人或其他团体为了追逐自身利益而损害群体利益，也要防止为了群体利益而不惜牺牲学生个人的基本权益。

最后，从学生个体成长和发展的过程来看规范的必要性，规范有助于个体社会化。班级规范有利于学生身心健康成长，形成和谐一致的人格。所谓发展，一般是指个体生命全过程中的系统的连续性和变化，包括个体从受孕到死亡这个过程的系统的连续性和变化。我们必须明白导致人的发展的两个关键因素：第一个关键因素是成熟，个体按照遗传基因中预先设定的生物程序发展；第二个关键因素是学习，通过学习，人的感情、思想和行为产生了相对持久的变化。① 学生通过遵守班级规范来习得社会规范和礼仪，养成良好的行为习惯，

① 谢弗. 发展心理学：儿童与青少年 [M].6版.邹泓，等译.北京：中国轻工业出版社，2005：4.

获得良好的道德品质。发展心理学研究指出，不同年龄段的学生习得规范的主要内容不同。具体见下表：

生命周期	大致年龄	规范的主要发展内容
学前期	2～6岁	形成有关社会现实的简单概念，如爸爸、妈妈、兄弟、叔叔、阿姨、教师等；学习自我享受和社会交换所必要的身体技能；学习处理对家庭成员和同伴的个人情绪；学习分清是非并发展一个人对自己行为的道德心
童年中期	6～12岁	养成精神饱满、爱清洁等良好习惯，锻炼身体；与同伴建立良好的社会关系，学习社交角色；发展有效的学习技能；发展价值系统；达到个人的独立与自主
青春期	12～20岁	发展与生活适合的智力、职业等方面的技能；达到情绪自主和经济独立；建立与他人和谐的人际关系；形成一个对体型、外貌和能力的肯定概念；具有渴望对社会承担责任的感情；掌握指导行为的价值观和标准；为独立生活作准备

从表中可知，规范的习得是有阶段性的。学前期的学生主要学习基本的社会角色及其称谓，学习社会交往的一些基本技能等；童年中期的学生要学习良好的行为习惯，学会与同伴交往，学习社交等规范；青春期的学生主要学习与职业相关的生活规范，与他人建立和谐的人际关系，承担一定的社会责任，形成社会所期望的价值观和行为等。可见，规范的学习对于不同年龄段的学生而言具有重要意义。班级规范不仅是学生习得规范、实现个体社会化的重要内容，而且有利于学生身心的健康发展。

（四）如何制定班级规范

班级规范与其说是一种约束，不如说是一种约定，它的目的在于尊重班级中的每一个人。班级规范是人们为了相互尊重和平等、为了自己的发展和群体的利益而进行的一种约定。

1. 班级规范必须是学生共同制定的，是学生协商的结果

大多数的中国教师和家长习惯于以高高在上的姿态来要求学生或孩子"应该做什么"和"不应该做什么"，而很少给他们讲为什么"应该"和"不应

该"，这样的规范只是一种约束，很容易让学生和孩子产生不满，从而产生抵触情绪或逆反心理。规则源于一个共同体为了达到共同的目标，需要让不同性格、爱好、利益的主体达成一种共识，最大限度地让每一个人都能得到自由的发展。

班主任如果人为地设计一些条文让学生被动地去执行和遵守，并不利于学生形成对规则的正确认识，他们会认为规则是大人强行让其遵守的。班主任在班级管理中要让学生明白，规则是一个生活在团体中的人们共同认可的、对大家都有利的规范；同时，规则也是生活在团体中的人们互相让步、合作后的结果，它是大家应该共同遵守的一种约定。因此，班主任要提供机会，让学生共同参与讨论和制定班级规范。

2. 班主任要及时为学生准备各类规范和守则等材料，为学生共同参与制定班级规范提供必要的参考

班主任在指导学生制定本班的班级规范时，应该让学生认真学习《中小学生守则》《中小学生日常行为规范》《学校学生管理制度》等相关文件，令其领会其中的精神并融入班级规范中去。让学生认识到班级规范的制定必须依据教育法规、学校制度等相关的法律和文件，从而减轻学生对班级规范的抵触情绪。

3. 班主任引导学生不断修订和完善班级的规章制度

班级规范一旦形成，每个学期都需要对其进行必要的修订和完善。随着班集体的发展和学生认识能力的提高，学生对班级规范的认知也会发生变化。班级规范的有些规定或条例可能不适应班级发展和学生个体成长的需要，此时班主任必须引导学生对班级规章制度进行必要的修订和完善，使班级规范能够不断地趋于合理、科学且充满人性。

四、班级文化及其特征

文化是人类的普遍现象，文化的实质是人化，它是指人类主体通过社会实践活动，适应、利用、改造自然界客体而逐步实现自身价值观念的过程。这一过程一方面体现在对自然面貌、形态、功能的不断改观上，另一方面也反映在人类个体和群体素质的不断提高和完善上。简而言之，文化是指凡是超越本能的、人类有意识地作用于自然界和社会的一切活动及其结果。它包括物态文化层、制度文化层、行为文化层和心态文化层。[①] 班级文化具有文化的基本特征，它是存在于班级内部的，由班级成员有意识、有计划地创造出来的一种团体文化，它既源于团体成员的共同创造，又对团体成员产生深刻影响。

---

① 张岱年，方克立.中国文化概论［M］.修订版.北京：北京师范大学出版社，2004：3-4.

（一）班级文化的具体内涵

班级文化是班级成员共同创造出来的独特文化，它包括班级的物质文化、制度文化、行为文化和心态文化等。

班级的物质文化主要是指班级的硬件设施等物质基础，如教室、桌椅、教学设备、学习生活设施等。班级的物质文化建设主要是师生通过对班级教室环境的设计和布置，以及提出对教室环境的要求，从而构造出的一种适宜于教育和学习的外部环境。杜威指出："学校是一种特别的环境，它用专门的设备来教育孩子。"作为一个学生学习和受教育的基地，教室同样也是教育学生的特别环境。因此，教室环境的设计与布置，以及如何保持教室环境的干净整洁是班级物质文化建设的重要内容。

班级的制度文化主要是指班级规章制度、班级规范、班级组织机构等方面，它重点突出班级管理的规范化、制度化等特征。班级制度文化的本质内涵是"实施、监督和制衡"，要通过班级制度文化建设来培养学生的法制意识和法治精神，促使其养成遵纪守法的自觉性。班级制度文化是班级管理的"法的基础"，只有建立在一定的规则和制度基础上的班级管理才是科学的管理。因此，制度文化建设是班级管理的重中之重。

班级的行为文化主要是指班级成员交往时所表现出来的行为特点，它包括班级约定俗成的学习习惯、生活习惯、交往习惯等。班级行为文化建设主要是要求学生用班级规章制度来约束自己的一言一行，使自己的言行既符合个人利益，又符合集体利益。班级行为文化还表现在日常的交往礼仪上，如进校礼仪、升旗礼仪、尊师礼仪、上课礼仪、社交礼仪、就餐礼仪等。这些礼仪规范的反复练习，使学生行为文明、举止得当，有助于共同构建良好的班级文化氛围。

班级的心态文化主要是指班级的价值观念、思维方式、情感态度、审美情趣等，它是通过班级成员的心理和思想表现出来的，反映班级心理和班级价值观念的精神特征。班级心态文化的核心内容是班级的精神文化，它是指在班级形成和发展过程中，被班级绝大多数成员认可和接受的世界观、人生观、价值观以及理想信念、生活态度等。班级精神文化也是班级中意识形态的部分，它必须符合社会主义核心价值观，符合学生个体发展需求和社会对人才标准的要求，是一个朝着理想目标不断接近的过程，它是最为核心的，也是班级全体成员思想观念的集中反映。[①] 班级心态文化也表现在班风和学风上，良好的班风

---

① 徐创成. 班级文化建设的内涵、途径和方法 [J].学周刊，2011（23）：10－11.

和学风具有强大的教育力量，它能潜移默化地影响学生，引导学生养成良好的行为习惯和学习习惯。

总之，班级文化对于班级成员具有无形的教育作用，它可以激励学生、制约学生、塑造学生。在日常生活中，当我们强调班级文化建设时，会更突出班级的精神文化，也就是一个班级所具有的精神特征。因此，班级文化集中表现在班风、学风上，是班级成员整体精神面貌的综合体现。

（二）班级文化的总体特征——班风与学风

班级管理要培养学生"人性向善，人心向学"，"向善""向学"是班级文化建设总趋势。班级文化的总体特征体现在班风和学风上，也是班级人文精神的彰显。班风本质上反映了教师与学生对班级社会应该如何组织和建设的总体规划，它回答了班集体存在的目的和意义这一问题；学风则反映了教师和学生是如何对待学习的，以及回答学习的目的和意义是什么等问题。这些问题都是人文精神的核心，是人文精神在班级文化建设中的具体体现。

1. 班风

班风，是班级经过长期融合（或整合）形成的，全班较为统一的情绪、意志、兴趣、态度、性格、能力水平等的综合表现，是班级内部整体一致性的反映。当一个班级表现出一种风格或者一个班级被别人评判为有自己的风格时，它实际上表明班风已经形成，班级表现出类似人所具有的独特的个性特征和内在品质，它是班级的一种人格化表现。它表明班级内部及其成员之间具有相近的心理发展水平与个性特点，而且班级已经形成较强的整体性和一致性。良好的班风反映了一个班级内部具有凝聚力、各成员之间具有相容性。班风似乎是对班级特点的一个抽象表述，让人难以捉摸。其实，班风具有一些鲜明的特点：①

一是具有共同的价值观念（或价值取向）。价值观就是对事物的有用性的评判，如一个班里的学生对"读书是否有用"的评价，就是一个价值评判。如果一个班里大多数同学赞同"读书是无用的"，那么就会形成不良的班风。相反，如果绝大多数同学认为读书是学生最重要的事情，那么就会形成良好的学习风气，会形成好的班风。这种共同的价值观念还可以在其他方面体现出来，例如，如何对待同学、对待班级工作等，都会形成一个普遍的价值取向，这是班风最为突出的特点。一般而言，我们可以通过班级的口号、班训、班级规章

---

① 魏国良.学校班级教育概论［M］.上海：华东师范大学出版社，1999：39－46.

制度等方面来具体感知一个班级共同的价值观念。

二是具有可体验性。例如，一个同学来某一个班级，会很快感到这个班级的氛围是否友好；一个老师教两个以上的不同班级更能体验到不同班级的特点，班级有的热情，有的沉稳，有的好学，等等，这是师生都可以体验到的、客观存在的班风。班风还可以从教室环境中体验，如教室是否整洁，讲台、黑板、宣传栏等的设计与布局是否合理等等。班风的这种可体验性使其对学生具有强大的影响力，良好的班风有利于纠正学生的不良言行。

三是具有不可低估的教育力量。如果班级具有良好的、积极的、健康向上的班风，就能使各类教育要求转化为学生的自主要求；而且班风可以通过舆论对学生的言行进行有效的调节，使之合乎班风的特点，这本身也是一种自主教育活动。班风的这种教育作用具有长期性、经常性的影响力。

四是具有一些可衡量的指标。在班级管理过程中，可以通过一些具体的指标来评价班级的文化建设。衡量班风的指标内容系统如下图所示：

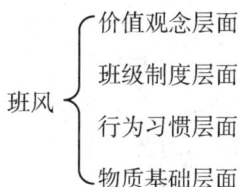

$$
班风 \begin{cases} 价值观念层面 \\ 班级制度层面 \\ 行为习惯层面 \\ 物质基础层面 \end{cases}
$$

也就是说，一个班的班风可以从价值观念层面、班级制度层面、行为习惯层面和物质基础层面去衡量和评价。价值观念层面主要是指班级的口号、班训、奋斗目标和工作计划等，这些层面主要突出了班级所坚持的价值取向；班级制度层面主要包括班级规范、规章制度、班级条例等，它是制度化管理的体现，也是班风形成的制度保证；行为习惯层面主要指学生在学习、卫生、健体及日常生活学习中所表现出来的行为方式；物质基础层面主要是指一个班级的教室布置、公共财物、基础设施等。大多数学校均采用一些量化的指标来评价一个班级的班风，如学生的出勤率、出操率、学习的优秀率等。

因此，班风建设在价值观念层面一定要突出班级管理"人性向善，人心向学"的目标，培养学生学会做人、学会学习，成长为有良知的人，要坚持让学生向着好的、善良的、理性的方向发展和变化。在物质基础层面，要维持教室环境的干净、整洁、有序，爱护公私财物等。在班级制度层面，要坚持公平正义的原则，奖惩分明，奖罚有度。在行为习惯层面，首先学生要坚持做好自己能做的事和应该做的事，坚持自己的行为自己负责的原则；其次学生要养成良好的道德行为和学习习惯等，热爱学习，积极向上。

2. 学风

学，指学习，它具有主体性和主观能动性；风，指风气，它具有指向性和渗透性。学风，简而言之，指学习风气。要准确把握学风这一概念的意蕴，应从哲学、心理学和教育学三个层面理解。从哲学层面理解，学风是指学习者在认识客观世界、探求科学真理过程中所运用的认识论和方法论；从心理学层面理解，学风是指学习者在学习过程中所表现出来的态度、需要、动机、兴趣、能力等心理特征；从教育学层面来理解，学风是指学习者自觉接受教育、促进身心全面发展的行为方式，学习者应把学习视为一种生活方式，视其为提升生活质量的重要手段。① 概括起来说，学风是指学生集体或个人在学习过程中表现出来的带有倾向性和稳定性的态度和行为。② 在班级管理过程中，学风主要通过学生的学习态度、学习习惯、学习方法、学习纪律、学习效果等方面表现出来，它是学生学习的作风表现。

学风建设具有如下四个特征：①班级的学风建设的主体是教师和学生，学风是由教师和学生在长期教育教学活动过程中共同努力形成的一种较为稳定的学习风气。其中，教师的教风对于学生的学风建设起着至关重要的作用。教师要重视课堂教学，积极引导学生学会思考，鼓励学生爱学习、会学习，为班级良好学风的形成打下坚实的基础。因此，学风建设要与教风一起抓，以教风带学风，以学风促教风，教学相长，共同促进。②班级学风建设要突出"人心向学"，强调学生在校期间的主要任务是学习，应通过学习来提高自身的素质，为日后走向社会打下良好的基础。③学风建设是一项长期的、渐进的工作，需要发挥学生在学习中的主观能动性和积极性。

目前，学风建设中存在的最大问题就是过于功利性的学习，这使学生对学习的理解片面化、浅表化，学生误认为学习是为了考试，只有考试才学习，不考试就不学习，这无疑不利于培养学生正确的学习态度、学习方法和学习习惯等。例如，为了应付考试而采取的题海训练，容易僵化学生的思维，不利于创造性思维的培养；为了考试而学习的这种态度，让学生产生了片面的、过于功利的学习目的，使学生源于好奇心的学习意愿受到压抑，求知欲下降，这样的学习风气应该引起教育者的警惕和深思。如何构建良好的学风，使学生保持好奇心和求知欲应该是班级学风建设的重点。

因此，班级文化建设是班级管理的重中之重。班主任要重视班风和学风建

---

① 韩延明. 学风建设：大学可持续发展的永恒主题 [J]. 高等教育研究，2006，27（3）：19－24.
② 黄显甫. 关于中小学学风建设的几点思考 [J]. 现代中小学教育，2006，22（2）：9－12.

设，为学生的成长营造良好的班级氛围。

（三）班级文化建设应使班级成为学生成长的参照团体

什么是参照团体？当团体的目标、规范成为个人行为的动机时，这种团体被称为参照团体。也就是说，参照团体就是人们心目中所向往的团体。[①] 个人把该团体的目标、规范、价值作为自己的行动指南，以此推动并激励自己努力按照其规范约束自己。班级是学生社会化的主要场所，学生在班级生活中习得社会规范，并逐渐实现个体的社会化。因此，班级对于学生来说具有示范作用，对于学生个体的成长和发展具有重要意义。当班级成为学生成长的参照物和模范时，这个班级就可以称为参照团体。

社会心理学研究表明，个人参加的每一个团体并非都能成为这个人的参照团体，每个人都可以排列出他所属团体的特殊次序表，尽管排列各不相同，但排列原则都是一样的。排在首位的是个人要尽量使自己与该团体的规范相一致的团体，而排在末位的是个人认为无关紧要的团体，而且个人对这种团体的期望值很小。排在首位的团体对个人来说，似乎是一个"内在的中心"，个人会用该团体的规范来对照、纠正自己的行为；同时，个人也用其参照团体的某种标准与准则评价自己或他人。如果一个学生自觉地以班级规范来要求自己，并通过积极融入班集体生活来实现个体的社会化过程。那么，这个班级就成为学生成长的参照团体，在学生个体成长过程中扮演着极为重要的角色。

因此，班级文化建设要尽可能使班级成为学生心目中的参照团体，坚持正面的价值观念，如公正、平等、友爱等，尽可能使健康、正确的班级团体规范转化为个人的行为标准，这是班级文化建设的重要任务。因此，班级管理必须重视班级文化建设，重视从班级物质环境建设、制度建设、行为养成和心理疏导等方面进行管理，培养良好的班风和学风，使班级文化健康发展。

---

① 时蓉华. 新编社会心理学概论［M］.上海：东方出版中心，1998：357.

第五章　班级学生的个体特征

学生是一个个鲜活的个体，他们成长于不同的家庭、不同的环境，他们身上不仅带有不同的文化特点，还带有鲜明的个性特点。面对一个班集体时，教师要充分意识到学生是异质性的个体存在，尽可能了解学生的身心发展特点和个性特征。只有了解学生的生理特点和心理特点，才能更好地理解学生当下的言行。只有认真观察和分析学生的气质类型和性格特点，教师对学生的指导和教育才能更有针对性。

一、学生身心发展特点的总体分析

不同年龄段的学生身心发展特点不同，在班级管理过程中，教师必须了解学生的身心发展特点，采取有针对性的教育措施。

（一）中小学生的生理特点和心理特点

所谓生理特点，主要是指一个人身体发育所表现出来的主要特征。生理特点主要与身体和遗传有关，从小学到中学，学生的生理特点会发生很大的变化。心理特点就是指一个人的情感特征、认知特点和性格特征等。一个人的心理特征与生理发育密切相关，生理成长必然伴随着心智的成熟。这是学生身心发展的基本规律。

对于小学低年级学生来说，其身体发育相对较为平稳，每年身高平均增长3厘米左右，身体的发育带来心理的变化，小学低年级学生的自我意识开始发展。小学高年级学生的身体变化比较大，有些学生已进入青春期，身体发育得相对成熟。在小学阶段，男生和女生的生理特点有所不同，处于相同年龄段的男生和女生，男生的生理发育稍晚于女生，而且心理成熟度也不如同龄的女生。因此，在小学阶段，普遍会出现这样一个现象：男生比较幼稚，女生相对懂事、成熟，担任班长职务和大队长职务的女生会比男生多。同时，小学的学习需要学生有较好的自制力、自控力，以及相对较强的语言表达能力，女生在这些方面总体上会优于男生，这是小学阶段的普遍情况。因此，教师在评价学生的学业水平时应该充分考虑到男生和女生身心发展的不平衡，以及他们之间的差异，对男生和女生应采取不同的教育方式。

对于初中生而言，不论是男生还是女生，他们的身高和体重都迅速增长，体内器官机能增强，第二性征开始发育并趋于成熟。随着身体的发育，男生和女生的心理年龄差距在缩小。他们的感觉、知觉能力迅速发展，对于世界的感知更为丰富和全面；同时，他们的思维能力迅速增强，无论是形象思维还是抽象思维都有相当大的发展。但是初中生的思维特点仍表现为经验型，他们主要是从自身经验出发来观察和感知世界、理解社会，直接经验对于初中生来说很重要。同时，初中生的自我意识增强，追求独立，渴望他人的理解和支持，希望能够按自己的方式来为人处事。初中生有较为丰富的情感体验，但情感热烈而不深刻、不稳定，容易动情也容易忘记，这个年龄段的学生热衷于表达自己的喜怒哀乐，乐于向他人表达自己的情感。模仿性强、逆反心理重也是初中生的特征。

对于高中生而言，他们身体发育的速度减缓，并趋于平稳，性生理机能趋于成熟，神经系统的发育也趋于完善。这个年龄段是学生精力最充沛的时期，也是求知欲最强的时期，同时富有执行力，敢想敢干，敢说敢做。应该说，高中阶段既处于理想的浪漫主义时期，也是学习的黄金时期。从思维能力角度来看，高中生的思维能力开始由经验型向理论型转化，不仅能从直接感知的世界里获得知识和启示，也能够从阅读或其他方面获得间接经验，理解间接经验的重要性。高中生的情感趋于稳定和深沉，开始学会去爱一个人，去深入地理解别人，而不再只囿于自我狭小的视野里。同时，高中生的意志力较强，能够为自己所定的目标付出努力和坚持，自控能力大大提高，也开始思考人生的意义问题、价值问题和社会问题等。因此，高中阶段也是道德品质逐渐形成的重要时期。

综上所述，中小学生随着身体的发育和成熟，心理也相应地发生很大的变化。总体来看，学生身心发展一般呈现如下特点：在认知能力方面，感觉和知觉迅速发展，记忆力和思维能力迅速提高。具体表现在随着年龄的增长，与小学生相比，中学生感知事物的目的性增强，自觉性提高，在感知的精确性方面和概括性方面均有很大的提高，这些都有利于中学生对事物做出正确的判断和客观的评价；注意力较稳定和持久，能持续地关注一些事物，这是学习能力增强的心理基础。与其他年龄段相比，中学阶段学生的一个突出特点是记忆力处于高峰时期。假定高一、高二的学生记忆力为 100 分，那么小学一、二年级的学生的记忆力相当于 25 分，35 岁至 60 岁时为 95 分，61 岁至 80 岁时为 80～85 分。由此可见，高中阶段是学习的黄金时间。在情感方面，中学生的体验变得丰富而复杂，并显得高亢而热烈，明显带有两极性和矛盾性。这表明此时的中学生已经开始由童稚未开的孩子向充满矛盾而又心态复杂的成年人转变，并呈现出"半大人"的特点。所谓半大人就是指中学生虽然已经具有了成人的情感体验和复杂心态，但同时又存在儿童时代的肤浅和幼稚，从而在情感方面表现出两极性和矛盾性。在意志力方面，中学生自制力增强，自觉性提高，做事开始显出果断性和坚定性。这些都是中学生的身心发展特点。

（二）青春期学生身心发展的影响因素分析

心理学认为，人的身心发展是遗传和环境二者复杂地交互作用的结果。青春期是儿童到成人的生理转变期，它同时也伴随着巨大的心理变化。那么，是什么因素真正导致了儿童的成长发育？在青少年时期发育开始加速时，为什么他们的身体会发生如此剧烈的变化？身体的剧烈变化又会给青春期学生带来怎样的身体困扰和心理困惑？

首先，人的生理发展受遗传因素影响，生理因素在个体的发育过程中扮演着重要的角色。遗传方面的因素主要是生理机制，生理机制影响人的身心发展，并使学生的个体发育和发展呈现个性。虽然并不是所有儿童都以同样的速度发展，但是现在已知的儿童生理成熟度和动作发展的顺序是相当一致的。很明显，人类所共有的身心发展顺序是人类的遗传因素在起作用，也是人类身心发展的生理机制。青春期是每一个人都要经历的阶段，学生的身体和心灵、生理和心理都会发生很大变化。无论男生还是女生，生理变化中最为突出的是第二性征发育，身体日趋发育成熟。与此同时，发育过程中伴随着青春期学生微妙的情感体验和心理变化。因此，青春期往往被人们认为是孩子成长的关键时期，也是学生出现身心问题比较多的时期。

其次，环境因素既影响人的生理发展，也影响人的心理发展。一般有三类环境因素可能对人的生理和心理发展产生重要影响：一是营养，饮食可能是影响人类生长和发育的最重要的外在因素。营养不良会导致儿童精力不济，注意力不集中，或易怒、不能承受压力等，进而导致儿童与看护者或教师之间的关系紧张或疏远，使儿童的社会化或智力发展受到影响，从而影响其心理发展。营养过剩有可能导致儿童肥胖并加大其患糖尿病、高血压、心脏病、肾病等的风险，还可能导致他们很难交到朋友，甚至会受到歧视或嘲笑，这同样会影响儿童的心理发展。二是疾病。疾病会影响人的身体发育，进而影响人的身心健康发展，这样的例子不胜枚举。三是情绪压力和关爱缺失。情绪压力是指一个人在情绪方面承受过多压力，如焦虑、恐惧、多疑等，情绪压力过大也会影响人的生理发展。现代医学证明，人的疾病与情绪有关，与人的心理有关，这说明情绪压力对个体成长有影响。关爱缺失主要是指一个人在成长过程中缺少爱，缺少与他人建立的亲密无间的关系，从而影响个体的生理发展。由此可见，人的身心发展与环境密切相关。

最后，青春期的身心发展及其影响对男孩和女孩是不同的。有调查表明，女孩希望自己的形象随着身体的变化而变得更有吸引力，但她们担心体重过大，总认为自己缺乏吸引力。相比之下，男孩对自己的身体形象更为满意。许多国家把青春期的变化看作儿童变为成人的标志，以正式的成人仪式来标志这种转折。在这个时期，父母与孩子之间的冲突会增加，但在青春期末期会有所缓和。因此，对于正处于青春期的发展变化之中的初中生，教师可以进行适当的青春期教育及引导，采用如讲座、主题班会、心理咨询等形式，引导学生顺利度过这个时期。

二、学生的人格特质与教育

人格是一个极为抽象而又模糊的概念，它的抽象之处在于人们试图用人格这个高度概括的词语来理解复杂而多变的人性，它的模糊之处在于人们不得不借用其他许多词语来说明什么是人格，如气质、性格、个性等术语时常与人格密切相关。人格特质指通过分析学生的气质类型、性格特点，从而发现气质与性格、个性之间的内在关联性。教师应该依据学生的人格特质，对学生进行教育和引导，帮助学生养成良好的性格、塑造健康的个性。

（一）人格及其相关概念①

一般而言，人格（personality）是指稳定的、区别于其他人的心理倾向和行为模式。人格，在词源上是"面具"的意思，将人格视为面具有两层含义：一是人格指个体显露于社会的特征；二是认为人格表现特征的背后有隐蔽于内心的稳定特征，使个体的行为保持着跨时间、跨情境的一致性。所以，人格特征通常是指非认知性的、表现在人际交往活动中的、稳定的心理倾向和行为模式。

人格具有整体性、稳定性、独特性和社会性四个基本特性。人格的整体性是指人格虽然有多种成分和特质，如气质、性格、情感、能力等，但在真实的人身上它们是密切联系的，并不是孤立存在的。人格的整体性主要表现为个人在社会交往中心理与行为的统一性、言行举止的一致性和协调性。人格的稳定性主要是指一个人经常表现出来的稳定的心理和行为特征。人格的独特性是指人与人之间的心理和行为是不相同的，一方面个体遗传基因的差异性是客观存在的，另一方面每个人成长的环境是不同的。人格的社会性是指社会化把人这

① 李晓文，张玲，屠荣生. 现代心理学［M］. 上海：华东师范大学出版社，2003：333－334.

样的动物变成社会的成员，人格是社会的人所特有的。① 可见，人格是一个人在社会生活过程中表现出来的相对稳定的特征或特质，它显示出一个人不同于他人的气质、性格、情感、能力、行为等。

在心理学研究中，气质和性格两个概念与人格密切相关。大多数心理学家认为，气质和性格是人格的主要内容。气质（temperament）是人与生俱来的心理活动的动力特点。动力特点是指物体运动的表现形式，任何运动着的物体都有一定的运动形式和特点。我们可以从河的流动、风的吹动、雨的飘动特点中感受到不同的运动形式。与此相类似，人的言行举止也有着动力特征的差异，或宁静舒缓，或风风火火，或活泼好动，等等。气质相当于我们日常生活中所说的人的秉性或脾气，它正是个体气质的表现。气质作为心理活动的动力特征，主要表现在心理过程的强度、速度、稳定性以及心理活动的指向性方面。性格（character）被定义为个体对现实稳定的态度和习惯化了的行为方式。人类个体面对的现实包括自己、他人、集体、国家、工作、生活等。习惯化了的行为方式是与人类面对这些现实的态度相匹配的，是个人在后天环境和教育影响下形成的行为特征。

因此，一个人的人格必定有两个基础：一是遗传的生物基础，二是环境基础。其中，一个人的性别、神经系统、内分泌系统、体型体格等因素是由遗传决定的，它是人格发展的生物基础。一个人所处的外部世界如生态环境、教育、文化等，是人格发展的环境基础。在心理学研究中，气质强调的是人格发展的先天基础，性格则强调人格发展的后天环境。也就是说，任何一个人的成长都是遗传与环境交互作用的结果。

当然，对于一个真实的人而言，气质和性格是同时存在、难以截然分开的。心理学家在谈论两者时，往往有不同的侧重点。一般而言，气质被认为是人与生俱来的自然属性，性格则强调是后天社会化活动的产物。例如有些婴儿安静，有些婴儿好动，有些婴儿容易接受新事物，有些婴儿在新事物面前表现出害怕等反应，这些是人天生的一种特点，这就是气质。性格则是指人在适应环境过程中形成的社会化态度和行为特征，它受环境、教育等诸多因素的影响。因此，性格的可塑性大，人的性格有可能随着环境的改变而发生变化，但气质的可塑性较小。环境在塑造和改变个体的性格方面作用明显，但在改变气质方面作用微弱。教师在对学生进行教育和引导时，一定要充分考虑学生个体的气质差异和性格特点。

① 黄希庭. 人格心理学［M］. 杭州：浙江教育出版社，2002：8－11.

（二）气质类型与人的行为表现相关研究简介

人的脾气、秉性各不相同。有的人活泼好动，有的人文静内敛，有的人热情刚烈，有的人温柔宜人……人们常说的脾气、性情，其实就是心理学上所说的气质，它是形成性格的基础。

古希腊医生希波克拉底根据人的体液将气质分为四种类型：胆汁质、多血质、粘液质和抑郁质。一般认为，胆汁质的人主要的行为特征为精力旺盛，反应迅速，但准确性不足；开朗热情，直率爽快，但容易急躁冲动；果敢顽强，但容易粗暴，犹如夏日的天气，时不时来一阵狂风暴雨。多血质的人主要的行为特征为活泼好动，反应敏捷，善于应变；富有生气，表情丰富，但不容易有深刻体验；兴趣广泛，但不容易持续；为人热情，但做事不求甚解，好比春天，让人觉得愉快、温暖，但少了些沉稳。粘液质的人主要的行为特征为心境平和，情绪稳定，安静专注，反应缓慢，注意力不容易转移；稳重踏实，但容易刻板；沉着冷静，富有耐心，但活力不足，就像冬天，宁静、安详，但有些沉闷。抑郁质的人主要的行为特征主要表现为观察细致，体验深刻，能够体验到一般人不易觉察的事情，但多愁善感，过于敏感；谨慎稳重，但容易迟缓怯懦；文静柔弱，不爱与人交往，容易感到孤单，做错事情时会感到非常痛苦，给人的感觉如秋天般萧瑟、伤感。其实在现实生活中，当面对同一种情境时，我们很容易辨认出四种气质类型的人不同的行为表现及其特点。

案例

一座剧院中正在上演一部新排的话剧。开场20分钟后，一个胆汁质的人走过来，要求进剧院看戏，但看门的人拦住了他，因为话剧已经开始了，这时候进去，会打扰其他观众。这个人抢前一步，与看门人争执，进而挥舞着拳头大喊大叫起来。正在双方僵持不下时，过来一个多血质的人，他看到从正门很难进去，突然想起这个剧院好像有个后门，也许不会有人把守，于是转到后边去碰碰运气。紧接着一个粘液质的人出现了，他看到这一情形，决定先到附近随便转转，反正第一场戏不一定精彩，少看一会儿也没什么关系，不如等到中场休息时再进。最后走来一个抑郁质的人，当他看到无法进门的时候，感到非常沮丧，心中暗想，我总是这么不走运，好不容易来看一次戏，偏偏又迟到了。

于是他转身回去了，一路还在想为什么自己这样倒霉。①

　　上面的案例说明了，不同气质类型的人面对同样的情境时，会有不同的感受、不同的行为表现方式。因此，当教师面对班上众多不同脾气、不同性情的学生时，一方面可以借助希波克拉底的气质类型理论，对学生的行为表现进行观察和分类。另一方面，教师要清楚一个基本的事实：不同学生对于同一个教师、相同的课堂教学，或同一件事情，一定会有不同的表现和评价，这是正常现象。当教师对学生进行基本的气质分类后，可以对学生的行为反应有一个基本的预测，避免师生之间出现一些不必要的冲突和误解。

　　在心理学的发展过程中，许多学者都对人格、气质等进行了研究和描述，如弗洛伊德开创的精神分析论，以奥尔波特、卡特尔、艾森克等为代表的特质论，还有强调个体行为是如何习得的学习论等。下面简单介绍巴甫洛夫的高级神经活动类型研究和艾森克的特质研究。

　　巴甫洛夫的高级神经活动类型研究是建立在条件反射实验基础上的，他提出了神经系统的三种基本特征：神经系统兴奋和抑制过程的强度、神经过程的均衡性、神经过程的灵活性。他在条件反射实验中发现，在同样的刺激下，表现不同的狗，其气质特征似乎也不同。于是他推断，构成气质的基础与条件反射活动形成的基础之间具有某种一致性，主要就是神经系统的兴奋和抑制过程之间的内在关系。也就是说，高级神经活动的基本过程是兴奋与抑制。衡量兴奋和抑制过程的标准有三个：强度、均衡性与灵活性。强度是神经细胞的工作能力，如神经细胞在工作时是否经得起比较强的刺激，耐久性如何等；均衡性是神经细胞的兴奋和抑制之间的力量对比，如果二者力量均等，则是均衡的，如果其中一方占优势，则是不均衡的；灵活性指神经细胞的兴奋和抑制在互相转换时的速度，速度快则说明灵活性高。② 巴甫洛夫正是根据神经过程的强度、均衡性和灵活性，把动物和人类的高级神经活动类型划分为四种类型，并认为与希波克拉底传统的气质类型相当，如下表所示：③

① 董奇，陶沙，等．脑与行为：21世纪的科学前沿［M］．北京：北京师范大学出版社，2000：45-47.

② 董奇，陶沙，等．脑与行为：21世纪的科学前沿［M］．北京：北京师范大学出版社，2000：47.

③ 黄希庭．人格心理学［M］．杭州：浙江教育出版社，2002：218.

神经类型 （气质类型）	神经过程 的强度	神经过程 的均衡性	神经过程 的灵活性	行为特点
兴奋型（胆汁质）	强	不均衡		攻击性强、易兴奋、不易约束、不可抑制
活泼型（多血质）	强	均衡	灵活	活泼好动、反应灵活、好交际
安静型（粘液质）	强	均衡	惰性	安静、坚定、迟缓、有节制、不好交际
抑制型（抑郁质）	强			胆小畏缩、消极防御反应强

如上表所示，黄希庭通过表格标示出传统的气质类型分类与巴甫洛夫的神经类型分类之间的内在关联性。巴甫洛夫把神经系统划分为强型和弱型，进一步把均衡性区分为均衡型与不均衡型，不均衡的形式是兴奋强于抑制。另外，强而均衡的个体还有两种类型：灵活型和迟钝型。在巴甫洛夫看来，气质的生理基础是高级神经活动，气质不过是不同神经活动的外在表现而已。因此，具有不同神经活动特点的人，就具有不同的气质，脾气、性情也就不同。一方面，他说明了人与人之间存在差异，这些差异表现在人的气质上、神经活动的不同特性上，并表现在人的性格上。另一方面，巴甫洛夫指出高级神经活动的三个特点有许多结合方式，在现实生活中典型的气质类型是十分少见的，即使先天遗传可能使个体具有某种典型的气质类型，但后天形成的主观愿望和经历都可能改变气质的组成。因此，生活中不可能出现非常典型的四种气质类型。但是，对于教师而言，了解气质类型分类及其典型的行为特征仍然具有现实意义。首先，它可以帮助教师尝试用这种方法来理解学生，并利用不同的词汇描述学生的行为表现和气质特点；其次，教师可以借助这种气质分类来帮助学生认识自己、完善自己，引导学生通过后天的努力来塑造自己良好的性格。

艾森克的特质研究的重心是探讨行为类型，他不仅对行为类型做出描述，而且试图分析行为类型的生理基础。通过对特质进行因素分析，艾森克抽取出两个维度：外向性和神经质。外向性维度以外向—内向为两极，通过内向、外向两个维度来描述学生行为的开放性与保守性。神经质维度以情绪化—情绪稳定为两极，用于描述学生在情绪表达方面所表现出来的不同特点。艾森克还认为两个维度的特征可以用来说明希波克拉底的四种气质类型。如下图所示：[1]

---

① 李晓文，张玲，屠荣生. 现代心理学 ［M］. 上海：华东师范大学出版社，2003：348.

神经质（情绪化）

情绪多变　　　　易怒

焦虑　　　　　不安

刻板　　　　攻击性

严肃　　　　易激动

悲观　　　　易变

缄默　　　　冲动

不好交际　　　乐观

安静　　　　　主动

抑郁质	胆汁质
粘液质	多血质

内向 ←　　　　　　　　　　→ 外向

被动　　　　　好交际

谨慎　　　　开放

深思　　　　健谈

宁静　　　　反应快

克制　　　　悠闲

可信赖　　　活泼

性情平和　　　无忧无虑

沉着　　善于领导

情绪稳定

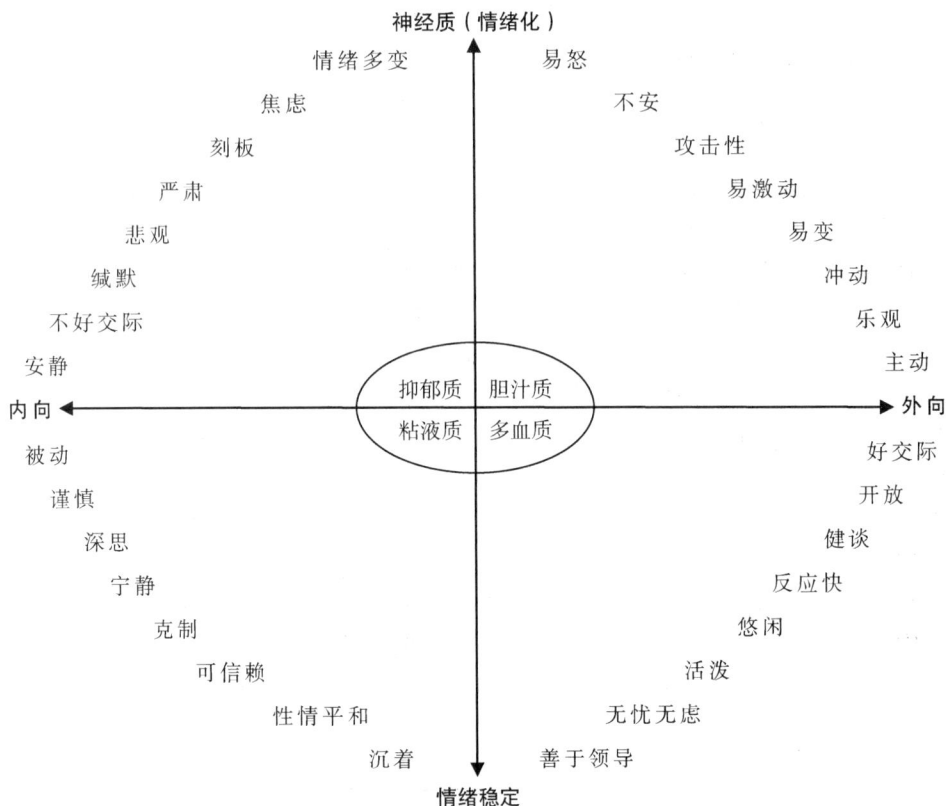

图中的横坐标轴表示外向—内向维度。所谓外向—内向，也就是外倾—内倾，心理学上大致把人的性格分为两大类型——外向型和内向型，它们是人类性格的基本类型。总体来看，外向型的人一般具有活泼乐观、灵活机动、喜爱交际、渴求刺激、爱冒险和不容易受周围环境影响等优点，也具有易冲动和情绪较难控制、粗心大意、爱发脾气等缺点。内向型的人一般具有情绪稳定、深思熟虑、喜欢有秩序的生活和工作、极少发脾气等优点，也具有易受周围环境影响、不爱社交、冷淡、不喜欢刺激、刻板等缺点。

图中的纵坐标表示神经质维度，它以情绪化—情绪稳定为两极，它表明一个人的情绪从正常到异常的变化和波动的连续性特征。艾森克指出，人类的情绪特征可以简单地分为情绪稳定和神经质（情绪化）两个极端，一般来说，情绪稳定的人，情绪反应轻微而缓慢，并且容易恢复平静，这种人不易焦虑，稳重温和，善于自我克制。而情绪不稳定的人，也就是神经质类型的人，一般表现为易焦虑，容易激动，喜怒无常。

因此，班主任在了解班级学生时，可以先把学生大致分为内向型与外向型、情绪稳定与情绪化，对不同类型的学生要能做到心中有数、区别对待。

（三）学生的气质类型与教育

1. 学生的行为表现与气质类型高度相关

在现实生活中，我们疑惑为什么有的小孩性情温和，容易与人相处；为什么有的小孩却性情急躁，难以相处；为什么从婴幼儿时期开始，不同人就会表现出不同的情绪特征、行为特征；我们该如何依据学生的气质特征加以教育和引导，从而培养其良好的性格……诸如此类的问题就涉及气质类型与人的行为表现之间、性格与气质之间的内在关系。有不少的心理学家致力于研究和表述它们之间的内在关联性，试图预测不同气质类型的人在不同环境中可能出现的行为及其表现。

学生的行为表现与气质类型高度相关，虽然目前人们还难以对气质类型的生理基础做出合理的解释，但是人们可以通过观察行为表现来了解他人的气质、性格特征等。因此，行为表现的特征差异是区分气质类型的根据。在心理学研究中，有关气质类型的特征分析基本上都是通过描述人的行为表现来进行的。

✍/案例

困难气质的适应与驾驭

当父母认识到婴儿的行为部分是由气质，而不全是由父母的行动所决定时，他们就能更加有效地朝着对儿童有利的方向去做工作。在托马斯和切斯的研究对象中，一些最难对付的婴儿中，有那么一个婴儿，对新环境显示出强烈的激动和退缩，对任何不熟悉的事物，适应得都很缓慢。他在第一次洗澡和第一次吃硬的食物时，都表现出这种倾向；对第一天上托儿所、上小学以及第一次与父母上街买东西，都给予否定的反应，每次都大哭大闹。他的父母渐渐地学会了预期这个男孩的反应，知道了如果他们有耐心，渐渐地、反复地呈现新情况，那么男孩最后就会适应这些新变化。他的父母并没有因为孩子的难对付而对引导工作的效果表示怀疑。结果，这个男孩一直没有形成行为问题，尽管大多数具有这种气质类型的儿童有产生心理问题的危险（比如有许多父母因为小孩难对付，适应性较差，他们就尽可能减少让小孩接触新事物和新环境的机会，这样更不利于儿童的成长，因为当他长大要独立面对生活时，将会遇到更大的麻烦，甚至会产生心理问题）。后来，当这名男孩长大进入大学后，面对全新的环境和人事，他早先那种畏缩和紧张的反应又显露出来了。不过，他跟托马斯博

91

士进行了一番讨论，托马斯告诉这位年轻人他的气质史，告诉他一些适应大学生活的方法，之后这位年轻人克服了这些困难。入学一年后，他已经能很好地适应大学生活了。当跟他谈到将来还有可能产生类似的消极反应时，他说："没关系，我现在已懂得如何驾驭它们。"①

通过观察行为表现就可以知道，案例中的小孩属于极为敏感的气质类型，这个小孩不容易适应新环境，每当环境变化时，他要比一般人花更长的时间来接受和适应。当他的父母了解到孩子的气质特点，清楚地知道他可能出现的行为和表现时，他们并没有减少孩子与新事物、新环境的接触，而是耐心地等待孩子学会适应新环境，培养孩子的适应能力。可见，如果父母了解自己孩子的气质类型，将更有可能在培养和教育孩子的过程中给予合适的引导和帮助，并更有耐心等待孩子主动去适应环境。同样的道理，对于教师而言，了解学生的气质类型，清楚不同气质类型的学生的行为表现，将有助于教师科学地引导学生和教育学生。

因此，心理学对人的气质类型的研究和相关理论，有助于教师对班级学生进行科学的分类，并有针对性地开展教育和引导。一般来说，在班级管理过程中，教师可以先简单地把学生分为外向型和内向型，并在教育和指导过程中，适当区别对待两种性格类型的学生，以适应学生的性格特点。例如，对于外向型学生，教师可以在公开场合指出他的不足和需要改进的地方，但对于内向型的学生，教师应尽量避免在公开场合提出批评，最好采用私下的、个别教育的方式与其交谈。同样，对于不同情绪反应的学生，教师也要能做出预测，并区别对待。例如，对于情绪反应强烈、容易激动的学生，教师要尽可能避免正面冲突。当冲突不可避免地发生时，教师需要适当包容学生的过激情绪，等学生平静下来以后再进行说服教育。此外，教师在选拔和培养班团干部时也要适当考虑不同气质类型学生的搭配，根据职务和工作强度的不同选择不同气质类型的学生担任。一般而言，多血质和粘液质的学生情绪相对稳定，容易与人沟通，善于协调，比较适合担任班长等职务，负责全班的工作。当然，学生的可塑性是很强的，教师应该有针对性地提供学生更多锻炼的机会，在尊重学生个性的基础上，通过适当的教育和引导来优化学生的性格。

2. **不同气质类型的适应特点与教育方式②**

不同气质类型的学生个体在参加活动时，有独特的适应性，因此会有意无

---

① P. H. 墨森，等. 儿童发展和个性［M］.缪小春，等译. 上海：上海教育出版社，1990：149.

② 李晓文，张玲，屠荣生. 现代心理学［M］.上海：华东师范大学出版社，2003：351－355.

意地表现出不同的个人风格。班主任需要了解学生有哪些不同的气质类型，理解他们适应环境时的不同表现，从而有针对性地对学生加以引导和教育。

其实，在学生的成长过程中，父母和教师的教育方式影响是非常大的。但是，这种影响并非单方面形成的，而是与学生的气质特点、行为表现，以及成人的态度、处理方法等交互作用的。可以说，自孩子出生起，这种交互作用就一直存在。例如，人见人爱、喜欢被别人抱的小孩容易引起大人的积极反应；经常哭闹、难适应的孩子会加重抚养者的焦虑反应，易受到大人的责骂或教师的批评等。反过来，抚养者或看护者的照料风格不同，又会对孩子的成长产生特定的影响。因此，学生的气质特点会影响父母和教师对他们的态度，进而引起师长的不同对待方式。班主任需要理性地认识到，自己的教育方式与学生的气质特点之间存在这种交互影响，从而自觉调整教育教学方式，成为学生身心发展的引导者、促进者和支持者。

班级中，学生一定是带着自己特有的气质在学习、交往的。不同气质类型可能会引起教师不同的反应，使其采用不同的教育方式。例如，注意力集中、反应快、情绪积极的学生容易得到教师的称赞，教师的表扬又促使学生有积极的表现。而反应缓慢、容易烦躁分心的学生常常会让教师产生挫折感，从而使其更多地采用强制性的措施，如批评、惩罚等。这种现象在班级管理中经常出现。因此，教师要尝试去理解不同气质类型的学生的特点，尽可能采用适当的方式对待学生、教育学生。例如，面对犯错误的学生，如果是外向型的学生，教师可以采用批评甚至是惩罚的方式，这是因为外向型学生一般不容易反省自己的行为；但如果是内向型学生，他对于自己的错误的感受性很强，如果教师再严厉批评，有可能会使学生变得更为懦弱和胆怯。

首先，不同气质类型的个体对环境有不同的选择和反应倾向。调查发现，内向型个体更喜欢安安静静地一个人看书。外向型个体喜欢与人交流，也喜欢周围有一些声音；如果周围太安静了，外向型个体反而会不适应。而内向型个体却觉得周围有声音和有人会让他们分心。

其次，任何气质类型在形成性格时都会有一定的优势和劣势。例如，内向型比外向型更容易学习社会禁令形成规则，抑郁质自爱也容易懦弱，粘液质沉稳也容易冷漠，胆汁质勇敢也容易粗心，多血质容易与人熟络但缺乏深沉，等等。班主任可以向学生介绍各种气质特点，并帮助学生扬长避短，形成良好的性格，这是培养健全人格的重要途径。

在教育中，教师还有可能误解学生的气质特点，把一些反应较慢、适应性较差的学生视为学习态度或能力有问题，有可能采取不恰当的方式对待学生，这不利于学生的发展。如反应慢的学生在课堂上容易少有机会回答教师的问题，容易分心的学生在课堂上容易给教师制造一些麻烦而招致更多的批评指责，从而失去学习的兴趣等。因此，当教师面对学生经常出现的一些行为特点，且难以在短时间内矫正他时，必须从学生的气质类型和性格特点出发，给予其充分的理解。教师要表现出足够的耐心来教育和引导学生，而不能急于求成、操之过急，这样反而不利于学生良好性格的养成。《论语》提到，学会做人的修养方法之一是"如琢如磨"，也就是"玉不琢，不成器"，教育学生也一样需要"如琢如磨"。

最后，气质类型与心理健康也有一定的联系。不同气质类型的个体，其生理特点及适应环境的能力不同，因此对于不同意义的刺激有不同的敏感性倾向，不同气质类型容易形成明显不同的情绪倾向。在特殊情境或强制刺激下，承受能力的限制会导致适应障碍。最典型的如胆汁质和抑郁质。巴甫洛夫根据动物实验的研究结果提出，胆汁质和抑郁质是容易出现神经机能病的两种气质类型。在有害条件作用下，两种类型的狗都会发生神经活动失常，而且病态情形相当顽固，很难恢复。只是两种失常的方向不同：胆汁质的抑制变得非常困难，抑郁质的神经兴奋变得非常微弱。巴甫洛夫认为动物的这两种神经活动障碍相当于人类的两种神经病：神经衰弱和癔症。根据临床经验，极端的胆汁质和抑郁质人群是神经症或精神病的主要患者。过度紧张或长期疲劳，会使胆汁质者的抑郁机制更弱，神经衰弱严重时会发展成躁狂抑郁症；而困难的任务与不幸的遭遇会使神经过程本来就脆弱、易受暗示的抑郁质者出现极端的自我暗示和情绪化的歇斯底里，病情容易发展为精神分裂症。所以，对于极端的胆汁质和抑郁质类型的个体应给予特别的关照。胆汁质者要注意劳逸结合，抑郁质者需要比别人更多的友谊和温暖。

还有不少研究发现，外向型个体比内向型个体具有更积极的心态，无论是幸福感还是积极的情绪体验，外向型个体都明显比内向型个体得分更高。为什么外向者比内向者乐观？研究者认为主要有两方面的原因：一是外向者比内向者喜欢社交，与朋友经常交往容易带来更多愉快的感受，而且在烦恼时朋友能够帮助缓解负面情绪；二是外向者对奖励和积极信息比内向者敏感，得到好成绩、想象愉快的事情时比内向者更高兴。

总而言之，教师要充分理解学生的不同气质特点，积极引导学生认识自己，助其养成良好的性格，塑造健全的人格特质。

三、学生个体常见的社会心理特征

亚里士多德很早就指出，人是社会性动物。班级作为一个群体组织，它是一个小社会。在这个小社会中，生活在其中的每一个人都渴望与他人建立关系，渴望被认同，渴望归属感，渴望得到他人的好评，这是人性的共通之处，也是社会心理特征。教师必须把握这种社会心理特征，理解在班级社会中学生是如何看待彼此的，又是如何相互影响的；理解学生个体在班级社会中所处的地位和关系，从而增强班级工作的针对性和实效性。

（一）逆反心理

逆反心理是比较普遍的社会心理现象，它比较稳定，表现为对客观事物产生与要求人对立或相反的情绪体验或行为倾向。逆反心理常表现为抗拒、不顺从、不理智、偏执、冷漠、不合群、感情疏远、情感不认同、关系僵硬、莽撞行事等形式。[①] 在班级管理过程中，逆反心理是一种常见的心理现象，它主要表现为学生对教师及他人的要求、对客观事物产生拒绝和不认同的心理。

对于学生而言，逆反心理会给自身的成长带来不利的影响，逆反心理重的学生往往不愿意听从成人的指导和建议，从而有可能会走许多弯路，甚至犯严重的错误。尤其是处于青春期的学生，逆反心理更为普遍，他们往往更容易与教师、家长等成人发生冲突。一方面，青春期的生理发育造成学生体内的激素水平发生较大变化，而大脑的机制还未发育成熟，因此这个年龄段的学生考虑事情不可能很客观、很周到；另一方面，逆反心理也恰恰表明学生的个体自我意识的成长和发展，随着年龄的增长和身体的成熟，学生的自我意识迅速发展，与小学低年级学生相比，他们显得更有主见、更独立，这是个体自我意识发展的一个显著特征。因此，对于学生的逆反心理，教师要给予一定的包容，不要过度打击或进行太多的批评，要给学生一定的成长时间和空间；让他们按自己的意愿行事，也不是一件坏事。在中学阶段，家长和教师对学生的学习要求普遍提高，这些成人的要求与他们的心理需求难免发生冲突，需要教师给予充分的理解。例如，中学阶段的学生需要与同学一起活动来增进彼此了解，建立友谊。但是，家长和教师可能希望学生将更多的时间花在学习上，会担心同学之间过多的活动影响学习。这本身就是一个矛盾。同样，这个时期的学生为了彰显个性，往往会选择一些独特的表达方式，如在穿着打扮方面标新立异，甚至以怪异的方式来表现自己的个性。这种奇装异服一般都难以被成人接受，这时学生在成人眼里看来就是叛逆的。其实，从学生成长的角度来看，他们的行为和表现是有因可循的。

怀特海说过，教育就是理解。首先应该是教师理解学生，因为教师是成年

---

① 曹钧.青少年逆反心理的相关因素分析［D］.南京：南京医科大学，2008.

人，无论在经历、学识等方面都胜过学生。教师只有理解学生的成长特点，理解学生在成长过程中会遇到的种种困惑，真正的教育才会发生。

当然，除了青春期学生的心理特点以外，引起逆反心理的还有其他原因。主要有：①当外部要求远远高于学生个体心理水平时，学生容易产生"为何对我（们）如此"的心态或认识而产生逆反心理；②当外部要求过分低于学生个体心理水平时，会导致学生产生"是不是看不起我（们）"的心态，学生有可能把这种要求当作一种侮辱而产生逆反心理；③当外部评价与个体评价不一致，或与学生的主观意愿不相谐时，学生也会产生逆反心理；④有些学生胸襟褊狭，比较内向，不够开放，这种心理特质的学生往往容易产生逆反心理。

总之，逆反心理是常见的，也是一种普遍存在的社会心理现象。教师应该客观对待学生的逆反心理，因势利导，既保护学生的个性和独立性，又引导学生培养良好的性格。

（二）从众心理与模仿心理

社会心理学认为，从众是指根据他人的行为和信念而做出的行为或信念的改变。从众不仅是与其他人一样地行动，而且是指个人受他人行动的影响。[①]从众心理是班级中普遍存在的心理类型，它的主要特点就是：学生认为大家都这样做，那自己也这样做一定没错；或者认为既然这么多人这样做，那这种行为一定是合适的、正确的，自己与大家一样也不会错。那么，学生从众是好还是不好呢？从社会心理学角度来看，人们的从众心理是个体在群体环境中的一种保护性机制，可以使个体产生一种心理安全感，因为从众表明个体对社会规范、社会期望以及要求的顺从和接纳。学生的从众往往表明他对学校的规章制度，以及班级规范的一种顺从和接纳，它可以阻止学生的一些违反纪律的行为。从这个角度来说，从众是好的。当然，从众有时是不好的，有时也无关紧要。教师需要区分学生的从众行为和从众心理，不能一概而论，认为从众就是好的或不好的。

所谓模仿，就是再现他人或群体要求的一定的外部特征和行为方式、姿态、动作等，从而出现模仿心理。模仿心理在班级中较为普遍，尤其是在小学生中，模仿心理和行为更为常见。例如，小学低年级学生有一个时期会出现较多的讲脏话等现象，这是学生之间相互模仿语言造成的。这种模仿行为应该引起教师的注意和警惕，教师应及时制止学生间不良的模仿心理和行为。进入中学阶段

---

① 戴维·迈尔斯. 社会心理学［M］. 8版. 侯玉波，乐国安，张智勇，等译. 北京：人民邮电出版社，2006：153.

的学生普遍存在的追星现象，实质上是模仿心理的具体表现，他们通过对心中偶像的模仿来养成一定的行为习惯，获得一定的价值观念。

应该说，在班级管理中，学生普遍存在从众心理和模仿心理，这是正常的社会心理现象。这两种心理现象既有积极作用，也有消极作用。如果班级里形成好的行为习惯或价值观念，被学生模仿和接纳，这时从众心理和模仿心理有助于良好观念的形成和好的行为习惯的养成。相反，不良的行为或思想也可能因为学生的从众心理与模仿心理而在班级里传播，甚至被学生认可和接纳。因此，教育者在班级管理中，应针对学生的心理特点，重视树立良好的榜样，发挥班级应有的良好的示范作用。一般而言，对学生容易起示范作用的主要有：教师的示范作用、学生的示范作用、同伴的示范作用、家长的示范作用、环境的示范作用、媒体的示范作用等。因此，在班级管理过程中，教师的言传身教对于学生养成良好的行为习惯、思想观念具有重要的示范作用。同时，好学生、好朋友也是学生的重要榜样，教师和家长应该鼓励学生与品学兼优的学生交朋友。

（三）嫉妒心理

嫉妒心理是一种情感状态，当一个人把强于自己的人看作对自己的威胁时，这个人就会产生不愉快，甚至是怨恨等情绪体验。嫉妒心理在班级中也是较为常见的，它属于一种轻度憎恨的情感体验。在班级中，成绩优秀、才华出众、仪表端庄、容貌姣好、善于社交等优点都有可能引起他人的嫉妒。嫉妒心理具有普遍性，每个人都有嫉妒心理，都或多或少体验过嫉妒，因此，它是难以回避的心理现象。只是嫉妒心的强弱因人而异，对人的影响也不同。有的人嫉妒心很强，有的人则不太明显，有的人善于转移自己的嫉妒体验，有的人却可能强化这种体验。如果一个人嫉妒心太强，就有可能发展成一个极端自私自利的人，不仅使自己陷于痛苦之中难以自拔，而且也会影响他人，影响人与人之间的交往。

一般来讲，嫉妒心理容易发生在心胸褊狭和好胜心强的人身上。它的产生条件主要有：①当遇到条件与自己相同或不如自己的人居于优势位置时；②自己所轻视或厌恶的人居于优势位置时；③与自己同性别的人居于优势位置时。当嫉妒心理发生时，人有可能会表现出如下心理特点：无端夸大对方在某一方面的不足；有意在人、事、物之间做出毫无逻辑的联系；说一些讽刺、挖苦的话等。在班级管理过程中，教师应该适当疏导嫉妒心太强的学生，尽可能帮助学生正确认识自己、超越自己，培养健全的人格。

总之，在班级管理中，教师要正确对待学生的嫉妒心理，肯定这一心理的存在有其合理性。更重要的是对学生进行适时的疏导和教育，使学生的嫉妒心理得到及时的宣泄和转移。一般来说，教师要注意以下三点：①建立平等公正的竞争环境；②对人、对事的评价要中肯，对竞争的优胜者的表扬要恰如其分，对处于劣势的一方也要给予充分的肯定；③鼓励学生勇于超越自己，或帮助学生分析和总结成败经验，勉励其争取更大进步，等等。

四、学生在班级中的地位及关系

学生是生活在一个群体中的独立的个体，教师要尽可能了解学生在班级群体中的关系及地位，掌握班级中的学生个体和群体的典型表现，对学生的言行进行正确的判断。同时，教师要深入了解和分析学生个体之间、群体之间、个体与群体之间的关系，妥善处理班级的人际冲突，帮助学生健康成长。

（一）学生个体和群体的典型表现

处于身心发展关键时期的青少年学生个体，特别是中小学生，常常表现出思维活跃、情感丰富、好动、不听话、易冲动、注意力集中、容易形成逆反心理等特点。他们的行为表现往往是理性与非理性因素交织，而且有时候非理性因素占很大成分。这样的身心特点无疑增加了班主任工作的难度，最为明显的一个特点是班主任容易处于一种尴尬境地——说多了学生嫌烦，说少了他又认为班主任不在乎他。因此，班主任要充分了解学生的个体特征，掌握班级群体的典型表现，才能有针对性地管理班级。

1. 学生个体[1]

班级中的每个学生都在班级的人际关系中扮演着某个角色。由于角色的不同，班级对每一个成员的行为都有一定的要求，这是班级中的角色期待。符合这一角色期待的个体行为会得到班级的认可和赞许；反之，学生本人则会感受到团体的压力。有人运用社会测量法研究班级中学生间的交往互动，发现学生在班级中的人际关系地位是不同的，可以分为以下四类典型：①人缘儿：在班级中受欢迎的人；②非正式群体中的中心人物：即在某个小群体中起重要作用的人；③孤立儿：在班级中被大家忽视、自己也很少接触他人的人；④嫌弃儿：在班级中不受欢迎的人。

当班主任了解了班级学生在群体中的不同角色以及地位后，如何针对学生的个性特征及表现进行个别教育或集体教育就显得很重要了。首先，班主任要

---

① 李永生. 和谐班级的建设：班级中的交往与互动 [M].广州：广东教育出版社，2007：78.

积极转变观念，主动接纳学生并对学生充满期待，期待学生在班级中会有更好的行为表现；其次，班主任不要简单地用"对"或"错"去评价学生的行为表现，尤其是学生的非理性行为。任何人都有非理性行为，一个人要彻底打败非理性行为是不可能的事情。而且，非理性行为往往同时蕴藏着创造性和破坏性。因此，简单地用"对"或"错"来评价学生显然容易使其觉得自己很"冤"，同时学生心智的发育程度还不足以让他们更加有效地、理智地控制自己的行为。在班级管理过程中，班主任可以尝试用"多"或"少"来评价学生的行为表现，引导学生向善、向好，帮助学生减少非理性行为带来的负面作用。当教师用"多"或"少"来评价学生的非理性行为时，学生知道班主任是理解自己的，会认为自己的行为是可以理解的，自己只需要努力减少不良的非理性行为就可以了，而不是要去完全否定自己的非理性。这样，班主任在调适学生因冲动或逆反心理而出现的非理性行为时，就能够尽可能地减少学生方面的阻力，增强教育效果。

2. 不同的学生群体①

一般情况下，班级由正式群体和非正式群体组成。正式群体主要有团支部、班委会、少先队、学习小组及其他兴趣小组等。在班级中也存在不少非正式群体，它主要受学生情感偏好、个性（如兴趣、爱好、性格等）、活动任务、性别及其他因素影响，由学生在班级中自然而然形成。例如，座位接近的学生可能成为一个群体，来自同一个地方的学生也有可能成为一个群体，相同的性别、相同的宿舍等都可能使学生成为一个群体。这些非正式群体往往在班集体建设中扮演着举足轻重的作用，班主任要了解这些学生群体及其特征，关注学生群体对班集体的影响。班级的非正式群体主要有以下三种：

（1）游戏性群体。在学生群体中，以玩乐为主的游戏性群体占多数。这些游戏性群体包括临时性游戏群体（如课间休息时的游戏活动）和偶发性游戏伙伴（如课堂上的恶作剧等）。目前中小学生经常谈论的话题是网络游戏，他们互相分享经验、介绍不同的游戏等。教师应该看到，现在孩子们玩的游戏对他们心智成长的影响，既有积极的一面，也有消极的一面。教师需要因势利导，发挥网络游戏的正面效应，抑制网络游戏带给学生的不良影响。

（2）兴趣性群体。这类群体因为相近的兴趣爱好，或相同的价值观念形成，持续时间相对较长。当然，这类群体也可以分为两类：一类是良性互动的群体，他们以相互帮助、共同提高为目的，他们的关系建立在知识性和情感性

---

① 李永生. 和谐班级的建设：班级中的交往与互动［M］. 广州：广东教育出版社，2007：79.

关系上，这种群体有利于学生自主水平的提高和自学能力的形成和提升。另一类是不良的冲突性群体，他们以互相侵犯、惹是生非，或暴力群殴、逞强逞能为特征，主要指结帮斗殴、团伙偷窃等。这种群体是以不良的社会性关系建构为特点的，主要存在于小学的中高年级和中学，尤其是在初中生群体中更易形成。

（3）倾诉性群体。班级中这类群体以倾诉心灵感受、表达内心活动为主，成员间有很紧密的心理联系，群体中的一方往往被另一方认为是好友，交往内容主要有发牢骚、诉说、聊天等，这类群体的社会性关系建构倾向明显。在女生当中，倾诉性群体更为普遍。

3．学生个体间交往互动的关系类型

班级中学生间的交往互动是非常频繁且密切的。在日常班级生活中，学生彼此之间发生的互动主要包括学习、生活、活动等方面。从时空上看，包括课内的、课外的。从组织形式上看，有正式的也有非正式的，这是社会性关系建立的过程，也是学生个体社会化的过程。从性质上看，既有竞争型的也有合作型的。从交往的表现来看，既有冲突又有和解。从班级管理的角度来看，学习方面的交往互动应以学习为重，同学之间侧重于讨论、辩论与合作，共同促进，建构知识性关系的交往。生活方面的交往互动以情感为重，增进彼此之间的了解，培养良好的同学情谊。活动方面的交往互动以班级活动为主，强调团结合作，共同完成任务。无论是哪种交往互动，从学生间的关系来看，主要表现为以下几种关系：

（1）友好型关系。同学之间在心理上彼此兼容、相互接近、相互吸引，同学关系表现为融洽、信任、亲密、友好。

（2）对立型关系。同学之间在心理上彼此不兼容、相互排斥，表现为摩擦、反感、冲突等。对立型关系的性质与程度存在差别，既有原则性的对立，也有非原则性的对立；有公开的、剧烈的冲突（如学生中的校园暴力等），也有非公开的、一般性的排斥（如学生间的嫉妒与分裂等）。

（3）疏远型关系。同学之间在心理上相互忽视，他们之间的关系若有若无，感情淡漠，很少交往，几乎不进行非正式的交往。如果一个班级中疏远型关系太多，那么这个班级就会缺乏凝聚力。

（二）班级人际冲突及其类型

在组织中，冲突几乎每天都有，管理者必须对冲突进行有效的管理，从而使组织能顺利完成任务，实现目标。一个班集体由几十个学生组成，由于认识水平、文化背景、角色扮演及个性、人格等方面的差异，学生在交往过程中难

免出现意见不一致的状况，从而产生矛盾和冲突。尤其是在当今纷繁复杂的信息化社会里，各种观念相互交流碰撞，各种媒介如电视、报纸、网络都可以对学生施加一定的影响，再加上处于青春期的中学生自我意识极强，具有好胜、自尊心强、情绪化等特点，更为冲突的发生准备了肥沃的土壤。在班级管理中，班主任时常要面对人际冲突，班主任要及时了解和掌握班级发生了哪些冲突，注意分清冲突的类型和冲突发生的层面。在组织行为学中，一般把冲突分为目标冲突、认知冲突、情感冲突和程序冲突四种类型。[①] 如下表所示：

种类	核心含义
目标冲突	不一致的偏好
认知冲突	不一致的思想
情感冲突	不一致的感情
程序冲突	对过程的看法不一致

当个体或团体被分派或选择了不一致的目标时，就会产生目标冲突。比如，在班干部竞选中，有某位学生想当班长，但没有被选为班长，这时就产生了目标冲突。认知冲突是在个体本人或个体之间的观念和思想不一致时发生的，比如男生和女生之间可能会由于思维方式的不同，对班级管理产生不同的看法。情感冲突则发生于个体本人或个体之间的情感不一致或情绪不可调和的时候。程序冲突是指个体对解决问题的过程看法不同，比如对班干部竞选的程序有不同的看法，或对某一主题班会的活动程序产生分歧等。

组织中的冲突一般主要发生在四个基本层面：个体内部、个体之间、团体内部和团体之间。个体内部是指个体自身的思想、观念或情感等方面的冲突，如某学生想当班长却未能被选上时，会产生个体内部的目标冲突。个体之间的冲突发生在人与人之间，是个体与个体之间的矛盾，如没被选为班长的学生因为不服或其他原因对被选为班长的同学发牢骚或故意不合作等，与班长发生了冲突，这时冲突从个体内部发展到了个体之间，冲突也从目标冲突转变为情感冲突。如果不及时处理，有可能使冲突进一步发展到团体内部，如班上有可能发展出支持班长与同情未能当上班长的同学的两派。当然，如果冲突还未能妥善处理，也可能进一步发展到团体之间，如班干部与普通学生之间的冲突。因

---

① 黑尔里格尔，等. 组织行为学 [M]. 岳进，等译. 北京：中国社会科学出版社，2001：564 – 566.

此，冲突往往会由于未及时处理而一步步扩大和加深。

从班级的角度来进一步区分冲突的类型，也可分为角色冲突、利益冲突、文化冲突等。角色冲突主要是由于每一位学生同时扮演几种不同的角色，难免发生冲突；利益冲突是由不同的利益需要导致的；文化冲突则是每个人所生活的不同环境、不同的习俗造成的。这些冲突可以说在班级管理中是相当普遍的。只要班主任善于去观察和了解，一定可以较为准确地把握冲突的具体情况，从而有效地解决冲突。

（三）班主任处理冲突的技巧和方法

班主任应该对冲突有一个正确的认识。不可否认，冲突对班级的团结具有破坏性，这是班主任应该给予高度重视的。但是，班主任也应看到冲突所具有的积极因素。组织行为学认为，冲突是现代组织的一个重要的特征，冲突是不可避免的。马克思主义哲学也告诉我们，矛盾是事物发展的根本源泉和动力。冲突究其本质就是矛盾，班级人际冲突的有效解决正是班级不断发展和完善的推力。一个班级若没有矛盾，就会死气沉沉，没有活力；当然，一个班级里的矛盾过多、过大，不断累积，也会导致班级人心涣散，凝聚力不强。有调查表明，班级如果能始终保持适度的冲突，是非常有利于班集体的成长和发展的。班主任要认识到班级人际冲突的不可避免以及它积极的一面，积极有效地处理班级人际冲突，建立良好的班集体。

第一，回避方式。即远离冲突，忽视争执；或者保持中立，让冲突慢慢自己解决。这种方式只适用于以下三种情况：①问题很小或只持续短暂时间；如个别学生间的口角是非、意见分歧等，而且这些问题不会进一步扩大到班级或影响到班级的大团结。②班主任还没有掌握足够的信息来有效地处理冲突时，可以先采用这种方式，不用急于介入。③有些冲突班主任无权处理，或权力所不能及的，或有其他人可以更有效地解决冲突的时候，可以采用回避方式。

第二，强迫方式。即班主任利用权力去强制控制冲突的局面，阻止事态的恶性发展。它适用于以下两种情况：①情况紧急，需要迅速行动，如在一些特殊的场合或有极端行为出现时。②为了班集体组织的长期有效或维护原则而必须采取该方式。强迫方式的采用，一是要求班主任一定要依据规章制度来采用惩罚等手段，二是要求班主任在学生当中有较高的威信。

第三，迁就方式。这种方式仅仅是掩饰或掩盖了冲突的深层原因，不能作为主要的解决冲突方式。例如，当学生处于爆发性的情感冲突（如怒气冲天、大哭大闹等）当中，或当冲突的产生主要源于学生个人的性格特质（如烈性子、过于敏感、内向等）时，遭遇这些不能轻易消除的冲突，迁就方式是较为有效的，它对于在短期内保持班级的协调和避免分裂很重要。但它也只是把冲突中各个成员的感情暂时搁置起来，事后班主任还需要进一步做好对学生的个别教育和疏导。

第四，合作方式。这是一种双赢的方式，它是冲突双方伤害最小的解决方式。采用这种方式一般要基于以下三个共识：①双方都把冲突看作自然的，如果处理得当是有益的，或有帮助的。②相互信任和尊重对方。③对冲突的解决能达成一定的共识，并做出承诺。班主任在处理人际冲突时，应当尽可能地尝试采用合作方式，尤其是在处理团体之间的冲突时。

第五，折中方式。也就是常说的"退一步海阔天空"，它属于一种合作性的退让，可以为班级未来保持良好关系留下弹性空间。折中方式不是合作，它只能使部分人满意，为以后的合作打下一定的基础。

俗话说"不打不相识"，冲突可以促进学生之间、师生之间的相互理解和达成共识。班主任要善于利用冲突的建设性价值，冲突的有效解决，可以使班级获得一种动态的平衡，不仅有利于班级的发展，也有利于学生个体的成长。现代组织理论研究也表明：冲突是保证高绩效所必需的，但要维持在一个适度的水平上。因此，当面对一个较缺乏活力的班级时，班主任可以通过制定班级的奋斗目标，包括近期、中期、长期的目标，引入竞争机制，从而调动学生的积极性；也可以有意识地表扬表现突出的同学、群体（如学习小组、宿舍等），并让他们承担一定的任务，从而激发学生的潜能；还可以组织和举行一些集体活动，如主题班会、各类球赛、班际交流等，通过各种活动的准备和进行，给学生提供交流、合作的机会，从而使学生有机会面对冲突、解决冲突，学会正确处理人际关系。

第六章　班级管理的法、情、理

班级是由班级制度、班级结构和班级成员组成的一个共同体。班级成员具有共同遵守的规则、惯例，有共同的目标和期望，有可预测的行为方式，有相同的信念和价值观念，这都是他们合作的基础，又是他们共同合作的结果。为了达成这样一种班级文化，就要实施法、情、理相结合的管理模式。所谓班级管理的法、情、理，就是班级管理既要坚持用规章制度来规范学生的行为，又要尊重学生的个性发展，既要晓之以理，又要动之以情，才能导之以行。法的管理是强调班级管理的原则性，是管理的科学化特征；情的管理是突出班级管理以学生为本的人性化特征；理的管理则是突出班级管理的艺术性特征，使管理的原则性与灵活性相结合，突出科学性与人性化相结合的特点。

一、法的管理——班级管理科学性的体现

班级管理要有法治观念，所谓法治是相对于"人治"而言的，法治是指在管理中依靠规章制度来管理人。班级管理的法治管理就是用班级的规章制度来管理班级，这不仅有利于班集体的成长和发展，也有利于培养学生的规则意识和法制观念。

（一）班级规章制度是法的管理的制度基础

俗话说，"没有规矩不成方圆"，一个班级是由许多个性不同、背景不同的学生组成的，要想把班级建设成一个有利于学生成长和发展的集体，必须让规则先行。班主任要重视班级管理中规章制度的建立和执行，从中体现班级管理的科学性。

法的管理，就是指班级管理要用规章制度来约束和规范个体与组织的行为，使班级管理有章可循、有据可依，从而建立班级社会的公正、平等。如果说，情的管理是突出强调个体的独特性和差异性，那么法的管理正是要防止这种个性化对他人、对班级组织造成伤害。法的管理是班级管理科学性的体现，主要是突出管理不能因人而异、因事而变，而是要遵循管理自身所具有的规范化特征。

古人云："法废则人得肆其情。"在一个群体中，如果没有一定的规则和章

程来约束不同的个体，那么成员很容易为了个人而损害他人或组织的利益，人们的行为会变得放肆。

在现实生活中，班级管理是人治好，还是法治好，存在不同的意见，请看下面两则案例。①

案例

（一）

某老师第一次担任某班的班主任。为了维持课堂纪律，费尽周折。一开始他的思路是：要让学生上课认真听，要靠师生关系好。他想，我和学生做朋友，让学生喜欢我。如果他们喜欢我，就愿意听我的话，何愁学生不守纪律呢？即使偶尔违反，我一提醒，他们看在我的面子上，也就改了，这不但能保证纪律，而且其乐融融。

可能是学生看"冷面孔"看得多了，现在突然看到了"暖面孔"，不啻吹来一阵春风。于是刚开始还真给班主任"面子"，班主任暗暗高兴。可是好景不长，学生很快就忍不住要"疏活疏活筋骨"，班上开始闹起来了。班主任一提醒，学生就收敛一阵，但是坚持的时间越来越短，很快就又闹起来了。班主任很伤神，向老教师请教。老教师说，孩子就是这样，不压他们就会造反，只有对他们狠一点、凶一点，压力大一点，他们才会老实。这位老师没法，只得放弃原来的管理思路，开始搞老一套但有实效的"冷面人治"了。

（二）

某有经验的班主任认为，要真正维持好纪律，就不能让学生习惯看教师的脸色。如果学生以看教师的脸色来决定是否遵守纪律，那么班主任即使很凶，也只能保证其在场时纪律好，一旦离开，班里便乱了。要让学生真正遵守纪律，就得培养他们的规则意识。让他们自己体会，有了规则，他们可以过得更好，没有这些规则，不但妨碍他人，而且最终自己也要倒霉。"规则是我自己的需要，而不是别人强加给我的束缚"，当学生认识到这一点时，纪律的自觉性才有可能形成。

所以在每次接手一个新班时，她总是把制定班级公约作为一件头等大事来抓。一般由她倡导，班干部讨论制定、修改，全班学生通过。在制定过程中，

---

①　迟希新，代贝．优秀班主任九项修炼［M］．北京：中国人民大学出版社，2011：40 – 42.

她特别注意班级公约的针对性、教育性和可操作性。制定公约看似是一件麻烦事，但是她看到，这种由全体学生认同、具有约束力的"法"是管理工作开展的有效工具。公约是针对本班具体情况制定的，因此，依照班级公约实行班级管理，必然能使管理落到实处。

以上两则案例在学校教育中很典型，案例（一）是新教师的典型做法。新教师刚刚担任班主任时往往会天真地认为只要和学生搞好关系就能管理好班级，学生会因为与教师关系够好就维护教师的面子。可是只靠面子的影响是难以管理好班级的，更无法长久有效地管理班级。这实质上是一种人情管理，是人治的另一种表现形式，它依靠的是师生之间脆弱的情感联系，这种情感联系具有不确定性和偶然性。另一种人治的方式就是所谓的"冷面孔"，在现实生活中，确实有不少教师认为不能给学生太多笑脸，尤其是小学生和初中生，他们很容易把教师的善意认为是可被欺负的和可被侵犯的，或即使犯了错误这样的教师也是好说话的等等。因此，在中小学班级管理中，不少教师在学生面前紧绷面孔显示威严，让学生不敢轻易冒犯。那么，这样的"冷面人治"是否不可改变，是管理班级唯一可行的方式呢？有经验的教师都知道，有效的班级管理不可能建立在教师的"脸色"上，而应建立在对班级规章制度的认可和尊重上，正如案例（二）的教师的看法一样，班级规章制度才是法的管理的基础。

《菜根谭》中说道："恩宜自淡而浓，先浓后淡者，人忘其惠；威宜自严而宽，先宽后严者，人怨其酷。"这说明了两个道理：其一，教师与学生之间如果先讲交情再讲班级规则，或者教师用一些小恩小惠来达到管理班级的目的，是不可能长久的，因为人是有忘性的，人也是自私的。其二，教师与学生之间的关系应该首先建立在共同遵守班级规章制度的基础上，任何人都不能因为私情、私利而凌驾于制度之上。教师管理班级应该按照规章制度来管理，严格执行、照章办事。如果教师一开始管理班级时不严格，等到出了问题以后才开始严格，学生会埋怨。这里其实道出了班级管理的一个基本原则，就是管理要做到恩威并重。恩是重情，威是照章办事，教师不能无原则地让步，也不能允许有人游离于制度之上，包括教师自己。实际上，班级管理是建立在人与人之间的相互尊重、相互理解和相互信任之上，其中学生与学生之间、学生与教师之间的相互尊重是最为重要的，也是班级规章制度建立的基础。

通过规章制度来管理班级，就是要建立健全制度，实施制度管理，保证班级群体和个人的健康成长，保证班级机构能高效运作。班级的规章制度是班级规范体系中严格的、系统的成文法规，制定班级规章制度一方面要依据国家的教育方针政策和教育法律法规的要求，另一方面也要依据学校管理的具体规定和班级的实际情况。在班级管理中，常规制度主要有国家规定的《中小学生守则》《中小学生日常行为规范》《三好学生标准》等；还有请假制度、考核制度、奖惩制度、课堂规则、作业规则等；也有班级自己制定的具体制度，如《值日生制度》《小组学习制度》《班费使用制度》等。

从内容来看，班级规章制度主要有四个类别：第一，职责类制度。它是班级各类管理人员的岗位制度，也是班级管理中最基本的制度。主要有班主任工作职责、课程教师职责、班长和副班长职责、学习委员职责、劳动委员职责、生活委员职责、体育委员职责、文娱委员职责、宣传委员职责、科代表职责、小组长职责、值日生职责等。第二，常规类制度。一般是根据班级师生在班内外的活动场所而制定的日常行为规范和学习、工作、生活准则。就学生而言，班级规章制度主要有《学生守则》和《学生日常行为规范》，具体来说有进校规则、课堂规则、自修规则、考试规则、作业规则、实验规则、集会纪律、课间操纪律等。第三，考核类制度。如综合测评制度等。第四，奖惩类制度。[1]总之，班级的规章制度是一个系统工程，它涉及班级管理中的方方面面。班主任在坚持法的管理时，一定要明确规章制度所要解决的几个问题：[2]

（1）什么事务需要管理。这主要是指已经发生或容易发生的问题需要规章制度。如迟到、早退等现象。综合测评如何加分、怎么加、加多少等容易引发争议的事务。

（2）什么领域需要管理。这主要是指什么事项、在什么区域和范围、什么人员、在什么时间需要管理，如早操、自习、运动会、班会等。

（3）什么程度需要管理。指管理与控制的松紧程度、粗细程度、深浅程度。如晚到多少分钟算迟到、1 分钟以内算不算迟到；学校的运动会是否每个同学都一定要到位、能否请假等。如果制度定得过于灵活、过于粗略，就达不到管理的目的；如果过于详细，学生会觉得不自由，受限制，容易产生逆反心理。

（4）规章制度要达到什么目的。班主任应谨记一点：制定纪律绝不是以约束人和处罚人为目的的，而是以尊重人为出发点的。管理大师法约尔认为，纪律是管理所必需的，是对协定的一种尊重。这些协定以使人服从、专心、充满干劲以及尊重人为目的。因此，规章制度所要达到的目的必须事先明确，这样，规章制度执行后能否达到目的，就是可以衡量和对比的。

① 古人伏.中学班主任工作理论与实践［M］.长春：东北师范大学出版社，1999：195.
② 张福墀，安桐森.管理中的情·理·法［M］.北京：经济管理出版社，2001：86－87.

（二）制定班级行为公约[①]

亨廷顿认为，制度就是稳定的、有价值的、重复的行为模式。因此，制定班级规章制度就是要把有价值的行为或观念相对稳定化且能重复，采用规章制度的形式确定良好的品行。例如，爱护自己、爱惜公物、讲究卫生、讲礼貌等，这些行为和观念都是有价值的、值得重复的行为模式。如诚信、尊重、平等、公正等观念是有价值的，需要采用一定的明文规定确定下来，倡导正确的价值观。制定班级行为公约就是要用这些价值观念、行为习惯培养学生的良好品行。班级行为公约一旦确定就可以有效地约束学生的日常行为，帮助学生养成良好的学习习惯和行为习惯。因此，制定班级行为公约是组织和建设班集体的重要事件。一般情况下，班级行为公约的制定需要在班主任组织召开班级大会的基础上，经过师生共同协商来达成共识，如此才能使班级行为公约产生普遍的约束力。

制定班级行为公约时，教师要明确几个重要步骤：①增强意识——教师与全班商讨有关学习行为及其效果的事项，邀请学生参与合作，给予支持，形成方案雏形。②强调权利与责任相统一——在权利方面，强调个人和小组的基本权利（我们所重视的权利）；在责任方面，规划并讨论班级成员所应担负的一般性责任和特定责任。③规则——全班商讨重要的学习和行为规则，讨论权利保障，主要涉及尊重（平等对待）、学习、沟通交流、活动、安全、平息矛盾等方面。④后果——自己对行为后果负责，关注其他同学的权利。⑤支持——为行为改变提供支持、修复和重建等建议，如制订个人行为计划、举行班会、提供补偿措施等。为此，班主任必须强调以下几个方面的内容：

①共享的权利。

②为保证享有权利，需要承担的责任和义务。

③班级群体需遵循的规则（规则能够保护学生享有权利，同时又突显责任的重要性）。

④选择某种行为就要承担相应的结果。

⑤如何相互帮助。在这里要说明如何帮助学生制订个人行为计划。

班级行为公约是全班信守的制度，包括文明礼仪、学习常规、考勤常规、卫生值勤等各个方面。班级行为公约一旦在全班确定并表决通过就具有权威性，它是班级成员的行为准则，也是班级监督的条例和标准。班级行为公约的条文

---

① 罗杰斯. 问题班级管理策略［M］.2 版. 吕红日，范立，译. 北京：中国轻工业出版社，2014：64－65.

表达要力求简单、准确、直观，语言要尽可能简洁明了、易记易懂。在表达形式上可以依据不同年龄阶段的学生，采用不同的呈现方式。例如，诗歌式的表达方式为：

早到卫生要做好，早读不要荒废了。
一日三操认真做，持之以恒健康保。
课前准备要充分，学习用品需齐备。
课堂争取高效率，复习预习不可少。
作业认真独立做，订正错误及时交。
各项活动爱参加，全面发展素质高。
见到师长要问好，对人对己有爱心。
诚实勇敢又耐挫，团结协作最重要。①

　　班级行为公约是在教师和全班同学共同讨论的基础上合作制定的。这表明教师要严肃认真地对待学生的观点和看法，尊重学生。班级行为公约发布后就成为师生对话、行为管理、解决矛盾纠纷和修复重建班级的依据，这让学生的表现和行为更有章可循。例如，只要学生破坏了课堂纪律，损害了同学（或教师）的正当权利，别的同学就可以提醒他已经违反了班级公约，影响了他人的权益，他必须为此承担相应责任，教师也可以适时提供行为矫正的帮助。

　　例如，广州某小学二年级六班的班级行为公约写道：上课时请举手发言；不干扰其他同学学习；按时交作业；不在教室里打闹和争吵。在某次上课过程中，学生因为讨论得很热烈，有一位同学得意忘形地敲起桌子，他的行为严重影响了其他同学，这时，周围同学自觉地提醒他不要敲桌子，并说："你吵到我了，我要听老师讲课！"该生立即停止敲桌子，他的行为破坏了课堂纪律，损害了同学的学习权利，受到大家的批评。可见，班级行为公约能有效地约束学生的行为，引导学生养成良好的行为习惯。如果没有班级公约，当班级有学生出现不适当行为时，就无法得到及时的纠正和正确的引导，久而久之，学生的不良行为变成一种习惯，将不利于学生个体的成长和班集体的发展。

　　总之，教师在与学生共同商讨班级行为公约时，一方面要让学生明白权利和责任是密不可分的，享受权利的同时需要承担相应的责任；另一方面在制定班级公约时，约定的数量要适中，要尽量做到班规联结校规，尽可能简单，使

① 齐学红. 新编班主任工作技能训练［M］.上海：华东师范大学出版社，2007：55－56.

用积极语言和消极语言表述规范时尽可能保持均衡，如"举手提问——不要喊叫""体态合宜——不打闹，不打架"等。

（三）班级制度文化建设[①]

班级管理要坚持法的管理，培养学生的法治精神和规则意识，班主任就要重视班级制度文化建设。班级制度文化主要是指在班级管理实践活动中逐步建立起来的各种规范和准则，这些规范和准则具有社会性、伦理性和人文性等特征，是班级成员共同遵循的行为规范。具体来说，主要包括学生日常行为规范、班级公约、奖惩条例、值日制度、考勤制度、请假制度等。班级制度文化是依据我国党和政府的教育方针政策、法律法规和各种规则条例制定的，是社会主义道德观念、行为规范和是非标准在班级日常学习、生活中的具体体现，是班级全体成员共同认可并自觉遵循的行为准则。

相关链接一

《中小学生守则》（征求意见稿）

1. 爱祖国。尊敬国旗国徽，奏唱国歌肃立，升降国旗行礼，了解国情历史。

2. 爱学习。勤思好问，乐于探究，上课专心听讲，勇于发表见解，按时完成作业，养成阅读习惯。

3. 爱劳动。自己的事自己做，积极承担家务，主动清洁校园，参与社会实践，热心志愿服务，体验劳动创造。

4. 讲文明。尊敬父母师长，平等友善待人，言行礼貌得体，自觉礼让排队，保持公共卫生，爱护公共财物。

5. 讲诚信。守时履约，言行一致，知错就改，有责任心，不抄袭不作弊，不擅动他人物品，借东西及时归还。

6. 讲法治。遵守校纪校规，参与班级管理，养成规则意识，了解法律法规，不做违法之事。

7. 护安全。红灯停绿灯行，防溺水不玩火，会自救懂求救，远离毒品，珍惜生命。

8. 护健康。养成卫生习惯，不吸烟不喝酒，控制上网时间，抵制不良信息，坚持锻炼身体，保持阳光心态。

---

① 田恒平. 班主任理论与实务［M］.北京：首都师范大学出版社，2007：185－192.

9. 护家园。节粮节水节电，践行垃圾分类，爱护花草树木，过低碳环保生活，保护生态环境。

班级规范除了要遵循教育方针政策和学生守则之外，也会融入班主任的教育理念和教育思想。班主任的理论素养、对教育问题的理解和把握都会渗透到班级的规章制度建设之中，从而形成自己班级的特色和班级特征。一个班级要形成良好的班风，必须依靠一定的规则来调控和维持。在班级管理过程中，通过制定和完善班级制度，赋予班级特定的教育价值取向，可以对学生的思想观念起导向作用。班规可分为强制性规范和非强制性规范。强制性规范表现为班级规章制度，它是硬性规定，需要全班同学共同遵守，以确保班级工作的顺利进行，如日常行为规范中的值日制度、奖惩制度、考勤制度等。非强制性规范主要指班级规章制度内化为学生的行为表现，是学生内在价值观念与集体观念的统一和共识。班级规章制度是对学生外在行为的约束和规范，它不一定能内化为学生的思想和观念并形成良好的行为习惯和学习习惯。学生的内在价值观念不可能硬性规定，主要靠学生的自主性和自觉性。因此，班主任在班级制度文化的建设中要通过制度的宣传和学习来教化学生，以培养学生的规则意识为目的。

首先，抓住课堂教学的主阵地，传授班级规章制度的基础知识，严格执行班规班纪。例如，充分利用班会课、思政课向学生介绍中小学生守则、教育法律法规、未成年人保护法、公民权利和义务等，从小培养学生的权利和义务意识、责任意识，同时，重视课堂纪律，严格执行课堂规则和学习规范。

其次，通过各种活动来增强学生的制度意识。例如，主题班会、团队活动、课外活动等。通过活动来培养学生的规则意识，使学生在活动中体验制度、领会制度、执行制度。

再次，充分利用班级公告栏、墙报等，宣传班级规章制度，使学生形成班级共识，共同遵守班级规范。

最后，班主任要引导学生不断完善制度，通过修订和完善制度来学会表述制度，深入理解规则的重要性和不可替代的作用。班级管理必须在合于法的基础上不断完善制度，健全班级管理体制。例如，在明确班干部职责分工方面，教师要引导学生不断摸索，形成适合班级的一整套管理方法。

相关链接二

班干部职责范围条例①

班长：①对班级工作全面负责，以身作则，团结班委，凝聚同学，带领全班同学遵守学生守则和学校各项规章制度，搞好班级建设，使本班成为一个遵守纪律、团结向上、勤奋学习、朝气蓬勃的集体。②了解并掌握本班同学的思想、学习和生活情况，发现问题及时解决或向教师反映，配合班主任和团支部做好本班学生的思想政治工作。③指导、督促、检查并协助班委会的工作，定期召开班委会工作会议，定期向班主任汇报工作。

副班长：①协助班长抓好全班各项工作。②按要求分管班上的一些具体工作，如生活、卫生、劳动、考勤等。

学习委员：①经常了解班级同学的学习情况，帮助同学解决学习上的困难。②及时向班主任、科任教师反映学生对教师教学的意见和建议，加强学生与教师的联系。③督促和指导各科代表的工作。④计划并组织班级有关学习方面的活动。

宣传委员：①搞好班级的黑板报宣传活动，负责安排、指导和督促同学出板报。②负责与本班有关的集体活动的宣传工作，如运动会的海报、拉拉队等。

文娱委员：①组织开展班级文娱活动，丰富同学的课余文化生活。②负责组织班级同学参加学校的各类文娱活动。

体育委员：①协助体育老师上好班级体育课。②组织开展班级体育活动，负责组织班级同学参加学校的各类体育活动。③负责班级的广播操、课间操、眼保健操的工作。

生活委员：①关心和了解同学生活中的困难，并积极向教师反映，努力寻求解决办法。②负责管理班费开支的账单记录工作。③协助检查和督促班级的卫生工作。

劳动委员：①认真落实班级卫生值日工作，包括教室卫生和包干区的卫生。②组织班级参加学校安排的劳动活动。③负责班级集体活动的安全管理工作。

团支书：①搞好班级团支部建设。②负责团员发展工作和团员的组织管理工作，发挥团员的先锋模范作用。③协助班主任做好全班的班级管理工作，监督班委的各项工作。

组织委员：主要负责收团费、发展团员和管理本班团员档案。

---

① 《班主任工作策略》编写组. 班主任工作策略［M］. 广州：世界图书出版广东有限公司，2010：84－85.

🔗 **相关链接三**

规章制度的结构

规章制度的基本结构主要有以下几个基本要素，按顺序排列如下：

标题：

有关……的规定（如：有关请假的规定）

导言：

说明目的和意义

条款：

1. 2. 3. ……

适用范围：

监测手段和标准：

奖惩条例：

执行者（机构）

颁布者（机构）

生效时间

二、情的管理——班级管理人性化的体现

所谓"情的管理"，就是班级管理要基于人性基础来设计和实施，突出在班级管理中要充分尊重人性的特点和情感特征来管理学生。情的管理不是为了压制人的需要、制约人的发展，恰恰相反，它是为了尊重人的个性和情感，满足人的发展需要。它突出体现了"以人为本"的管理理念，体现了"以学生为本""以学生发展为本"的教育思想。卡耐基说，当我们在与人相处和打交道时，一定要时刻记住你不是在与一个理智的、逻辑的人打交道。我们每时每刻都与一个带着情感、带着偏见的人打交道，他们或基于傲慢，或基于空虚驱使与人交往。班主任必须要清楚，班级中每一个学生都是具有不同个性特征、不同需求的人，他们都是带着自己的感情、自己的偏见、自己的动机生活在班集体中的。因此，班级管理必须立足于学生个体和群体的发展需要、个性特征等心理需求，在此基础上来设计和实施人性化的管理。

（一）依据人性本善的基本假设，最大限度地发挥学生的潜能

人性本善和人性本恶是两大人性假设。在组织行为学中，基于情的管理主张、基于人性本善的假设来设计和实施管理。

对于教师来说，管理学中的 Y 理论和超 Y 理论富有启发性。教师如何看待学生将决定其采用何种方式来对待学生，也将决定教师与学生建立何种师生关系。Y 理论是由麦格雷戈提出来的，他的主要观点是：①一般人都是勤奋的，如果环境条件有利，工作就如同游戏或休息一样自然；②控制和惩罚不是实现组织目标的唯一手段，人们在执行任务中能够自我指导和自我控制；③在适当条件下，一般人不仅会接受某种职责，而且还会主动寻求职责；④大多数人而不是少数人，在解决组织的困难问题时，都能发挥出高度的想象力、聪明才智和创造性；⑤自我满足和自我实现需求的人往往以达到组织目标作为自己致力于实现目标的最大报酬；⑥在现代社会条件下，一般人的智能潜力只得到了一部分的发挥。① 麦格雷戈的观点表明，教师必须用积极的态度来看待学生，相信学生是一个积极向上的人。

因此，情的管理就是教师要积极地去审视、对待学生的心理需求，以尊重、理解的心态去看待学生，积极创造有利于学生发展和发挥潜能的方式方法。

同时，超 Y 理论考虑到人性的复杂性，在组织管理中提出了自己的主要观点：①人的需要是多种多样的，而且这些需要随着人的发展和生活条件的变化而变化，每个人的需要不同，需要层次也因人而异；②人在同一时间内有各种需要和动机，这些需要和动机会发生相互作用并结合为一个整体，形成错综复杂的动机模式；③人在组织中的工作和生活条件是不断变化的，因而会产生新的需要和动机；④一个人在不同单位或同一单位的不同部门工作，会产生不同的需求；⑤由于人的需要不同，能力各异，对不同的管理方式会有不同的反应，因此没有适合任何组织、任何时间、任何个人的统一的管理方式。② 超 Y 理论启示我们，在班级管理过程中，管理要因时、因地、因人、因条件而异，不可过于僵化，不近情理。

因此，情的管理就是重视学生心理需求的满足，班级管理要符合学生个体的发展和群体的发展，使学生产生一种心理满足感、成就感。班级管理既要面对班集体作为一个群体的需要，又要面对许多不同的学生个体，考虑如何满足他们的需要，平衡不同个体之间、个体与群体之间的需要，这是班主任面临的重要挑战。对于班级管理而言，学生的成长和发展充满着各种各样的潜能，学生未来发展的不确定性，使班级管理要立足于人性本善的假设，即学生都是善良的人、追求上进的人，如果条件合适，每一个学生都能得到正确的引导，都能成为对社会有用的人。正如马斯洛所言："人都需要发挥自己的潜力，表现自

① 张福堆，安桐森.管理中的情·理·法［M］.北京：经济管理出版社，2001：203－204.
② 张福堆，安桐森.管理中的情·理·法［M］.北京：经济管理出版社，2001：204.

己的才能，只有人的潜力充分发挥出来，人才会感到最大的满足。"

（二）满足学生的不同需要，鼓励学生追求自我实现

马斯洛曾说："人是一种不断需求的动物，除短暂的时间外，极少达到完全满足的状态。一个欲望满足后，另一个会迅速出现并取代它的位置；当这个欲望被满足了，又会有一个站到突出位置上来。人总是在希望着什么，这是贯穿他整个一生的特点。"① 可见，需要是人类的普遍现象，"人是一种不断需求的动物"是人性的基本特征之一。每个人都有各种需要，这些需要又是因人而异的。人有一些基本需要，如需要水、食物、睡眠、空气等；也有更高层次的需要，如渴求被人尊重、被人关注等等。因此，"需要"作为一个心理学术语，主要用来描述人的内心的一种不满足感。当一个人内心处于不满足的状态下，表明他有某种需要没能得到满足或未能如愿。

马斯洛提出了著名的需要层次理论，他把人们的需要归结为五类：生理需要、安全需要、爱和归属的需要、尊重需要和自我实现的需要。如下图所示：

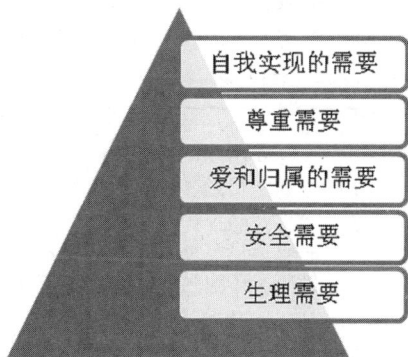

生理需要就是人类对生存的基本需求，一个缺衣少食的人不可能去追求自我实现，他首先会要求食物和衣服以满足基本的生存需要。一旦生理需要得到充分的满足，人们就会出现安全需要。安全需要就是人们对秩序、公平和规则的需要，人们都倾向于生活在一个可以预料的、公平的、有秩序和有一定规则的社会中。如果人们无法生活在这样的社会中，就无法有安全感，会时常感到生命受到威胁。当人们的生理需要和安全需要得到满足后，对爱和归属的需要

---

① A. H. 马斯洛. 动机与人格 [M]. 许金声，程朝翔，译. 北京：华夏出版社，1987：29.

就出现了。马斯洛说："现在这个人会开始追求与他人建立友情，即在自己的团体里求得一席之地。他会为达到这个目标而不遗余力。"① 尊重需要包括来自他人的尊重和自尊，被他人尊重主要体现在被他人承认、接受、关心和赏识等；自尊主要表现为个人获得的信心、能力、成就、独立和自由等。自我实现的需要是指一个人有发挥自己的潜能，实现自己的人生理想的需要。

由此可见，按照马斯洛的需要层次理论，人的需要是呈层次性的，起码可以分为基本需要和发展需要，它呈现出一个金字塔的形状。金字塔底部的是人们的基本需要，主要有生理需要和安全需要。发展需要主要有爱和归属的需要、尊重需要和自我实现的需要，它们是人们的较高层次的需要。同时，马斯洛认为，人们在不同时期有不同的需要，只有在最基本的需要（也称为较低层次的需要）得到了满足之后，人们才能去追求更高层次的需要，也就是发展需要。因此，基本需要是基础，发展需要是人们在基本需要得到满足后的欲望和追求。

因此马斯洛需要层次理论给班级管理最重要的启示就是：班级管理要尊重学生的基本需要，在满足学生基本需要的基础上，尽可能满足学生不同层次的需要。我国学者根据马斯洛的需要层次理论，研究我国中小学生的需要，提出将中小学生的需要分为七大类，包含28种不同的需要，列出了"中小学生的需要层次表"。具体内容如下表所示：②

需要的种类	需要的层次
生理和物质生活的需要	①水、空气、阳光、食物、睡眠等；②吃得好一些，穿得舒服一些；③家庭的现代化；④安静的学习环境
安全与保障的需要	①身体健康、体魄强壮；②人身安全、不受欺负；③生活安定、和平幸福；④升入理想学校或有个好工作
交往和友谊的需要	①父母和老师的爱；②同学之间团结友爱；③结交诚实、正直的朋友；④异性朋友的爱
尊重与自我尊重的需要	①平等与公平；②信任与理解；③尊重与自信；④独立与自主

---

① 戈布尔. 第三思潮：马斯洛心理学 [M].吕明，陈红雯，译. 上海：上海译文出版社，2001：43.
② 朱智贤. 中国青少年心理发展与教育 [M].北京：中国卓越出版公司，1990：416－418.

（续上表）

需要的种类	需要的层次
课外活动与精神生活的需要	①与小动物玩耍、做游戏；②课外读物；③文体活动；④艺术欣赏、文学评论
学习与成才需要	①新铅笔、新书包；②好老师、好课本、学好功课；③丰富的知识、多方面的能力、优秀品质；④革命理想、正确的人生观

在班级管理过程中，教师首先要满足学生的基本需要。例如，教室的布置应该通风透气，干净舒适，能满足学生的生理需要。同时，班级应该给学生提供基本的安全感，使学生不受到威胁和欺凌，保障人身安全。其次，教师要努力建设良好的班集体，班级成员应该好学上进、团结合作、和睦相处，满足学生的安全需要、爱和归属的需要。最后，教师应该尽可能满足学生的高层次需要，满足学生的发展需要。教师应该有意识地引导学生从低层次需要向高层次需要转变，鼓励学生追求自我完善，实现个人的人生价值。

马斯洛指出，教育者应该充分认识到人们物质生活满足后易产生的疾病，及时引导人们从物质的满足转向追求精神生活的满足。他说："单纯的基本需要满足是不够的，对于儿童来说，他们还必须去体验坚强、隐忍、挫折、约束、限制等感受。"[①] 因此，教师在班级管理中一定要有意识地鼓励学生融入集体中，参与集体活动，鼓励学生在活动中体验生活、获得成长，促使学生从个人基本需要的满足转向追求精神生活的满足。

反思目前我国的学校班级管理，存在不少忽视学生的基本生理需要的现象。例如，学校普遍存在一天上课时间过长的现象，尤其是在中学，有的学校一天上课达到十二节，严重地挤压了学生的休息时间和娱乐时间。还有的学校片面地追求升学率，唯成绩论好坏，使不少成绩不好的学生对班级普遍缺乏爱和归属感，缺乏被尊重的感觉。可以说，如果学生的基本需要都无法得到满足，让学生追求卓越、追求自我实现几乎是不可能的。

（三）调动学生的积极性和主动性，激发学生学习的内在动力

所谓积极性，就是指人们从事某项活动的意愿及行为准备状态，即认识的活跃程度、情感的兴奋水平和意志的努力程度。一个人对某一事物具有积极性，

---

① A. H. 马斯洛. 动机与人格 [M]. 许金声，程朝翔，译. 北京：华夏出版社，1987：82.

意味着对该事物关心、敏感，看得多、想得多，情绪热烈；相反，如果一个人对某一事物缺乏积极性，反应就冷淡、迟钝，注意力涣散。

在班级管理中，影响学生工作或学习积极性的具体心理因素主要包括四个方面：①工作或学习的动机，即为什么而工作或学习；进行工作或学习的迫切性和实现目的、满足要求的强烈程度，也就是说人们想通过工作或学习得到什么；是否非常想得到或实现目标。②工作或学习的目标，即对工作或学习预期结果的设想水平和标准高低。③对工作或学习的情感，即对工作或学习感兴趣的程度、情绪的兴奋水平。④工作或学习时的意志，即对工作或学习是否专心致志，有无克服困难的决心和毅力。

这四个因素有机地结合在一起，构成了工作或学习积极性的内容，决定着学生的工作或学习的行为状况。因此，我们可以从学生的行为表现来推测积极性的高低。学生工作或学习积极性的具体表现为：工作或学习的主动程度、负责程度、创新表现和干劲的持久程度。例如，如何评价班长对班级工作的积极性高低？教师可以看看平时班长对班级事务是否主动、是否负责，对班级工作是否有不同的想法和措施，对工作是否能保持较为长久的热情等。评价一个学生对学习是否积极和主动也可以通过观察他对所学科目投入的精力、时间、作业完成情况等。总之，在班级管理过程中，教师要充分发挥学生的主观能动性，调动学生的积极性和主动性来参与班级管理。

学生积极性的变化主要是由需要、认识和环境的变化引起的。教师要认清学生的需要，掌握学生的思想认识，了解周围环境的变化，从而有针对性地调动学生的积极性。

首先，教师要善于激励学生，良好的激励可以使学生保持较为持久的动力。所谓良好的激励，就是一定要能唤起学生内在的需求和欲望。这种内在的需求和欲望，就是人的动力所在。那么，如何激发学生的学习动力？人的动力从何而来？请看一个公式：

$$动力 = 目标的价值 \times 实现目标的可能性$$

这个公式表明，一个人或一个群体对某项活动有无行为动力取决于两个因素：目标的价值和实现这一目标的可能性。如果某项活动的目标对他来说很有价值，诱惑力强，值得他为此而奋斗，他的动力就强，如考大学等；反之则弱，或没有动力。但仅仅有价值还不够，如果实现的可能性为零，价值再大也是毫无动力可言的，他可能会觉得可望而不可即，从而选择放弃。

因此，要激发学生的学习动力，必须摆好这两者的关系，千万不能使任何一方为零。学习动力的持久性取决于随着实现目标的活动过程的进行，可能性是在增大而不是缩小。

其次，制定良好的目标，鼓舞士气。良好目标的特点：目标应具体、明确；目标应是可衡量的；目标应有明确的时间规定；目标既要切实可行，又应具有挑战性。良好的目标可以在班级中营造积极的心理态势，鼓舞士气。

因此，从教师个人的角度来说，要搞好合于情的管理，意味着要理解以下六个要点：①教师应充满人情味，就像家长对子女充满血缘的爱一样，这是一种来自人性的极深的爱，教师要有广博的对人性的关爱，对班级学生才能做到一视同仁。②教师对学生严格，但必须让学生明白，这是为了学生的根本利益和长远利益，而不是为了做给其他学生看，杀一儆百。正如家长对子女严格要求，这种管教不是为了自己，而是为了子女的根本利益和长远利益。③教师应有奉献精神，而不是斤斤计较，或为谋取一己之私利而工作。④教师应尽可能采用温和的疏导、沟通、交流等方式教育学生，晓之以理，动之以情。⑤教师对学生的深沉的爱、严格的管理、无私的给予，不是一时冲动、感情用事的，而是深明事理、精心策划的理智行为。⑥教师对学生采取的措施都是从变化中的现实出发，只有实事求是，具体问题具体分析，教师的爱、管教和给予才有针对性，才会恰到好处。

三、理的管理——班级管理艺术性的体现

班级管理的对象是学生，学生是有血有肉的活生生的人。作为班级管理的主导因素——教师，不仅要关注学生作为生物学意义上的人的一面，更要关注学生作为社会的人的一面；不仅要关注学生的"身"，而且要关注学生的"心"；不仅要关注班集体的发展，也要关注学生个人的成长。在班级管理过程中，班主任不仅要坚持法的管理，坚持制度育人，维护班级规章制度的权威性和严肃性；同时又要坚持情的管理，坚持以学生为本的人性化管理，以适应学生发展变化的需要。这就是理的管理，它是班级管理艺术性的体现。

（一）理的管理及其特点

理的管理，一方面是指班级管理既要重视法理，又要体现情理，坚持法与情相结合来管理班级，它是理的管理的艺术性表现之一；另一方面，理的管理要彰显人的理性，发展人的理性作用，体现人的理性思维。理的管理有其自身的特点。

首先，法理与情理相结合是理的管理的重要特征。王国维说："人之所以与他动物异者，以其有理性故也。人由理性，而始得知自己、知万物，而启发理

性，及使之明了确实，则非教育不可。理性先与劣等之情欲战，而情欲实先理性而生，其势甚盛。理性之欲克之也，亦甚难。对此战争而助理性者，唯教育耳。教育由种种之方法，而养成高尚之感情，使理性立于情欲之上，要之，人类所以优于动物者，以其心意也。则身体与心意，虽共为教育之目的，然不可不以心意中之理性，为教育之主眼。"① 王国维的意思很明确，人是情欲与理性共存的生物，人的情欲如果不受理性的控制则"势甚盛"。理性是人的认识能力，人能够认识自己、认识万事万物，这也是人区别于动物的根本所在。只有教育能助长人的理性，"使理性立于情欲之上"。人有身体和心灵，身体有各种各样的欲望和要求，心灵调控人的欲望，使身心和谐发展，这是人的理性能力才能做到的。教育的主旨是发展人的理性，班级管理同样如此。班级管理的实质是教育，就是要通过教育的种种方法来培养和发展人的理性，使人的理性能够战胜人的情欲，使人的身心能够协调发展。因此，合于理的班级管理，一方面要通过管理来发展人的理性，另一方面也要借助人的理性来共建和谐班集体。

其次，合于理的管理思路是尊重常识的。它既合于事理，又合乎情理。理是常识，它是人们公认的生活准则和价值观念，是人们普遍认可的道理，是人们达成的共识。这样的常识是人心的一杆秤，是人们用来评价人和事的基本价值观念，也是人们的价值信念和行为准则。因此，班级管理要尊重人的基本信念和价值观念。如公正、平等、诚信是人们普遍认可的价值观念，坚持这些价值观就是坚持常识、坚持公理，也就是尊重人们的共识。因此，合于理的班级管理首先要尊重常识，坚持社会的基本价值观念，尊重和顺应民心民意，这是理的管理的观念基础。班级管理的常识一方面体现为班级规章制度，另一方面体现为以学生为本的教育理念。换句话说，就是坚持制度育人和坚持以学生为本的教育理念。

在现实生活中，不同的事物遵循不同的道理，一事一理，人们常称之为事理。同一事理是有其内在逻辑的，理是可以推理的，也是可以说教的。朱熹说过："理之在人心，遇亲则为孝，遇君则为忠，遇朋友则为义，遇寇仇则为勇。随一事则得一名，名虽至于千万，理未尝不一也。"也就是说，在中国人的传统观念中，与父母相处时应该遵循孝道；在处理与上级的关系时，应坚持忠诚，忠于职守；在与朋友交往中要讲义气；遇见敌人时要勇敢：这正是不同的事有不同的理。中国传统观念中的忠孝义勇、礼义廉耻就是理，它是处理人与人之间关系的伦理道德规范。合理的事物和观念都是人们经过实践得来的，它经过

① 王国维.教育学［M］.福州：福建教育出版社，2008：12.

120

了人的思考和推理，是可以被其他人所理解、接受的。可见，理又指合理，是合乎道理、合乎事理。在班级管理过程中，尤其是在处理班级人际关系以及其他人际冲突时，班主任为人处事就要力求合情合理。

下面以学生座位的安排为例来说明班级管理中理的具体运用和体现。一般而言，一个教室里，个子矮小的学生坐前面，个子高的学生往后坐。眼睛近视但个子又高的学生一般坐前面靠两边的位置，尽可能减少对其他同学的影响。这是基本常识，也是比较合情合理、容易为大多数同学所接受的座位安排原则。

因此，在班级管理中，班主任如何安排学生座位是很有讲究的。面对全班四五十个学生，每个人的个体差异很大，有不同的需求和想法，如何安排座位对于班主任来说确实是一个大挑战，尤其是面对小学阶段的学生时，更是如此，教师必须寻求一种平衡以达成基本的共识。

一方面，教师应该让学生明白一个道理——学生的个体差异是无法选择和改变的，座位安排受学生的身高、视力和听力等因素影响。班主任应坚持的一个基本原则是个子不高的同学尽可能坐在前三排，个子高的同学尽可能往后排坐，这就是基本常识。它不仅符合人的天性，也容易被学生接受，是合理的。如果一个班级的座位安排由教师的喜好来决定，学生一定会怨声载道，认为教师不公平。有些地方甚至还出现了学生用钱来买座位的现象，谁出的钱多，谁就能选择好的座位，这显然是违背常理的。班主任如果这样安排班级座位，那么想要管理好一个班级几乎是不可能的。学生不会信任这样的班主任，也不会认同这样的班集体。

另一方面，在坚持以学生身高为依据安排座位的同时，教师应重点考虑学生的视力、听力等因素，对有特殊需要的学生给予合理的照顾。一种较为合情合理的安排就是，视力不好但身材高大的学生可以坐前排两边的位置，尽可能减少因身高对他人造成的影响。同时，教师要坚持每周各小组轮换，使一周调整一次座位成为班级的常态化管理模式，并成为学生的共识。

总之，座位的安排并非小事，教师要充分考虑学生的个体差异和不同需求，合理地安排、科学地分配座位，使学生心服口服。

最后，合于理的管理关键在于班级成员之间、班级与班级之间、师生之间认识的一致，方向的趋同，行为的磨合协调，它强调共识。合于理的班级管理应遵循以下几个原则：①小道理服从大道理，大道理管小道理。相对于班集体利益来说，个人利益是小道理，当个人利益与集体利益相冲突时，一般情况下小道理要服从大道理。当然大道理与小道理是相对而言的，例如与学生个体的生命健康相比，集体利益有时会变成小道理。比如在运动会中，学生受伤了，应该让其停止参加比赛，而不应为了班级荣誉使学生身体受到更大的伤害。

②不同群体存在不同的理，应求大同存小异。例如，班级中，男生和女生往往会由于立场和思维方式的不同而产生一些分歧，甚至是争执，这时班主任要坚持求同存异的原则。还有，一般学生和班团干部由于身份的不同也容易产生不同的意见，在处理矛盾和冲突时也应尽可能求同存异。③理是主观的、动态的，随着环境和内部条件的变化而变化。不同时期、不同环境下会有不同的理，班主任在管理班级时应及时调整，形成一种动态的平衡。班主任不能拘泥于过去的经验来管理班级，时代在变化，学生的思想观念也在时时发生变化，不可能有放之四海而皆准的管理经验。理的管理要求教师在班级管理过程中能够做到与时俱进，因时而变，因人而异。

（二）中庸之道——理的管理的方法论

理的管理要落实到具体的班级日常管理，就涉及方法论问题了。班主任在管理过程中采用的不同教育方式和方法，都需要坚持中庸之道，这就是理的管理的方法论。所谓中庸之道是儒家的一种主张，主要是指待人接物时采取不偏不倚的态度。孔子说："舜其大知也与！舜好问而好察迩言，隐恶而扬善，执其两端，用其中于民，其斯以为舜乎！"舜是有大智慧的统治者，他善于观察和思考，抑制人们恶的行为，弘扬正气。他在治理国家和处理问题时，善于听取不同的意见和不同的声音，既不偏重于任何一方，也不废弃另一方，将"中"运用于民。程颐说过："不偏之谓中，不易之谓庸。中者，天下之正道；庸者，天下之定理。"因此，中是天下正道；庸，是常，指某种不变的、客观存在的法则。儒家的中庸之道强调我们在做人做事时要走天下正道，要能够坚持原则。具体来说，如果一个人能够做到既不走极端，也不过分依赖于某一方；既不过分现实，也不过于理想；既不过于乖张，也不愤世嫉俗，这就是坚持中庸之道了。

对于教师而言，班级管理要坚持中庸之道，就是要坚持公正原则，不偏听偏信。教师在处理班级具体事务时，尤其是在处理人与人之间的关系时要能够坚持中庸之道，不走极端，不偏不倚。同时，教师也要学习孔子的为人，给人一种"温而厉，威而不猛"的感觉。所谓"温而厉"是指在处理具体问题时，既表现出教师温和、人性的一面，又展现教师应有的严厉。所谓"威而不猛"是指在班级管理过程中，教师必须表现出应有的威严和庄重，但同时也不会过分地使用教师的权威，当教师需要表达自己的威严时，不会让学生感到凶猛而不可亲近。这就是中庸之道在班级管理中的具体体现。

📝案例一

中学男生留长发，遭副校长当众强行剪发①

广西梧州一初中近日发生"暴力剪发"事件：一名副校长将20多名长发男生集合到校内的空地上，并广播让其他师生前来围观他对部分长发男生强行理发的过程。此举引发学生在网络上"吐槽"，却获得了学生家长的支持。

该黄姓副校长11日向中新网记者表示，《中学生守则》规定男生不能留长发，"如果说什么都不管的话，我觉得作为一个副校长这是不负责任的……我这个副校长当不当都无所谓，但是对学生肯定得负责任"。

据悉，该"暴力剪发"事件发生在10月10日上午，事发学校为梧州市藤县濛江一中。一名被理发的学生告诉记者，当时他和几个同学正在扫地，黄姓副校长突然将他们带走，并让他们在一处空地上排队。课间，黄姓副校长通过广播将其他学生吸引过来，随后当着众多师生的面强行理发。"头发被剪成鸡窝头一样，稀疏又参差不齐。"这名学生表示，经过这件事以后他们均跑到校外重新修剪了头发。

据学生透露，这次被集合的长发学生有近30名，其中还包括一些被认为头发不合格的女生。而站在第一排的几名学生当时均被该副校长强行理发。该事件已发生过两次，此前还有一名男生被该副校长带至学校舞台处剪发。

对此，黄姓副校长向记者回应称，根据《中学生守则》，男生刘海不能盖过眉毛，旁边不能盖耳朵，后面齐发脚，女生要把头发扎起来。但是有些学生屡教不改，有些学生的头发甚至达到与日韩艺人类似的长度，而部分还是留守儿童，家长亦恼火他们蓄长发，希望学校严格管理。

黄姓副校长介绍，剪发事件后，他还跟被剪发学生交流，以减缓他们的抵触情绪。至于有学生将照片和看法发表在QQ空间等平台宣泄，他也能理解。

"这（剪发事件）说明我们对学生负责任。"黄姓副校长表示，学生家长对此举也是非常赞同的。

学生家长苏女士告诉记者，她的儿子比较叛逆，也很臭美，头发、刘海很长，家人逼不了他剪发，"很赞成儿子的头发被剪短"。

男生留长发确实是一件违反校规的事情，但是，作为教师，甚至是副校长，是否应该采用强行给学生剪发"示众"的方式来达到管理目的呢？案例中的黄副校长显然没有意识到，当他拿起剪刀强行剪下学生的头发时，他同样违反了

---

① 资料来源：中国新闻网，2014－10－13。

基本的道德规范，没有人可以在不征求别人同意的情况下，拿起剪刀强行剪去头发，这是极其不尊重他人的做法。这样的教育方式明显是错误的，它会形成一种诡异的现象，就是为了维护规则而违反规则，这无疑给学生带来一种负面的影响。而且，黄副校长有两个行为尤为不当：一是强行剪去学生的头发，而且剪得乱七八糟；二是通过广播让全校师生来围观这些被剪头发的学生，有示众嫌疑。那么，这件事有没有其他更好的解决方式呢？

案例二

阎老师是怎样做的？[①]

开学时接任一个新班级没几天，阎老师就发现不少男生头发很长。过去遇到这种情况时，他常常是大声呵斥、当面指出，但效果往往不佳。现在，阎老师琢磨用什么办法劝告他们，帮助他们真正从思想上提高认识。终于，阎老师想到了一种合适而又有效的教育方法……

让我们看看阎老师是怎样做的：

一天中午，阎老师特意去理发店，把自己不长的头发又精心地理了一次。下午上课前，阎老师来到班里，和全班同学开了个五分钟的交流会，他首先问："看谁最先发现班中有哪些新变化，包括我和你们。"当学生发现并说出老师理发了，阎老师话锋一转："现在，我很想知道老师理发之后你们感觉怎样？这样好吗？"于是阎老师又听到一片赞扬声。最后阎老师说："有位名家说得好：'真心诚意地赞美别人一句，就能让人多活20分钟！'因此，我感谢同学们今天对我的真心诚意的夸奖！"5分钟交流会在愉快的氛围中结束了。阎老师没点任何一个留长发男生的姓名。第二天，阎老师再去上课时，欣喜地发现那几个男生的长发变短了，有的还剪成了小平头。

对比两个案例，同样是面对学生留长发的事情，两位教师却采用了不同的应对方式，教育的效果当然也截然不同。案例一中的副校长是"威而猛"，他用副校长的权威来强行达到管理的目的，用极端的手段来执行学校的规范，这并不是一个合理合情的管理方式。

在这起事件中，学生确实违反了《中学生守则》的相关规定，但这是否意味着教师就能够用极端的方式来强行剪短学生的头发呢？从学生的角度来看，留长发是个人的权利，他有他坚持的理由。从教师的角度来看，教师应该对学

---

① 李玉萍．一份特别教案：教育艺术案例与分析［M］.北京：中国人民大学出版社，2003：51-53.

生违反规则的行为采取措施。可是，如何处理却很有讲究，这是管理艺术性的体现。

合于理的班级管理要尊重常识。在这个案例中，基本的常识是学生身为人，他有权利决定自己以什么样的形象出现在别人面前，留长发与否是他个人的自由，此为其一。其二，学生违反了学校的规定，学校只能靠说服教育让学生接受。如果学生不同意剪头发，学校里任何人都没有权力强行剪去学生的头发。在学校管理和班级管理中，所谓的"警察式"校长和班主任就是采用了类似警察的"威而猛"的严酷的管理方式，把校长或班主任的权力绝对化了，采用高压手段来"管住"学生。其实，这样的管理方式并不合理也不合情，它只会养成表面服从的学生，而不可能培养和提高学生的理性能力。

相比之下，阎老师的做法更值得称赞，教育应该以人为本，在尊重学生个性的基础上维护规章制度的权威性。阎老师巧妙地"劝说"长发男生，这样的教育方式就像唐朝诗人杜甫的《春夜喜雨》中的："好雨知时节，当春乃发生。随风潜入夜，润物细无声。"教育应该像绵绵春雨润泽万物，一点点地渗透，使万物茁壮成长。

班级管理的实质是教育，坚持中庸之道就是要求教师不能以极端的方式来教育学生，更不能用暴力的方式去管住学生。教师应该对学生晓之以理，动之以情，导之以行，注重疏导。教师的管理理性体现在以下三个方面：①抑恶扬善；②坚持"己欲立而立人，己欲达而达人""己所不欲，勿施于人"的忠恕之道；③明白过犹不及的道理。

总之，教师应该充分认识到班级管理的法的因素有其特殊性，它不像国家层面的法律一样具有绝对的权威性和强制性，班级规章制度和各类守则主要具有指导意义，是为了培养和塑造学生成为社会主义公民而制定的规范和条例。它主要的目的不是体现法的威慑力量，而是体现人与人之间的相互尊重，它起着规范的教育作用。班级管理在实施法的管理时，必须合法、合情、合理，使法、情、理相结合才能实现教育目标，使学生健康快乐地成长和发展。

（三）坚持法、情、理相结合的班级管理模式

班级管理的法、情、理是相互结合、相互协调、缺一不可的。三者之间你中有我，我中有你，密不可分。

首先，法的管理是基础。法废则人得肆其情。一个班级的规则如果被破坏、废弃了，那么学生就会变得放肆。法的基础性特征表现在法是立足于人性基础的一种制度性设计，它既关乎人性，又是对人性的一种理性限制。法是人们利益博弈的结果，是人们的共识。在现实生活中，人们为了谋求个人利益或群体

利益而博弈并达成共识，这些共识成为人们必须遵循的规范和原则，如此也就有了"法"。法是班级管理的制度基础，是班级社会健康发展的基本保证。

其次，情的管理需要法的支持、保护和限制。情是感情、态度，是个体的欲望、个性的张扬。它强调班级管理要尊重学生的个性特征，要尊重学生个体的差异性、独特性。人非草木，孰能无情。人有七情六欲，这是可以理解的。但是，人情如果没有法的限制和约束，往往会对自己、对他人或集体造成伤害。在班级社会中，如果没有法的限制和保护，个体之间必然会发生冲突，甚至是争斗。作为个体而言，一个人的情欲如果没有理性，那么个体的情欲也难以被他人接受和理解。法的确立恰恰是人的理性选择，人们用规章制度来规范人、约束人。法对情的这种理性限制，恰恰也是对情的管理的支持和保护。

最后，理是情和法相结合的管理智慧，它是班级管理艺术性的集中体现。一方面，理与情密切相关。理是情理，它必然要充分尊重人所具有的先天条件和后天因素。理的管理就是要充分考虑学生不同的秉性和天赋，他们能力各异、思维方式不同、成长环境不一样、个人经历也不一样，这些都是常识。另一方面，理与法你中有我、我中有你。法是规范、是规则，它本身就是人们的理性选择，是人们达成的最大且最为基本的共识。法、情、理相结合的班级管理模式，就是强调班级管理既要尊重学生的个性，坚持以学生为本的人性化管理，又要坚持制度育人，重视班级规章制度的建设和完善。

由此可见，只有坚持法、情、理相结合的班级管理之道，才能实现班级管理既立足于人性，又优化人性的目标，促使学生人性向善、人心向学。

实践篇

　　实践篇侧重于分析班级管理的案例。本篇采用案例分析的方法，帮助教师掌握班级管理的技能和技巧。尤其是对于师范生而言，本篇中的实践是一种虚拟现实，它与真正的班级管理实践虽然有所不同，但是通过这种虚拟实践，师范生可以尽快熟悉和了解班级管理的具体事务，理解班级管理的相关问题或情境等，从而培养对班级管理的敏感性。本篇通过案例分析鼓励教育者从教育的角度理解班级实践，培养教师在教育实践中的观察能力和分析能力，从而培养其解决问题的能力。

第七章 组织和建设班集体

班集体是一个以儿童和青少年为主体的，具有崇高的社会目标，以社会的共同活动为中介，以民主、平等与合作的人际关系为纽带，促进学生个性得到充分发展的有高度凝聚力的共同体。班主任刚接手一个班时，首先面临的问题就是如何组织和建设班集体。一般来说，组织和建设班集体主要包括选拔和培养班团干部、制定和完善班级规章制度、确立班级奋斗目标、制订班级工作计划、设计和实施班级活动等。这是一个班主任应该具备的工作能力及素质要求。

一、组织和建设班集体的主要内容

班级是学校中最基层的群体，学校的一切教学活动都是以班集体为单位来开展和实施的。班级为学生提供了学会生存和发展的场所。班级本身是一个生命有机体，它具有自己的生态系统，在这个生态系统中，个体与群体相互作用、相互协调、共同发展、共同进步。因此，班主任如何组织和建设班集体就显得尤为重要。

（一）班级的组织建设①

班集体是一个正式团体，它具有一定的组织结构、组织形式。班级组织结构主要有三个层次：班主任、班委会、团支部或少先队。班级组织建设就是指建立一个健全的班级组织结构和组织形式，从而有效地管理班级。一般来说，班级组织建设主要包括组织机构、组织规范和组织目标三个方面。首先要建立班级组织结构，这是班集体形成和发展的基础。建立组织机构主要包括三个步骤：第一步是做好班级组织机构建立的准备工作，主要是了解学生的基本情况，熟悉班级常规组织的基本结构和人员设置；第二步是选拔和培养班干部；第三步是制定各种制度文本并积极落实；第四步是引导班级非正式群体和组织与班级发展保持一致。

班级的组织机构分为常规组织机构和非常规组织机构，常规组织机构主要

---

① 田恒平. 班主任理论与实务 [M]. 北京：首都师范大学出版社，2007：81 – 82.

有班委会、党团支部、少先队等。小学阶段主要是班委会和少先队，初中阶段主要有班委会、团支部，高中和大学阶段主要有班委会、团支部、党支部。非常规组织机构主要是指学生的社团组织，比如书法协会、舞蹈协会、兴趣小组、科技小组等。班主任首先要先建立班级的组织机构，为顺利开展班级工作提供组织保证。

组织规范就是班级成员在教育教学活动和日常学习生活中必须共同遵循的行为准则，主要包括班级规章制度、班级公约、班风、班级舆论等。这些规范有些是成文的，如班级规章制度、班级公约等；有些是不成文的，如班风、班级舆论等。班级的组织规范为班集体的形成和发展提供制度保障，是班级文化建设的重要内容。

组织目标就是组织活动所要达到的预期结果。班级组织目标是我国教育方针政策、素质教育目标在班级管理中的具体体现，也是班级成员的共同期望和要求。组织目标可以从时间上分为近期目标、中期目标和长期目标。班主任要引导班团干部确立组织目标，明确班级奋斗目标，为班级发展和学生工作提供努力的方向。

（二）组织和建设班集体的常规工作①

班级里的每个学生都具有不同的个性心理特点，他们的个性特征的综合体现构成了班级的个性。虽然学生有不同的家庭背景，但当一群学生共同组成一个班集体时，班级便成为一个独立存在的教育场所，它不仅是教育的客体和对象，更是教育的主体。班级是一个小社会，它要展开日常生活和工作。因此，组织和建设班集体就是要从班级常规工作入手，尊重班级成长的阶段性特征，循序渐进地建设班集体，培养良好的班级社会。班主任应该重点做好以下几项常规工作：

（1）培养学生的集体意识，形成班集体的奋斗目标，有效整合学生的个人奋斗目标。集体意识主要是指学生对班级的认同感和归属感，它体现在班级成员的团结程度、集体的规范性、集体目标以及人际关系等方面的协调一致，集体行为的一致性是集体意识的外在表现形式。要组织和建设班集体，集体意识的培养是很重要的。

第一，统一学生的认识，使其对班级的管理形成基本共识。学生是独立的个体，每个人都有不同的思想、情感和价值观，在对人、对事上会有不同的认

---

① 林冬桂，张东，黄玉华. 班级教育管理学［M］.广州：广东高等教育出版社，1999：108－123.

识和观点，再加上个体的偏好，班集体自然会变成不同观念、不同价值、不同思想的交流场所。这些思想和观念有些有利于班集体的形成，有些则会阻碍班集体的健康成长。与此同时，当学生的不同思想、观念碰撞时，班主任引导不当，也极易导致班集体的分裂。因此，班主任要引导学生对班级管理形成一个基本的共识，认同班集体对个体成长所具有的价值，也认同个体的成长与发展和集体的成长与发展具有同等的重要性，引导学生正确看待个体与群体的关系，正确处理个体利益与集体利益的矛盾。这个基本共识无论是对于学生个体还是集体来说，都是非常重要的。它是班集体健康成长的基本保证。在日常的学习生活中，许多事件都会对学生从认识、情感、价值观和道德观上提出一定的挑战，班级形成相对统一的认识有利于培养学生的道德感、责任感，使其形成正确的是非观念，培养学生爱憎分明的情感。

第二，培养学生的集体归属感。班集体的归属感是指学生对班集体的认同和接纳，它首先表现为学生认同自己是班级的一员，在集体中能得到其他同学的认可和接纳，并在集体中产生安全感，这就是归属感。其次，学生能正确认识个人与集体之间的关系，能认识到个体的言行对集体的影响，并有意识地使个体的言行符合集体的规范和要求。

第三，确立班集体的奋斗目标，并使集体目标成为整合不同学生个人目标的基本共识。集体奋斗目标是班级学生的共同目标，也是班集体成长与发展的规划和预期，是集体前进的方向和动力。班集体的奋斗目标应该具有一定的层次性，既有近期目标，也有长期目标，体现班集体发展的阶段性特征。同时，班集体的奋斗目标对学生个体具有引导功能和整合功能，学生个体对集体目标的认同程度越高，集体意识越强，集体目标对个体目标的导向性就越强。

（2）培养班干部和积极分子，形成班级的领导核心。班干部是班级的领导核心，他们一方面要对班级的目标、计划及行动做出决策，另一方面也是班级日常管理的主要力量和组织机构，并保证学校、教师的要求得以贯彻执行。因此，一个班集体能否形成，班级是否具有凝聚力，行动是否富有成效，与班级领导核心的作用有密切的关系。

首先，认真、慎重地选拔班干部。其次，要认真培养学生干部。再次，要形成定期的学生干部轮换制，尽可能让每一位学生都有机会担任班干部，这一方面是为了锻炼学生的能力，另一方面是为了培养学生的责任感，使其对班级承担自己的一分责任。因此，在班干部的选拔和任务分派上，班主任应该秉持一个基本的教育理念——班集体是大家的，每一个学生都有权利也有义务为班级提供基本的服务。

（3）优化班级中的人际关系，发展友谊，为学生在班集体中的成长提供一个良好、健康的环境。首先，班主任要对学生之间的交往做出适当的引导，帮助学生建立同学友谊，促进学生的情感发展。其次，班主任应该重视在班级中倡导良好的价值观念和道德信念，帮助学生提高道德修养，从而使班级形成良好的道德氛围。最后，班主任要善于化解冲突，或学生之间的冲突，或小群体之间的冲突，或其他类型的冲突。班主任对冲突的化解有助于学生提高分辨是非的能力，同时也有助于学生提高分析问题、解决问题的能力。

（4）制定班级规章制度，形成良好的班纪、班风，从而建立优良的班级传统。规章制度是集体和个人的行为准则，它一方面规范着个体的行为，使集体行为协调一致；另一方面也能够抑制少数人的违规行为，从而保证绝大多数人的利益在集体中不受侵犯。

（三）班级初建策略[①]

班级初建时，师生之间没有足够的时间去了解彼此，师生、生生相互之间的信任也还没有完全建立起来。试想一下，当班主任第一次出现在班级时，学生在座位上已就座，准备就绪的样子与以往表现可能有很大不同。其实，第一次见面，师生之间都在相互试探，尤其是学生，他们想知道"到底新班主任是一个怎样的人"，然后再"伺机行动"。当然，如果遇到一个问题班级，极有可能在与班主任第一次见面时，学生就开始向教师发出挑战，试探班主任的底线。学生想瞧瞧教师做何打算，想用何种方式管理班级，甚至有的学生也期待班里出点乱子，看看教师有什么反应，会制定什么样的班规，等等。因此，班主任要重视班级初建策略，不能一厢情愿，也不能蛮干，而是要讲究方法和技巧。俗话说"万事开头难"，班级初建时期是比较艰难的，班主任要做好充分的准备，才能开好头。

例如，一位新来的教师担任班主任，他希望自己的班级能成为学校的优秀班级。在与新班级磨合的阶段，他把展示自己的亲和力和形象摆在工作的首要位置，认为只要得到同学的喜爱，就能把班级建设好。可是，他班级内的一个同学抽烟被学校发现，班级失去了第一个月的优秀班级评比资格。然而，班主任并没有采取相应的措施来解决同学抽烟的问题，只是希望学生能严格要求自身，结果没过多久，班上又有同学抽烟了。他开始发现，自己的亲和策略并不管用，班里学生纪律涣散，学习习惯不好，卫生习惯也存在不少问题，诸多问题开始出现。

① 罗杰斯. 问题班级管理策略［M］. 2版. 吕红日，范立，译. 北京：中国轻工业出版社，2014：97-99.

其实这样的例子屡见不鲜，确实有不少新教师刚开始工作时，都是从关爱学生的角度，采取温和的方式，希望通过与学生建立亲密的关系来建设良好的班级。现实往往事与愿违，学生似乎并不在意班主任的亲和策略。有些教师可能在班级初建之时就制定了许多目标，这样效果反而不理想。因为，班级是一个群体，更是一个复杂的系统。在这个系统中，人人有不同的需求、不同的目标、不同的偏好，班级要成为一个具有凝聚力的团体，必须有严格的纪律来规范学生的行为，而不能单靠师生之间的关系来维系集体的凝聚力和向心力。因此，班主任必须非常明确班级初建时应该达到什么样的班级管理目标并为之努力。班级初建时的管理目标应该包括：①学生学习有目标，有秩序，注意力集中。②教师教，学生学，双方积极认真地参与课堂教学；班级规定和权利、责任分配清楚、连贯，学习程序明确，班级平稳运行。③提出明确要求，希望每位学生都对自己的行为负责，不妨害他人，充分享有权利，包括学习没有压力，被尊重和享有尊严的权利等；强调班级学生无论出身、性别、地域、贫富、种族等均应受到平等对待；最重要的是给予学生安全感，保证班级学生的学习和生活不受侵扰、威吓等，保护学生的安全。④教师形成班级管理风格，自信地传递出对学生的关爱和尊重。

对于学生而言，学习是最重要的事情，也是学生进入学校接受教育的主要原因。学习对于每一个学生来说，既是权利又是义务。要想班级学习气氛浓厚，就必须有纪律，纪律是学习的保证。在建立班级之初，教师一定要抓住两件重要的事：一是学习，二是纪律。尤其是在班级课堂教学和活动中，应十分明确学习和纪律的重要性。教师必须在开始之时，就向全班学生明确提出自己所看重的事情，并要求学生努力实现学习目标。纪律是基本保证，教师要向学生阐明学习与纪律之间的相互关系，并在此基础上阐明同学之间相互尊重、彼此学习，保证良好的纪律是每个人应尽的责任等等。只有当班级学生对学习和纪律达成基本的共识时，教师才能对班级发展提出更高的期望和要求。

与此同时，在班集体形成之初，教师一定要重视从班级规范、班级舆论、集体凝聚力及班风等方面去组织和建设班集体，努力营造一个良好的班级。教师必须在初次见面和随后一周的时间里，尽快建立班级组织结构，制定班级规章制度，让学生明确什么事情可以做、该如何做；什么事情不允许做，等等。同时，教师应尽快让学生清楚与学习相关的基本要求和规定，让学生明白应该如何对待学习、参与学习等，并对学生提出相应的期望。在现实教育中，教师第一天的所作所为会对学生产生重要的影响。例如，如果第一次上课教师就默许学生在教室里四处奔跑，拉扯桌椅，不断吵闹，随手乱丢东西，那么教师一开始就已经传递了相应的信息，学生会误以为教师不重视纪律。教师如果在开学初没有将班级事务处理得当，即便以后可以挽回局面，扭转的难度肯定也会大大增加。

总之，教师在接手一个班级时，初建时期是师生的磨合期。这个磨合期非常重要，它为班级未来的发展埋下了伏笔。万事开头难，班级管理也一样。因此，教师在初期一定要准确定位自己的角色，在班级管理中发挥积极引导的作用，绝不能听之任之，放任自流。班主任无论面临多大挑战，都应该利用好初次管理班级这个机会，与学生一起把班级建设成一个共享权利和共担责任的地方。教师要意识到初建班级时的管理特点——管是为了不管，主要目的是培育良好的班风，为学生形成自治管理打下良好的制度基础和舆论导向。

二、选拔和培养班团干部，强化管理职能，重视良好班风的建设

马卡连柯曾说："班集体并不是单单聚集起来的一群人，而是由于目标的一致、行动的一致而结合起来的有一定组织纪律的统一体。"这个统一体运转的主要核心就是班干部组成的班委。对于一个班级来说，班团干部是班级运行的核心中枢。与现代教育相适应，班级管理要建立服务型的班团干部队伍，强调班委和团支部要为班级及其成员的成长和发展提供服务，促进班集体的健康发展和学生的快乐成长。建立服务型班委和团支部主要基于以下几个理由：第一，由学生组成的班集体，学生理应成为其建设者和管理者，学生组建符合本班发展要求的班委和团支部，为自己提供必要的服务，为学生相互合作提供必要的支持。第二，学生是成长的个体，服务型班委和团支部对于学生来说具有教育意义，它为学生成长提供了有益的平台。学生在担任班团干部的过程中会有成功，也会有失败，它们对学生的发展都具有重要的教育意义。因此，班主任要重视选拔和培养班团干部，它不仅对于班集体的建设意义重大，对学生的个体成长也将产生深远的影响。

（一）如何选拔班团干部

首先，把握好班团干部的任用标准，选择品学兼优和有特长的学生担任班团干部。

要建立一个良好的班集体，必须有一支优秀的学生干部队伍。这支队伍不仅能承担大量的班级日常管理工作，而且能沟通教师与学生，做到上情下达和下情上传，实现班主任对班级和学生的管理。班干部选得好、选得准，对于班级管理来说是至关重要的。选好了，班级工作顺利完成，同学之间团结合作、共同进步；选得不好，班级如一盘散沙，工作无法正常开展。因此，班主任在

选择班团干部时要把握好以下标准：①要有良好的品行，为人诚实，言行一致，要有正义感和责任心，能坚持原则。②要有较强的能力，包括组织能力、工作能力、沟通能力、协调能力和语言表达能力等。③要学习认真，成绩良好，学生干部学习成绩的好坏直接关系到他在同学中是否有威信，学生干部如果没有威信是难以开展工作的。

其次，根据一定的选拔任用程序，公开、透明地选拔任用班团干部。

最后，在选拔班团干部时要注意方式方法，不同的发展阶段应采用不同的方法。

一般来说，在班集体形成初期，可采用班主任直接任命的方法。班主任可以通过查阅学生档案、家访、与原班主任或任课教师交流等方法来了解学生，确定人选，成立临时班委，方便开展工作。在班集体已基本形成的阶段，可以采用民主选举的方式组建班委。民主选举产生班委主要有两种常用方式，一是民主选举产生所有的班委成员；二是选举产生班长和团支书，由他们俩共同组阁。在班集体相对成熟时期，可以采用轮换制和竞选制等不同方式，给学生提供一个平台参与班级管理。班主任要注意的是，当班委成立以后，要指导和帮助班委完善制度、明确职责，同时要督促班委尽快拟订班级工作计划，并检查落实情况。

（二）如何培养班团干部

那么班主任应该如何培养班干部呢？先看两则案例，比较案例中的班主任在培养班干部方面有什么不同。[①]

✍/案例

（一）

某班主任接手新班级以后，指定了新的班干团队。出于鼓励的目的，成员大多是以前管理经验较缺乏、成绩处于中等的同学。班干团队本身缺乏力量，而班主任在指定后又没有及时进行疏导和培训，认为他们自己在工作中可以得到锻炼。然而，班长以前从未做过班干部，缺少班级管理经验和能力，加上性格内向，在学生中没有威信，没能发挥班长的带头作用。

---

① 迟希新，代贝.优秀班主任九项修炼［M］.北京：中国人民大学出版社，2011：14－15.

（二）

　　某班的五人被同学们选为班委，班主任十分注重对他们的培养。平时不仅教他们怎样开展工作，处理日常事务，还经常让他们阅读一些杂志，如《少先队活动》等，让他们学习别人的宝贵经验。此外，对班级的其他干部也定期进行培训，并给每人发一个记录本，让他们记录班中发生的事及他们的处理方法；每星期开一次班干部会议，让大家交流探讨，共同学习，使他们都具有判断错误与处理问题的能力。这些班干部后来不仅成为班级骨干，而且也成为学校活动的骨干。

　　第一个案例表明，教师刚接手一个新班级时，尽量不要任用没有经验的同学担任班干部。为了尽快使班级工作正常化，应该选拔任用有经验的、能力强的同学成立班委。如果刚开始的班干部很得力，那么班级容易形成凝聚力和向心力。可是，第一个案例中的班主任没有意识到这个问题，指定了没有经验的学生来担任班干部，又不及时加以指导和培训，很容易造成班级的混乱。第二个案例中的班主任在这方面明显有丰富的经验：培养班干部学会处理日常事务，形成常规管理能力；鼓励学生通过阅读来学习别人的管理经验；定期召开班干部会议，让他们交流、学习，提高管理水平，等等。

　　因此，培养班团干部需要把握以下三个方面：①引导班团干部熟悉班级常规管理工作；②指导班团干部制订班级工作计划，并设计班级活动方案；③教会学生一些基本的应急处理方法，以及在面对班级突发事件时如何寻求教师的帮助等。具体来说，班主任培养班团干部要着重做好以下两个方面的工作：

　　第一，根据班团干部的类别和职责，指导班团干部理解和熟悉不同职责范围的工作。

　　班主任必须熟悉班团干部的主要工作职责和范围，对学生干部进行有针对性的培养和指导。在班级管理中，班团干部的主要职责范围如下表所示：①

---

　　①　赵坡. 班级管理实战指南［M］.上海：华东师范大学出版社，2013：14－21.

职务	责任意识和主要职责范围
班长	1. 要有强烈的责任意识，对班级学习、纪律、劳动、体育、卫生和生活情况全面负责；在班主任外出时全面代为履行职责，如坐班、奖罚及布置工作。 2. 要有鲜明的大局意识，全面观察及认真研究班级存在的隐性和显性问题，及时与班主任商讨并解决问题，使班级管理更加科学合理。 3. 要有浓厚的协作意识，与班干部建立良好的合作互助关系，定期召开和主持班干部会议，协调解决班级存在的问题，并督促班干部尽职尽责。 4. 要有果断的问题解决意识，当班级存在严重的安全隐患或发生较大冲突时，要勇敢地站出来制止或解决，并及时通知班主任或学校相关部门领导，减少危害。 5. 要有强烈的服务意识，班级存在问题，同学面临困难，均要真心诚意地为之服务，必要时还要做好师生、生生之间的协调、解释工作。 6. 要有客观公正的工作意识，全面参与班级的推优评先，班级规章制度的制定、完善及执行工作，参与班级改革工作等等。 7. 要有主动参与的意识，及时提醒同学们注意遵守课堂常规、自习纪律、大会纪律、集体活动纪律、劳动纪律和课外活动纪律等。 8. 按照量化制度，提醒团支部书记、学习委员、纪律委员、生活委员、卫生委员等做好量化考核工作，并协助班主任汇总全体学生在品行、纪律、学习、两操等各方面的量化，以便班级客观公正地进行推先评优工作。 9. 当因事因病请假时，要预先安排好自己的本职工作，并通知班主任、副班长及其他相关班团干部，以保证班级各项工作的顺利进行。
副班长	1. 全力协助班长处理各类班级事务；在班长因请假等原因不在时，全面履行班长职责。 2. 全面关注班级的管理和建设，并就班级存在的问题进行思考，适时向班长、班主任提出改善班级管理的建议或意见，并全程参与班干部会议。 3. 负责上下课时喊"起立""坐下"等口令。 4. 及时在黑板上相应位置公布请假人员名单，以方便学校及科任教师记考勤。 5. 及时提醒同学们注意遵守课堂常规、自习纪律、大会纪律、集体活动纪律、劳动纪律和课外活动纪律。 6. 当因事因病无法履行职责时，要安排好自己的本职工作，并通知班主任、班长及其他相关班团干部，以保证各项工作的顺利开展。
团支书记	1. 全面负责学校团委布置的各项常规工作，包括各类活动的宣传、组织，新团员的推选，收缴团费等。 2. 根据学校团委的要求，积极开展各类活动，如班会课、黑板报、征文、志愿活动等。

（续上表）

职务	责任意识和主要职责范围
团支书记	3. 全面关注班级的管理和建设，并就班级存在的问题进行思考，适时向班长、班主任提出改善班级管理的建议和意见，并全程参与班干部会议。 4. 根据班级量化制度，将全体学生在各类活动中的表现转化为量化分数，以便于公正地开展相关评价工作。 5. 当因事因病无法履行职责时，要安排好自己的本职工作，并通知班主任、班长及其他相关班团干部，以保证各项工作的顺利开展。
学习委员	1. 严格要求自己，勤奋学习，制定班级学习制度，以期提高全班同学的学习成绩。 2. 全面关注班级同学学习中存在的问题，及时向科任教师和班主任反映，帮助学习有困难的同学。 3. 策划、组织好各项学习活动，安排好各学科竞赛，定期组织科代表及相关同学介绍学习方法，交流学习经验，在全班形成良好的学习氛围。 4. 月考、期中考、期末考前后，协助班主任做好动员、奖评及总结工作。 5. 联系各学科代表，协调并监督科代表的工作，定期召开科代表会并就学习问题进行协商，以获得有建设性的学习方法。 6. 根据科代表的作业收发情况做好统计工作，并及时根据班级量化制度将其转化为具体分数，便于更公正地开展相关评价工作。 7. 及时将课程表公布于黑板相应位置，便于同学做好学习准备工作。 8. 全面关注班级的管理和建设，并就班级存在的问题进行思考，适时向班长、班主任提出意见和建议，并全程参与班干部会议。 9. 当因事因病无法履行职责时，要安排好自己的本职工作，并通知班主任、班长及其他相关班团干部，以保证各项工作的顺利开展。

班主任通过指导班团干部工作，培养他们的责任意识，使他们明确自己的工作范围和权责，尽心尽力地做好本职工作。

第二，有意识地培养班团干部的合作意识和协调能力。

只有分工明确的班委和团支部，才能提高班级管理的效率；只有分工明确，班团干部之间才能建立科学、合理的合作关系。职责分工是合作的基础，也是合作的条件。班主任可以通过指导班团干部共同组织班级活动来培养学生的合作精神，在设计和组织开展班级活动的过程中，使班团干部齐心协力做好班级的各项工作。

同时，班主任也可以尝试让不同的班干部负责组织开展相关活动，如体育委员负责体育活动、文娱委员负责文娱活动、学习委员负责学习活动等，使各班干部之间有相互支持、协调发展的机会，增强班团干部在各项活动中的协调能力和组织能力。

（三）强化班团干部的管理职能

班级管理活动是一个有步骤、分阶段的动态过程，班主任应该强化班团干部的管理职能，培养他们计划、具体执行、检查、总结的能力。班级管理要从班级计划入手，通过开展不同的班级活动，检查和总结活动成果，从而有效地促进班级成长和发展。

1. 班级计划

班级计划是班主任根据国家教育培养目标和学校要求，结合本班实际情况，与班委一起对本班的发展进行具体的规划和设计，并制定出较为全面的工作安排和行动步骤。班级计划一般分为学期计划、月计划和周计划。学期计划是班级工作的大纲，它要求把本学期要实现的目标，以及为实现目标所要做的工作和努力的方向，按照时间顺序做出有序安排。它是月计划和周计划的依据。月计划是根据学期计划和某一时间段学校的任务制订的一个月的工作计划，这种计划一般较为详细。周计划是一周的工作安排和具体措施，周计划要求有详细的时间、地点、活动、人员等安排，是班级的执行表。

2. 执行和落实计划

执行是班级管理过程的中心环节，任何计划如果没有执行和落实都只是一纸空文，毫无价值。执行和落实就是班主任和班委共同努力把计划变成现实的过程。在这个过程中，班主任的主要任务是做好组织、指导、协调和激励工作，把全班学生调动起来，分工合作，为了执行计划和实现目标而群策群力。其中，班主任要善于组织和协调，合理地调配人力、物力、财力，让班团干部能同心协力、相互支持。

在执行和落实计划的过程中，班主任对班干部的指导非常重要。首先，班主任要教给班团干部管理班级的原则和方法，培养班团干部的服务精神和奉献精神，要求班团干部以身作则，严格要求，同时要学会从全班的角度来看待问题和解决问题，具有全局观念等。其次，班主任应敢于放手培养和锻炼学生，鼓励学生策划、主持主题班会、节日活动、课外活动等，鼓励学生大胆表现，积极参与。班主任要当好参谋，帮助学生出谋划策，共同努力开展有益的班级活动，实现班级目标。最后，班主任要做好监督、检查和总结工作，一方面及时了解执行计划过程中出现的问题并及时解决，另一方面通过总结，让学生从中吸取经验教训，不断成长。

在执行过程中，班主任的激励能起关键作用，善于激励学生的班主任能最大限度地调动学生的积极性和主动性，克服困难，达成目标。当任务确定下来以后，班主任要及时动员学生，朝着目标努力。同时，帮助学生依据班级目标来制定个人的奋斗目标，培养学生的上进心，对学生进行理想信念教育，把学生个人的成长与班集体的发展联系起来，使全体学生树立一个良好的观念——班级的成长离不开个人的努力，每个人都要为班级出一分力。班主任要培养学生的责任感和义务感，认为班集体建设得好有自己的一份功劳，班级工作做得不好也有自己的责任——这就是所谓的主人翁精神。因此，班主任的激励就是要唤起学生的主人翁精神，让学生群策群力，共同构建良好的班集体。

总之，从班级管理的角度来说，班主任的组织、指导、协调、激励是非常重要的，班主任要重视在执行和落实阶段发挥管理功能，保证班级工作的顺利进行。

（四）重视良好班风的培养

班风的培养可以从以下几个方面入手：

1．培养正气，形成健康的舆论导向

学生的舆论往往表现出学生的价值观念，良好的班级应该形成一股正气，可以让学生坚持正确的价值观，并对照纠正自身的言行。班级正气其实就是班级的价值取向，它应该是代表大多数同学的良好意愿——公正、平等、诚实、善良。

2．注重学生干部队伍的建设

学生干部是学生群体的领头人，应该在班上具有较高的威望与影响。因此，学生干部队伍建设的要求包括：一是培养学生干部的服务精神和以身作则的态度；二是学生干部应该在学生中具有代表性，是学生推举出来的、具有公信力的模范学生。

3．抓好"小、实、早"——注重日常行为习惯的养成

班风建设是具体而微的过程，也是防微杜渐的过程。除了必要的舆论宣传外，更重要的是将班风建设融入班级的日常学习生活。班风不是靠吹出来的，而是在日常学习生活中一点一滴做出来的。因此，抓小，就是从一言一行的小事做起、抓起；抓实，就是从一事一物的要求实实在在地抓起；抓早，在建立班级之初，班主任就要具有前瞻性，带领学生对班级的发展定规矩、定方向，千万不要得过且过，甚至等出了问题再来纠正。

4．重视班级文化建设

文化是人的精神现象，它是与自然相对的一个概念，是对人的存在方式的全面表达。一般而言，文化是指人类在社会实践活动过程中所创造的物质财富

和精神财富的总和。它包括物质文化（如服装、饮食、建筑、交通等）、制度文化（如法律、规章制度、体制等）、精神文化（如文学、艺术、教育、科学等）。班级文化特指存在于学校班级社会内部的一种精神面貌和精神特质，这种精神财富表现在班级的组织机构、规章制度、行为规范以及班级工作和活动。班级文化建设可以从班级制度、口号、班训、教室的布置、班级的计划和目标等方面进行，班级文化建设的核心目标是形成良好的班集体，促进学生身心健康成长。

三、在日常教学中建立团体规范①

课堂教学是学生在学校生活中最为重要的内容，学生绝大部分时间都是在教室里度过的。因此，班级管理要重视教室中团体规范的建立，它既是维持教室秩序的准则，也是实施教室管理的依据。从儿童进入小学开始，学校就应该在日常教学活动中先行建立团体规范，让全体学生获得共识，并身体力行。只有这样，团体规范才能对学生的违规行为产生预防作用。如果事先缺乏团体规范作为共识的基础，一旦学生出现违规行为，不但教师处理困难，而且处理后学生本人乃至全班学生也未必心悦诚服。在日常教学中建立团体规范，可从三个方面入手：一是从最基本的行为规范开始；二是要靠教师维持教室秩序；三是重视班级教室管理问题的处理。

（一）从最基本的行为规范开始

行为规范是指个人所应表现出的符合团体规范的行为标准。对中小学生而言，确定行为规范必须符合两个原则：其一是必须使全班学生彻底了解规范的意义；其二是必须考虑到所有学生在实践上都没有困难。在这两个原则基础上，以下所列的行为规范条目可以先由教师提出，再经由师生讨论而确立为团体规范：

①对人要有礼貌；学会在适当的时机使用"请""谢谢"与"对不起"等语词。

②发言之前先举手，等教师同意后，才开始发言。

③当别人正在讲话时不插嘴，且注意聆听。

④借别人的东西，用毕后一定归还。

⑤爱护公共设施并尊重别人的财物。

---

① 张春兴. 教育心理学：三化取向的理论与实践［M］.杭州：浙江教育出版社，1998：514－519.

⑥在上课时如有必要离座或外出，必先得到教师的许可。

⑦不侵犯别人或伤害别人。

⑧上课铃声停止之后，必须备妥书本、文具安静地坐在自己的位子上准备上课。

⑨按时完成并缴交老师指定的作业。

以上九点，对小学一年级儿童来说，都是可以做到的。通过班级讨论形成团体规范，再将团体规范转化为团体成员中对每个人行为的要求，就成为具体的行为规范。但从学生的实际行为表现来看，有些中学生甚至大学生也未必能完全做到。原因是此类事项知易行难，如不能尽早养成习惯，以后就很容易忽视。因此，在开始时教师宜采取两种措施：一是与全班学生逐条讨论，务必使所有学生彻底理解其意义，从而获得大家的认同。二是要求所有学生一起遵守，没有例外。就学生的能力而言，没有一条是做不到的。就算坚持到底，其后果既不会伤害学生，也不会招致学生家长的反对。

（二）教室秩序要靠教师维持

教师要善于管理教室，在教学过程中，应该做到如下几个方面：

1. 让学生了解教师能够洞悉教室内一切情况

维持教室秩序的首要条件是，让学生了解到教师随时随地都能知道教室内每个学生的行为。有些个性好动或比较调皮的学生，很喜欢在教师不注意的时候做一些不当行为，以引起同学们的注意。如果教师在此种情况下让学生了解他能够洞悉教室内的一切，让学生警觉到教师"脑后有眼"，他们就不会"轻举妄动"。如此，学生在教室中可能发生的很多扰乱秩序的行为，就可能因教师的洞见先机而消失于无形。

2. 教师能在同一时间兼顾处理不同的事

善于维持教室秩序的教师具备的行为特征之一——兼顾的能力，就是教师能在同一时间兼顾处理教室内发生的事。例如，在教室里可能这一边有学生举手发言，而同时另一边的两个学生发生了冲突。这时，教师不能慢条斯理地先让学生回答问题，而后再去处理冲突。在这种情形下，教师必须使用语言或手势，兼顾两边的学生，同时予以关注。这样，学生就知道自己是受到教师的随时关注的。

3. 能始终让全班学生参与学习活动

在教学活动中，要想始终让全班学生参与学习活动，是一件相当困难的事。教师讲解时，未必全班学生都在用心倾听；当学生回答问题时，其他学生未必会认真听这个学生的回答；当教师指定一位学生背诵课文时，其他学生未必关心他背诵得对与否。如果一个教师习惯于固定某些学生回答问题，那么其他学生长期成为"陪坐者"，自然难以主动参与学习。因此，教师要尽可能让全班学生参与学习活动，以下建议可供教师参考：①教师向全班发问后，要求学生回答问题之前，先停顿数秒，让全班学生都听清楚而且了解问题的含义，然后指定某一学生回答。如该生不能回答时再指定另一学生回答，绝对避免任何提问顺序的规律，以免学生预测。使全班学生知道，任何人都随时有被提问的机会，因而不得不全神贯注于教师说的话。②针对学习能力较差或习惯退缩的学生，教师要提出较为容易的问题让他们回答，使他们获得成就感和自信心。③当指定的学生在回答问题或在黑板上演算时，教师要提醒全班学生注意同学的回答、演算是否正确。并且，在学生回答或演算完毕后，可任指一名学生简单评价该同学的回答或演算。

4. **能营造多样化的、生动活泼的教学情境**

课堂教学能否具有良好的效果，除了教师对教材内容是否讲解清楚之外，教师所设计的教学活动能否引起并维持学生的学习兴趣也是很重要的。如果教师每天的教学都是按照一成不变的程序进行，那么很容易使学生感到单调枯燥，从而影响其学习兴趣。在教学中，除了采用多媒体设备、各种视听教具等来提升学生的学习兴趣外，教师可以改变教学方式，使教学活动多样化，如采用合作学习、角色扮演、团体比赛、心得发表等以学生为主体的学习活动，营造生动活泼的课堂气氛，从而维持学生的学习兴趣。

5. **在教室里责罚某一学生时，教师一定要注意语言艺术，讲究技巧**

教学时当着全班同学的面责罚某一学生的事例，总是难以避免的。不过，在教师责罚某一学生时，应该注意自己所用的语言，讲究技巧。主要应注意以下六点：①教师责罚学生时，必须明确指出他的行为错在哪里。②除了指出学生的错误行为之外，还应向学生说明怎样做才是正确的。③让学生立即停止错误行为，并向他说明必须停止的理由。④责罚学生时，教师的态度应该公正严肃；在言辞上要明确肯定，让学生在心理上产生敬畏之感。⑤对学生行为的指责，教师一定要坚持"对事不对人"的原则，且不应该使用对他的人格带有侮辱性的责难言辞。⑥教师责罚学生时，尽量避免带有愤怒的情绪反应。教师应该尽可能地保持冷静、客观和公正。

（三）班级教室管理问题的处理

所谓教室管理问题的处理，是指教师在教学时，从如何维持教室常规到如何处理学生违规问题的一切措施。教室管理的目的就在于维持教室内良好的教学环境，在这一目的之下，对于如何实施教室管理，在教育心理学上没有肯定的答案或唯一正确的处理方式，不同流派的心理学有不同的理论和主张。下面重点介绍行为主义和人本主义的理念和主张。

1. 行为主义取向

根据行为主义的观点，学生在教室内所表现的一切行为，都是以往受环境因素的影响所形成的习惯。因此，教师在教室管理中的角色任务，就是设置教学情境，善用奖励和惩罚，从而培养学生遵守规范的习惯，并矫正学生的违规行为。根据行为主义的理念和主张，教师在教室管理方面重点要做好两方面的工作：一是养成学生遵守纪律的习惯；二是矫正学生的不良行为习惯。

从教室秩序和团体规范的观点来看，教室内学生的行为大致可分为三类：第一类是遵守秩序，合于规范的正当行为；第二类是不守秩序，破坏规范的违规行为；第三类是上课时间内不适于表现的不当行为，如大声喊叫等。教师在平常处理这些问题时，可以根据行为主义取向来分析学生个体习惯的形成原因，以及思考如何通过奖励和惩罚来矫正学生的不良行为。

一般而言，教师在进行教室管理时，要学会维持教室内的常规行为。维持教室常规的最佳策略，是在学生的不当行为形成之前做出预防措施，不使其形成。要想做到这一点，可参考以下建议：

第一，维持全班学生的学习兴趣。引起并维持全班学生的学习兴趣，只要全班学生将精力集中于学习，他们就不会分心去做其他有碍于教师教学的活动。比如教师讲解生动，引人入胜；教师所教的内容符合学生的能力和经验，让学生没有挫折感；布置的作业难度适中，让学生有成就感；教师对学生的主动参与及时给予赞许，让学生有满足感等等。

第二，运用非语言线索。教师在维持教室秩序时必须具有一定的洞察力，可以随时随地觉察到学生学习的状态，发现其是否专心，而且，当发现有任何一个学生有表现不当行为的迹象时，他只需使用非语言线索，如眼神、走动、手势、停顿等，就可以给学生发出一个明确的信号，从而防止学生不当行为的发生。

第三，选择强化正当行为。为了预防教室内不当行为的发生，教师可以对同一个学生采取选择强化的策略。例如，班上哪些学生的行为较为顽劣，教师自然清楚。当这个学生显示出不当行为时，教师即使知道也不可给予理会。待其恢复正常时，教师立即给予强化，如让他回答一个简单的问题，使他觉得自己受到教师的注意。这样就是弱化学生的不良行为，强化学生的正当行为。在教室管理过程中，教师往往会面对大量想要引起教师注意而故意做出的不当行为，如果教师每次都给予回应，等于强化了学生的不当行为。因此，当教师遇到这类型行为时应不予回应，等学生的行为回归正当行为时，才给予必要的关注。

第四，刻意赞许其他学生。通过赞许其他同学的正当行为，可使行为不当的学生明白教师的洞察力，从而自觉抑制不当行为。

2. 人本主义取向

根据罗杰斯的人本主义教育理念，教室管理问题主要立足于以下三个基本点：①学生本身具有自我成长的能力，只要学校教育环境良好，无须刻意对学生实施管教，他就会自动自发地健康发展。②学生所表现的一切行为，并非只是被动地由外在刺激引起，而是出自他主动自愿的选择性反应。学生在某种情境中所表现的选择性反应，则是根据他对情境的知觉所作的主观决定。③学生的本性是善良的，他之所以有时在行为上表现失当或违规，是由于他不了解自己的行为会产生不良后果。

根据人本主义的教育理念来看学生的违规行为处理，则有三点主要推论：①学生的行为违规，首先要让他知道他的行为已经对他自己形成一个问题。不过，学生的违规行为，不能靠教师予以纠正，只能靠在教师设计的和谐气氛之下师生良好的沟通。②师生的良好沟通基于三个条件，即真诚一致、同理心以及无条件积极关注。③在和谐气氛之下的师生沟通过程中，学生将了解自己的行为问题，从而被教师的诚意感动，自动自发地改过自新。

因此，在人本主义取向的教室问题处理中，教师要注重与学生建立良好的师生关系，通过师生沟通来帮助学生认识自己的行为问题，从而使学生自发纠正自己的不良行为。

四、确立班级管理目标[①]，实施目标管理

班级管理是一种有计划、有组织的培养人的教育活动，制定班级管理目标是班级管理的重要内容之一。所谓目标管理，是指师生共同制定目标，并以执行目标为手段，最终达到目标的管理方法。目标管理强调"以目标指导行为"，强调通过目标的导向、激励功能，调动学生践行目标要求的积极性。[②] 班级管理目标有三类：班级总目标、小组目标和学生个体目标。这三类目标又都包括长远目标、阶段目标和单项目标，或者说包括长期目标、中期目标和近期目标。确立班级目标是班级管理的灵魂，它有助于凝聚人心，激发学生的斗志，提高班集体的向心力和凝聚力。班主任要善于引导班级学生确立目标，既要确立班集体目标，又要帮助学生树立个人的奋斗目标，充分发挥目标的导向作用和激励作用，形成良好的、积极向上的班级风貌。

① 古人伏. 中学班主任工作理论与实践［M］.长春：东北师范大学出版社，1999：182-194.
② 李国汉. 班集体建设与创新人才培养［M］.重庆：西南师范大学出版社，2013：37.

心理学家曾做过这样一个实验：组织三组人，让他们分别向十公里以外的三个村子进发。第一组人既不知道村子的名字，也不知道路程，只告诉他们跟着向导走就行了。刚走出两三公里，就开始有人叫苦；走到一半时，有人几乎愤怒了，他们抱怨为什么要走这么远，何时才能走到头，有人甚至坐在路边不想走了；越往后走，他们的情绪越低落。第二组人知道村子的名字和路程，但路边没有里程碑，只凭经验估计行程的时间和距离。走了一段时间后，有经验的人说："大概走了一半的路程了。"于是大家继续往前走。当走到超过全程的四分之三时，大家的情绪开始低落，觉得疲惫不堪，路程似乎很长。这时，有人说："快到了！快到了!"大家又振奋起来，加快了行进的步伐。第三组不仅知道村子的名字和路程，而且公路旁每一公里处就有一个里程碑。人们边走边看里程碑，行程快乐且不觉疲惫，很快就到达了目的地。于是，心理学家得出这样的结论：当人们的行动有了明确的目标时，就能把自己的行动与目标不断加以对照，进而清楚地知道自己的行进速度以及与目标之间的距离，从而使行动的动机得到维持和加强，人们会自觉克服一切困难，努力达到目标。[1] 由此可见，目标无论对于一个人来说，还是对于一个组织而言，都具有非常重要的"里程碑"式的作用。班级管理目标就是这样的"里程碑"，它可以指明方向。班级管理目标具有指引作用，一个班级有明确的、共同的目标，可以动员班级每个学生同心同德、齐心协力为实现目标而努力。

如果班级管理目标不明确或目标错误，班级工作就会失去方向，学生也会迷失方向，失去前进的动力。管理学中有一个公式可表明目标与管理之间的关系：

$$管理效能 = 方向目标 \times 工作效率 [2]$$

对于一个组织而言，组织的管理效能取决于两个关键因素：一是组织的方向目标是否明确，二是能否提高工作效率。如果一个组织目标不明确，即使工作效率高，管理效能也不会好。当然，如果目标明确，工作效率很低，管理效能也不好。因此，对于班级管理来说，要提高管理效能，首先要有明确的方向和目标，其次要提高工作效率。只有两者相结合，班级管理效能才能提高，班级管理才算是成功的。全国优秀班主任丁榕老师，制定了初中三年不同阶段的详尽的班级管理目标，如下表所示：[3]

---

① 李国汉．班集体建设与创新人才培养［M］.重庆：西南师范大学出版社，2013：42.
② 赵敏，江月孙．学校管理学新编［M］.广州：广东高等教育出版社，2008：45.
③ 丁榕．班级管理科学与艺术：我的班主任情［M］.北京：人民教育出版社，2004：82 - 83.

内容		年级		
		初一年级	初二年级	初三年级
品德教育	一条主线	集体主义教育	人生观教育	理想教育
	一个重点	建设集体	发展个性	准备升学
	一个突破	小学到初中的衔接	少年到青年的过渡	初中到高中的准备
	一条格言	集体要因为有了你而光荣，不要因为有了你而耻辱	生命，如果和时代的崇高责任联系在一起，我们就会感到永垂不朽	理想，人没有了理想就成了动物，理想推动着进步
	一次总结	《班史》之一《青春前奏曲》	《班史》之二《青春进行曲》	《班史》之三《青春畅想曲》
	一次实践	"红螺峰"夏令营：向大自然进军	"十渡"骑车旅游：了解祖国，认识自然	"长岛"海滨：让理想展翅飞翔
	一育二观	美育：是非观、友爱观	美育：苦乐观、人生观	美育：理想观、幸福观
	两个榜样	雷锋、曹燕	保尔、刘玲	张海迪、朱明瑛
智力因素	端正动机	研究学生的多种动机，使学生产生学习需要	正确对待各种动机，为发展个性创造条件	锻炼学生自觉、自育、自理的能力
	培养学风	培养兴趣使学生"学会"	扩大知识面，使学生"会学"	认识今天的学习是为了明天的需要而"自觉学"
	研究方法	小学至中学的过渡与衔接	探索一条适合自己的学习道路	初中至高中的过渡与衔接
	抓住重点	设置目标。抓尖子学生，提高全班目标设置水平	防止两极分化。抓后进生及中等生，不让一个学生掉队	考上理想学校。抓住中等水平学生向高等水平迈进，提高升学率
非智力因素	情感、意志、性格	热烈的情感。使情感化为动机，激励学生学习的内在动力	坚强的意志。培养克服困难的勇气和毅力	独立自主的性格。这是个性的核心

146

（续上表）

内容		年级		
		初一年级	初二年级	初三年级
干部培养	精神结构	共产主义道德品质	马列主义理论基础	不断进取的献身精神
	能力结构	表达、总结、计划能力	分析、组织、社交能力	自觉工作、自己教育自己、独创能力
能力训练	训练方法	培养基础知识的科学思维方法，开拓思维分析	组织参加社会活动，培养、提高组织管理及社会活动能力	训练收集信息资料，培养文字、演说、表达能力，促进交流

从上表可知，丁榕老师把班级管理目标细分为品德教育、智力因素、非智力因素、干部培养和能力训练五个方面，每一个方面又有不同的目标和要求，这样体现了班级管理目标的层次性、阶段性和科学性。在确立班级管理目标时，针对不同学段的班级，班级管理目标的侧重点也不同，它体现了学生成长的阶段性和综合性，符合学生身心发展的特点。同时，丁榕老师善于把抽象的目标要求具体化：首先，把学生全面发展的素质教育细化为品德、智力和非智力、能力等方面，这样的细分与学生知、情、意、行相统一的素质结构是相吻合的；其次，把品德、智力和非智力、能力等方面的目标进一步细化，如将智力因素方面的目标分解为端正动机、培养学风、研究方法、抓住重点等方面，对初一、初二、初三学生提出不同的要求，体现出循序渐进的教育原则；最后，班级管理目标既有学生个体层面的目标要求，又有集体成长发展的目标，使班集体的建设与学生个体的成长密切相关，这样的班级目标管理具有针对性强、操作性强等特点，有利于班级目标的实现。

由此可见，班级管理目标是班级组织系统为了完成学校的教育任务，从本校和本班的实际情况出发所确定的一定时期内的教育教学目的和各种组织活动的质量规格和标准。班级管理目标的制定必须考虑以下几个因素：①必须依据党和国家的教育方针政策和教育目的来制定，任何违背党和国家大政方针政策的班级管理目标都是错误的；②必须有科学的教育教学理论作指导；③必须结合当前的实际情况，更要考虑到未来社会发展的需要和教育发展状况对人才的要求；④必须结合本校和本班的实际情况来制定。班级管理目标的确定一般要经过三个步骤：一是提出目标。在调查研究和科学预测的基础上，根据学校领导的意图、班主任的设想和各科教师的意见，在全体学生参与的基础上提出总体目标。二是分解目标。在组织学生认真分析班级情况的基础上，把总目标分门别类地细化为班级管理的具体目标和具体工作的内容指标。三是表达目标。把班级目标用一定的形式，如数量、文字、规则等表达出来，让学生全面准确地理解班级管理的目标体系。

五、组织建设班集体的具体操作方法

班级管理工作千头万绪，班主任既需要组建班级组织机构，又要制定和完善班级规范；既要明确班级管理目标，又要制订班级工作计划；既要培养班团干部，又要对学生进行集体教育和个别教育。诸如此类的班级工作，不仅需要班主任了解班级学生，掌握基本情况，也需要班主任凭借个人的经验和智慧，形成较为清晰的工作思路，有条不紊地开展工作。下面将通过班级管理的具体案例来分析和理解班主任工作的基本思路，帮助班主任掌握组织和建设班集体的具体操作流程和方法。

（一）班主任工作的基本思路

案例

进入高二，我被学校委以重任，做了全校有名的后进班班主任。开学后，我逐渐了解了全班的情况。这个班的主要问题是缺乏一种强烈的上进心，缺乏一种团结协作精神，缺乏青少年应有的蓬勃朝气，缺乏凝聚力和向心力。如何选准解决问题的突破口呢？一天，我走进宿舍，发现墙上的张贴画真是令人眼花缭乱，目不暇接。我归纳了一下，大致有以下几个系列：

爱情系列：杰克和露丝迎着海风，张开双臂站在泰坦尼克号的船头……

体育系列：科比猿臂轻舒灌篮、梅西的临门一脚……

影星歌星系列：蕾哈娜、王菲、吴彦祖、刘亦菲……

看到这，我心中突然一亮，答案找到了！解决问题的突破口就从宿舍文化建设开始！

于是，我请正在我校军训的武警战士到班上做内务整理示范：被子要叠得有棱有角，杂物要摆放得整整齐齐。同学们切身感受到了内务整齐的美，这样便统一了思想。然后，我组织全班同学制定了《寝室规范化条例》，以此来保证宿舍内务的卫生和整齐。

接下来，我在班上开展了给寝室命名的主题班会活动。同学们非常热情，有的宿舍命名为"远志室"，取"燕雀安知鸿鹄之志哉"之意；有的取名为

"慎取楼"，取人的学习和修养应"深思而慎取"之意；有的命名为"芝兰居"，取"入芝兰之室，远鲍鱼之肆"之意……

在主题班会上，大家热烈讨论宿舍名的寓意，表达追求和信念……①

通过案例中的描述，我们可以初步判断：首先，从学生个体角度来分析，这个班的学生个性鲜明，追求时尚并敢于表达，他们身上具有鲜明的青春期学生的身心发展特点。班主任可以通过查阅青春期心理健康教育方面的资料，一方面能更为准确地理解学生，另一方面也可以为制订班级目标和计划提供必要的理论依据。其次，从团体角度来看，这个班级凝聚力不强，缺乏向心力，学生比较自我，还没有形成对班集体强烈的归属感和荣誉感。班主任在管理这样的班级时，关键是要找到一个突破口。案例中的班主任找到了解决班级存在问题的突破口——宿舍文化建设，并借助学校军训这一活动，请教官帮助本班学生整理内务，还在本班开展了宿舍命名活动。班主任希望通过命名活动，让学生全面改进宿舍内务，以宿舍文化建设为切入口，开展班级文化建设。例如，班主任还可以尝试其他各种班级活动：①开展辩论赛，如"追星现象利弊大家谈"；②青春期心理知识讲座；③主题班会，如"明星成长故事齐分享"；④宿舍形象设计比赛；⑤技能比赛；等等。

这位教师的工作思路非常清晰，他先是了解到班级的基本情况，到学生宿舍去查看，并和学生交流，准确判断出班级存在的主要问题；在此基础上，他找准了解决问题的突破口——从重建宿舍文化开始建设良好的班集体。围绕着宿舍文化，案例中的班主任开展了一系列班级活动：寝室内务整理、寝室规章制度制定、宿舍命名活动、宿舍文明大家谈主题班会等。通过班级系列活动，班主任一步一步引导学生提高认识，统一思想，学生开始为组织和建立良好的班集体而努力。可见，班主任工作的基本思路是：识别问题—分析问题并找出原因—选择解决问题的方案—计划并实施方案—评价方案的实施效果。与此相对应的就是班主任组织和建设班集体的具体操作方法：首先分析班级的情况及学生的特点，其次制订班级的奋斗目标及工作计划，再次积极开展班级活动来达到目标，最后对班级工作进行检查、评价和总结。如此循环往复的过程，使班级管理呈现螺旋式上升的态势。

（二）班集体建设的具体操作流程

在组织和建立班集体的过程中，班主任大致遵循如下操作流程：了解班级

① 赖华强. 班主任工作案例教程［M］.广州：暨南大学出版社，2006：101－102.

现有水平；制订班级目标和计划；开展各种班级活动；检查、评估、总结工作。这样的操作流程既是班级管理的基本思路，也是组织和建设班集体的具体方法。其中，班级现有水平是制订班级目标的现实依据，班级目标体现了班级的价值追求，班级工作计划又是班级目标的具体化和细化。班级目标和班级工作计划只有借助班级活动才能得以实现。班级管理通过开展班级活动来贯彻、执行班级计划，从而实现班级目标。因此，班级现有水平、班级目标、班级计划和班级活动四者之间是密切联系在一起的。它们彼此之间会形成一个螺旋式上升的过程，促使班级不断向前发展。如下图所示：

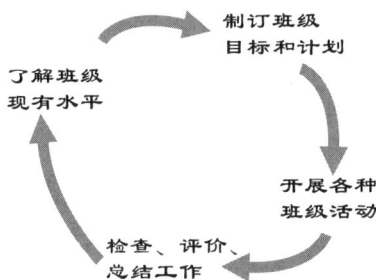

首先，班主任要了解班级现有水平，主要思考两个问题：班级需要做什么？为什么需要？其实就是要明确班级的基本情况，从现实情况出发来思考班级的发展方向。其次，班主任在班级现有水平基础上，制订适合班级发展水平的班级目标和计划，主要思考和解决的问题是：好的班集体是怎样的？应该如何做？班主任围绕着班级目标，制订具体的实施计划。再次，开展各种班级活动，这是班级管理的具体过程和主要活动，也是做的过程。这一过程主要解决的问题是如何通过班级活动来培养学生的能力，实现班级目标，促进班集体的发展。最后，班主任要对班级活动进行必要的检查、评价和总结。通过反思班级工作，总结经验教训，认真思考班级下一步该如何做、怎样做的问题，从而为调整班级目标和制订新的计划提供必要的依据，促使班集体建设进入了一个新的、更高的发展阶段。

下面再以一个具体的案例来说明组织和建立班集体的具体操作方法。

案例

某中学初一（3）班有学生60人，其中男生36人，女生24人。由于该班班主任忙于工作调动，而放松了对班级的管理，导致班级纪律涣散，学生学习成绩下降，班级中学生打骂及小群体冲突现象时有发生。在第一学期期末考试中，该班成绩均落后于其他班级。新学期伊始，面对这样一个纪律松散的班级，你作为新上任的班主任，该如何管理班级？请你分析该班的主要基本情况和存在的主要问题，并写出你的工作设想和基本思路。

通过案例中的描述可知，初一（3）班由于原班主任疏于管理而导致出现班级纪律松散、班风较差、成绩下降等问题。班主任应该首先抓纪律和学习两项工作，只有使班级在纪律和学习方面有所改进，班主任才能在此基础上提出更高的要求。针对案例中的班级情况，可制订如下操作方案：

📝案例

班级管理方案

1. 班级奋斗目标

班级奋斗目标具体包括班级目标要求和班级口号。

（1）针对本班特点，班级目标主要分为三个层级：

情感目标——悦纳自己，团结友爱；

学习目标——不断进步，超越自我；

行为目标——管理自己，从他律到自律。

（2）班级口号：每人一小步，全班一大步！

2. 班级工作计划

（1）完善班级规章制度。

①采用自我推荐、民主选举的方式选出新一届班委会，制定班规。

②健全岗位责任制，做好班干部的职责分工。班干部协助班主任做好班级常规工作和日常管理工作。

（2）增强班集体的凝聚力。

①开展各种形式的主题班会，充分发挥班会课的作用，在班级中形成良好的舆论和氛围，形成良好的班风。

②开展有意义的集体活动，让同学们在活动中团结协作，增进彼此之间的交流和了解，增强对集体的认同感、归属感和荣誉感。

（3）重视学习，成立学习"帮扶小组"，让学生结对学习，互相帮助、共同进步。同时，举行学习经验交流活动，让学生有机会分享学习的心得体会，互相激励、互相影响，形成良好的学习氛围。

（4）加强沟通，增进感情，共同管理班级。

①加强与科任教师的联系和合作。

②加强班主任与学生的交流和沟通，在班上开设"悄悄话信箱"，鼓励学生为班级管理献计献策。

③加强与家长的联络和沟通，及时了解学生的动态。

3．具体实施方案

一般来说，班级工作计划的具体实施方案要以学校的校历为基础，与校历相结合来制定适合本班的具体措施。针对本案例，特制订具体实施方案，如下表所示：

初一（3）班本学期的具体安排表

二月份	三月份	四月份	五月份	六月份
1．选拔任用班团干部。 2．制定班级规章制度和奖惩制度等。 3．与家长联系了解学生的基本情况。 4．开展"责任、荣誉、班级和我"的主题班会。 5．开展拔河比赛或"两人三足"比赛。	1．结合"学雷锋"的主题，开展同学之间的帮扶活动。 2．在教室窗台开辟一个名为"我们的爱"的绿色园区，种植小植物。 3．组织"踏青去"的郊游活动。 4．出版一期以"爱"为主题的黑板报。	1．召开学习经验交流会，请科任教师进行学习指导。 2．召开家长会，向家长汇报中段考试成绩，以鼓励为主，鼓励家长相信孩子、支持孩子。 3．结合清明节，开展"缅怀先烈，珍惜现在，展望未来"的主题班会，并出一期黑板报。	1．做好学生的个别教育工作，尤其是学习和生活上需要帮助的学生。 2．举办一次演讲比赛，主题待定。 3．出一期以"学习方法大荟萃"为主题的黑板报。	1．准备期末复习，指导学生有计划、有重点地进行复习。 2．开展诚信教育，杜绝考试作弊行为。

由此可见，组织和建设班集体是一个班级发展的螺旋式上升过程。在这个上升过程中，班级管理所有工作的目的就是要通过班级活动来达到班级管理目标。因此，在组织和建设班集体的每一个环节，无论是了解班级现有水平，制订班级目标和计划，还是开展各种班级活动并对其进行检查、评估和总结等过程中，都包括若干小环节、小过程。例如，班级活动又包括主题班会、课外活动、文娱体育活动、兴趣小组活动等若干形式、若干小过程。制订班级计划又包括选拔培养班干部、健全班级规章制度、建设班级文化等若干小环节。一般

来说，班级管理经过一个循环，班集体建设有了初步成效，建立了班级常规，形成了班级秩序，班主任有了清晰而稳定的工作思路，这是进一步提高班级管理质量的基础。这样，班级管理就形成一个系统工程，一个任务接着一个任务，一个环节接着一个环节，一个过程接着一个过程，如此形成一个螺旋式上升的班级成长发展过程，使班集体进入新的发展阶段。

总体来看，螺旋式上升的班级管理可以分为逐层提升的五个境界：

第一层境界，维持班级秩序。这是最基本的班级管理境界。在这一境界，班集体初步形成，班级组织结构运转顺利，学生的发展特征是"规规矩矩"遵守最基本的规章制度。班级不至于陷入混乱，才有可能继续运行下去，并在此基础上发挥更多样、更积极的作用。

第二层境界，营造学习氛围。在维持秩序的基础上，力争形成集体学习的氛围，形成良好的班风、学风。在这样的班级，学习成为班级生活的核心。毕竟，学习知识是学生在校生活的主要内容。不过，学习活动不是由学生个体孤立进行的，而是在与其他同学的相互联系中进行的。学生之间有相互比较，更有相互促进。相应地，学生的发展特征可被描述为"相互激励"，一起学习。

第三层境界，形成班级合力。与上一境界相比，这样的班级在知识学习之外还有更多文化生活。通过丰富的班级生活，同学之间形成了团结的氛围，学生非常认同并珍惜积极向上的班级整体形象，产生班级凝聚力。在这样的班级中，学生具有更鲜明的发展特征——"乐于奉献"，即乐于为同学、为班级做更多的贡献。

第四层境界，学会自主活动。到达这一境界的班级，不仅有良好的秩序、学习氛围和凝聚力，在此基础上更致力于培养学生自主活动的能力。这包括多方面的自主活动，如自主管理班级事务、自主组织班会、自主开展小组活动等等。学生在这一境界的发展特征是"积极自治"，许多事务都不必班主任亲自操劳，因为学生（主要是班团干部）都能处理好这些事情。

第五层境界，提升精神品质。这可能是班级管理的最高境界，即关注学生个体和班级整体的精神生活质量。这样的班级，以达到前四种境界的要求为基础，为学生提供了更为开阔的精神生活空间。不仅如此，在拓展精神生活空间、丰富精神生活内容的基础上，更强调提升精神生活质量。这种提升，就在于让学生不仅掌握各种基础知识、基本能力，还有清晰的自我意识、高尚的追求、远大的志向。这种更高质量的精神生活又以成熟的发展能力为基础，二者相互支撑。这一境界的学生的发展特征可被描述为"追求卓越"，做更好的自己。

总之，处于不同境界的班集体，班级管理的主题也不同，具体内容如下表所示：

班级发展的层次	班级管理主题
境界一	秩序——规则意识的培养
境界二	学风——良好的学习习惯的养成教育（学习是一件很重要的事情）
境界三	班级的凝聚力——集体意识的培养
境界四	自主性——学生主体意识的培养（做好自己的事情）
境界五	追求卓越——完善自我，超越自我（做更好的自己）

因此，在班级管理过程中，班主任应该仔细思考自己所带的班级处于哪一个境界，针对不同境界具体开展工作。针对不同层次的班级，班级管理工作要有所侧重，突出班级管理的相应主题，有助于班集体的长远发展。

在班级发展的螺旋式上升过程中，从教师与学生的关系来看，不同时期、不同年龄阶段的班集体具有不同的特点。一般而言，小学低年级的班集体主要是半自主型集体，班级管理需要在教师的要求和部署下具体实施和执行。小学高年级的班集体可以称为准自主型集体，班主任有意识、有目的地引导学生实现自主管理。在学校教育中，到了中学阶段的班级大多数是自主型集体。所谓自主型集体，就是班级管理以学生自治管理为主，班主任重点培养学生的服务意识、责任意识、民主意识。中学的班级管理一般分成三个阶段：帮扶阶段，即班主任引导管理阶段，重点引导学生如何发挥作用，如班主任引导学生进行班干部的选拔与培养、制定职责范围和分工、完善班级规章制度等；扶与放相结合阶段，它是班主任与学生共同管理的阶段，班主任抓大放小，放手让学生进行常规管理，班主任指导学生干部负责安排和策划班级活动等；学生自治管理阶段，班主任的主要工作是监督、检查和个别教育。

总之，组织和建设班集体是一个动态过程，也是班级发展从初级阶段向高级阶段发展变化的过程。班主任要遵循班级发展的内在规律，指导和引领班集体不断向前发展，建设良好的班集体。

第八章　班级活动的设计与实施

　　班级活动是学校教育的重要组成部分，一方面，学校组织各种各样的班级活动来丰富校园生活，使学校不仅成为学生学习的场所，也成为学生活动的场所，培养学生的综合素质；另一方面，班级活动使班集体成为学生学习、生活的重要场所，借助班级活动促使学生社会化，使其成为集体的人、社会的人，使学生个体的活动富有意义和价值。班级管理正是要通过各种班级活动来培养和塑造学生，帮助学生健康成长，实现我国素质教育的目标。因此，设计和实施班级活动是班主任应该具备的基本技能和素质。

一、班级活动的意义和作用

　　在学校教育中，班级活动是指学生共同参与的、具有教育意义和价值的社会实践活动。一般认为，所谓班级活动就是在班级课堂教学之外的，依据班级管理目标和班级学生的发展实际，在班主任和任课教师的指导下，集体参与的，以集体主义价值原则为导向的，有目的、有计划、有组织的各种教育活动。[①]它是班集体作为一个社会心理共同体必备的结构要素之一。在学校里，班级是学生共同生活的"准社会组织"。如果没有活动，就没有教育，同样，如果没有班级活动就没有班集体。

　　活动对于人的成长具有重要作用，尤其是在中小学教育过程中，班级活动扮演着极为重要的角色。现代心理学家皮亚杰说过："一切影响都只能通过活动而对人格发展产生作用。"他认为，人是活动着的个体，在人与环境、人与教育、人与遗传这三对关系中，活动是最为关键的因素。因为只有活动才能把人与环境、教育、遗传等因素融为一体，共同促进人的发展和人格完善。[②] 因此，班级活动的教育意义和价值就在于促使学生在活动中学习，在活动中成长，在活动中磨练心智，培养健康的人格。

　　下面从一则案例来理解活动与学生成长的关系，以及班级活动对于学生成长和发展所具有的意义和作用。

[①]　刘培征，窦连佩，刘桂梧．班集体活动论［M］．天津：天津教育出版社，2002：4.

[②]　杨连山，杨照，张国良．班级活动创新与问题应对［M］．重庆：西南师范大学出版社，2013：9.

✍ **案例**

我校的"校园十佳歌手比赛"活动①

每年五四青年节，我校都会举行"校园十佳歌手比赛"，这是一项全部由学生自己负责的赛事活动，学校只提供场地。

那么，音响、服装、道具、奖品、麦克风、背景宣传画等必需品从哪里来呢？所有这些必需品，不管是租还是买都需要钱，这些钱又从哪里来？

这些钱都是学生拉赞助拉来的。今年，学生总共拉到近两万元的赞助。学生从哪里拉来这么多赞助呢？

从今年的广告条幅来看，赞助商主要有品牌手机专卖店、品牌运动服装专卖店、肯德基、文化培训学校、发型设计店等。稍加留意就会发现，这些单位有一个共同的特征：消费主体以学生居多。

拉这么多赞助需要耽误学生多少学习时间呢？事实上一点儿也没有耽误，学生都是利用周末时间拉的赞助。

那么，比赛歌手的初选、主持人的确定、主持人演讲稿的撰写，尤其是舞台布置等也都是学生自己做的吗？

是的，从头至尾的工作都是学生自己做的，除了音乐老师被学生请去当评委，在整个比赛活动的准备及进行中，再也找不到老师的身影。

"校园十佳歌手比赛"成为我校一项固定的活动并令全校老师引以为傲，是因为学生自己就能把赛事活动办好，独立解决问题的能力比较强。

我们不得不承认，对于一些活动的策划、组织，学生有时比我们做得好，而且好得多。所以，策划、组织一些活动时，我们不妨让学生去做。

一方面，学校举办活动，是为了培养学生的精神品质，锻炼学生的能力，同时让学生消除繁重的学习压力，达到劳逸结合的目的。既然是为了学生，班主任完全可以让学生去做。

另一方面，从前文的叙述中我们不难看出，学生的力量比我们想象的要大。只要学生集体愿意干，心往一处想，劲往一处使，他们表现出来的潜力和能力都是惊人的。学生集体去做，比班主任一个人去做更容易成功。

在案例中，学生负责策划、组织、实施学校活动的整个过程。从拉赞助到初选歌手，从主持人的确定到评委的确定，从服装道具到广告宣传，从音响设备到现场布置等，学生都亲力亲为。在活动过程中，学生不仅发挥了自身的主动性和创造性，而且充分发挥了组织能力、管理能力和协调能力等。这些能力

---

① 赵坡.班级管理实战指南［M］.上海：华东师范大学出版社，2013：137－138.

的形成和培养只能在活动中完成。因此，从班级管理角度来看，无论是学生的成长，还是班集体的发展，都必须借助班级活动才能得以实现。

在现实生活中，任何人的成长都需要两个世界，一个是知识世界，另一个是生活世界。如果说知识世界是静态的，那么生活世界则是动态的、流动的。知识世界只有回归生活世界，并与人们的生活密切联系，知识的价值才能彰显出来。否则，知识只是死的东西，与我们的生活世界无关。在案例中，学生运用所学的经济学知识，在市场经济中利用商业活动为学校活动提供经济支持。这样的一种活动，使学生的知识世界与生活世界直接结合，使学生的成长与这两个世界密切联系：学生在知识世界获取知识，开拓视野，增长智慧；在生活世界里，学生通过各种各样的活动使知识与实践相结合，丰富和拓展了学生的经验。可以说，班级活动就是培养学生学以致用的能力，引导学生结合理论与实践的重要形式。班级活动可以使学生成为对社会、对生活富有执行力的人，也使学生成为会学习、会做人、会做事的人。为此，学校教育必须有意识地通过班级活动来培养学生学会学习、学会生活、学会生存，促使学生德智体美劳全面发展。

因此，班主任应该充分认识到班级活动在学生成长和发展中所起的重要作用，有意识、有目的地寓教育于活动之中，使教育达到"随风潜入夜，润物细无声"的效果。从培养学生的角度来看，班级活动的意义和作用显而易见。

1. **学生成为活动的主人，学生的独立人格在活动中形成并发展**

班级活动从选题到策划再到执行，都是学生积极参与的过程，通过班级活动来激发学生的积极性和主动性，使活动成为发挥学生的创造性、展示学生风采的平台。同时，班级活动贴近学生的生活，班主任引导学生在生活中寻找活动主题，把生活与教育结合起来，使学生成为生活的主人。有学者指出，"活动性教育不应该单纯看作一种教育学生的手段，它同时应该是学生的生活过程、生命过程本身。……只有贴近生活的教育，才能真正为学生的未来生活作准备。对学生进行活动性教育，不是引导学生'出世'，而是要引导学生'入世'"①。班级活动正是一个引导学生进入社会、了解生活的教育形式，它使学生在活动中养成独立人格。

2. **班级活动使学生的心智得到锻炼，身心全面发展，学生的综合素质得以形成和发展**

学生素质的形成和发展是在活动中进行的，学生素质的完善和提高也是在

---

① 班华，陈家麟．中学班主任实施素质教育指南［M］．南京：南京师范大学出版社，1999：103.

活动中才能得以实现。班级活动需要学生投入大量的体力、心智，从策划到实施、结束，学生的身心得到全面调动和发展。一个班级活动的设计与实施需要学生的认知、情感、意志和行为整体协调联动，它促进学生的生理素质、心理素质和社会文化素质的发展和完善，是实施素质教育培养学生德智体美劳全面发展的有效形式。班级活动是一面镜子，在这里人人可以照见自己，也可以照见他人，从而获取前进的动力；班级活动又是学生信心的摇篮，学生成功策划一场活动是信心的来源，也是自信的表现，它使学生获得持续发展的动力。

总之，班级活动吻合学生身心发展的需要和特点，在学校教育中深受学生的喜爱，是素质教育的有效方式。班主任在班级管理中一定要善于利用班级活动，为学生的健康成长创造更多的机会和平台。

二、班级活动的分类及其主要内容

班级活动是学生认识世界、认识社会的重要途径，也是学生适应学校生活、建设良好班集体的重要组成部分。[①] 学校以班级为单位，组织各种类型的、符合学生身心发展特点的活动来达到教育目的，实现国家的教育目标。因此，每一个学校都有相对固定的活动，如元旦晚会、新生联欢晚会、国庆活动、六一儿童节活动、五四青年节活动等，这些活动与纪念日或节假日有关，基本上每年都是相对固定的。当然，学校还会形成自己的特色活动，如有的学校有科技节、体育节、艺术节等。学生一般以班为单位参与学校的大型活动。此外，为了班级发展或出于管理的目的，班主任要通过一系列班级活动来培养和教育学生，使学生在活动中成长。这类型活动主要以本班学生为主，由班委或团支部组织、策划并实施。因此，班级活动的分类具有多样性和丰富性。

首先，从不同的管理层面来分，班级活动可以分为学校层面的班级活动和班级层面的班级活动。

其次，从班级活动的主要内容来分，常见的有：政治性活动、知识性活动、娱乐性活动、体育竞技活动、实践性活动等。政治性活动是以思想政治教育、道德教育、国情国策宣传教育等为主的班级活动。知识性活动是以学习学科知识、技能和思维能力训练等为主的班级活动，如课外学习兴趣小组。娱乐性活动主要是为培养学生在艺术方面的兴趣而开展的活动，如文艺表演等。体育竞技活动主要是培养学生的体育兴趣，以提高学生身体素质为目的。实践性活动主要是帮助学生在学校与社会、学习与生活等方面建立密切联系，鼓励学生关

---

① 齐学红．新编班主任工作技能训练［M］．上海：华东师范大学出版社，2007：83.

注社会、关注现实，提高学生的社会实践能力。

当然，班级活动还有其他的分类方法，例如，从特定时间来分，班级活动可以分为常规性班级活动、季节性班级活动、即时性班级活动、纪念性班级活动。常规性班级活动主要与学校和班级的常规管理有关，属于日常性教育活动。季节性班级活动是根据季节变化而组织实施的班级活动，最为常见的有春游、秋游等。即时性班级活动较为灵活，活动主题和内容也不固定，主要是针对班级的现实情况，如出现的问题，或者出于结合时事政治需要而采取的有针对性的教育活动。纪念性班级活动主要是与纪念日相关的主题教育活动，这类活动在班级中也是最为常见的。

在班级管理中，根据班级活动的内容分类，可如下表所示：①

序号	分类		举例
一 德育活动	思想政治教育	爱国主义教育	参观爱国主义教育基地，观看爱国教育影片；举行升国旗仪式；教唱革命歌曲
		集体主义教育	建立"互帮互助"小组；开展"为他人献爱心""我为集体添光彩""我与集体共成长"等活动
		社会主义教育	举行国情国策学习交流会；开展"家乡巨变"的社会调查等
		理想信念教育	开展有关人生目标、人生理想和人生价值的辩论会；组织学习英雄模范的报告会等
	品德教育		社会主义核心价值观学习讨论会；定期召开"对照规范找差距"的主题班（队）会
	法制纪律教育		定期请法律顾问宣讲法律常识，进行法制教育；举办以法纪为主题的小品剧表演；参观法律展览等
	劳动教育		开展"劳动能手"评比活动；开展"我是家庭小主人"活动；组织社会实践和社区服务活动；开展学工学农活动等
	心理健康教育		举办心理健康专题讲座；开展心理咨询活动以及心连心热线等

---

① 杨连山，杨照，张国良. 班级活动创新与问题应对［M］.重庆：西南师范大学出版社，2013：75－76.

（续上表）

序号	分类	举例
二	科技活动	开展科技专题讲座；参观科技展览；组织"小发明、小制作"活动等
三	文化艺术活动	举办读书节、舞蹈节、歌咏节、器乐演奏等，举办文艺汇演等
四	体育活动	组织各种类型的体育比赛，如篮球、羽毛球、足球、乒乓球、拔河、跳绳、踢毽子、棋类比赛等

根据班级活动的特定时间分类，如下表所示：

序号	分类	举例
一	常规性班级活动	晨会、班会、升旗仪式、课前自主十分钟活动、开学典礼、毕业典礼等
二	季节性班级活动	春游、秋游、夏令营、冬令营、冬季运动会
三	即时性班级活动	班集体中发生了偶发事件时必须组织的活动，如"突发事件中的安全自救常识"；结合社会实际、时事政治需要组织的活动等
四	纪念性班级活动	十一国庆赞礼、六一儿童节、五四青年节等

可见，从活动内容来看，班级活动主要有学习活动、科技活动、班团队会活动、文娱体育活动及文化艺术活动、社会实践活动、社区服务活动等。下面简单介绍中小学教育中最为常见的班级活动类型及其主要内容。[①]

1. 班级例会

班级例会是比较固定的班级活动，主要有班会和早读。班会一般由班主任、班委或值周生主持，有时布置工作，有时总结班级近一周的情况，有时讨论班级活动计划，有时评估班集体建设进展情况，内容不固定。有些重要的主题教育活动，常常利用班会的时间来进行。早读是每天早晨都要进行的活动，时间是正式上课前五分钟。内容主要是安排当日活动，由值日生通报重要信息等。近年来，一些班主任为了增加早读的吸引力和增强教育效果，尝试了一些新做

---

① 《班主任工作策略》编写组. 班主任工作策略 [M].广州：世界图书出版广东有限公司，2010：93－97.

法，如"三分钟演讲""每日一句名言""点将问答""今日我当家"等活动。这些班级活动用时短，但持续时间长，如果班主任能利用好这些时间，会产生意想不到的效果。例如，有一位班主任利用这段时间带领全班同学诵读《论语》，一个学期结束后，全班同学收获不小，基本上人人都能熟记其中的经典句子，提高了学生对中国传统文化的理解水平。

2．主题教育活动

主题教育活动一般以思想品德教育为主，形式多样。主要有：

（1）主题班会。选择一个主题，充分发动学生，人人动脑、动口、动手，采用适当的方式——或辩论，或演讲，或讨论，或表演——使主题充分、深入地表现出来，使学生普遍受到教育。有的主题，一次活动不能完成，可分为几次，做成系列主题班会。例如，一位班主任围绕"如何开展课外阅读"这一主题，设计了一组系列主题班会，包括"人人建立起学习的智力背景""耕耘吧，朋友""比比谁最富有"等几个主题，使有关课外阅读的主题班会活动不断深入，引导学生投入课外阅读，拓展知识面。

（2）专题报告会或座谈会。专题报告会是最常采用的一种主题活动形式，报告要选择学生最需要的、有重要教育意义的内容，同时报告人要令人钦佩、善于演讲和交流。座谈会也是一种常用的活动形式，它一般以学生最关心的事情为主题，学生与相关人员面对面交流，如学生与学校领导座谈会、与知名人士座谈会、与科任教师座谈会等。座谈会具有民主氛围，容易调动学生的积极性，使学生关心的问题能够得到及时的反馈和解决，高中生更能接受这种形式的活动。

3．文体活动

班级开展文体活动，可以活跃班级气氛，增进集体成员之间的感情和加强合作，提高思想道德境界，促进学生全面发展。文体活动主要有联欢会、体育活动、文娱活动等。

4．学习活动

班级的学习活动主要是为了提高学生的学习能力、扩大其知识面而举办的，如学习经验交流会、作业展览会、学习方法专题讲座、课外阅读活动、知识与智力竞赛等。

无论是哪种类型的班级活动，它们都有一些共同的特点：第一，班级活动是人与人交往的活动，学生在活动中交往，在交往中活动；第二，班级活动具有明确的目的性，并且为了实现特定的目标而产生相应的行为准则和规范；第三，班级活动是在一定的时空内进行的，它有开始，有结束；第四，班级活动是分工合作、互相配合、职责分明的，它有相应的活动流程和工作机制；第五，班级活动会对班级成员或其他人员产生一定的影响，会产生诸如暗示、模仿、感染、议论等社会心理现象。① 总之，班级活动是班集体形成的基础，是学生能力形成和发展的重要平台，有助于学生的个性发展。

三、组织、策划和实施班级活动

在日常班级管理中，班级活动内容丰富，形式多样，既有常规性活动，也有非常规性活动，这些活动使学生在学校的生活过得张弛有度、多姿多彩。每一个班级每个学期都会开展不同类型的班级活动，如节日活动、文体活动、课外活动等等。无论是哪种类型的活动，都需要事先进行组织和策划，都需要形成一个明确的、可操作的班级活动方案，便于班级成员能够高效地执行活动方案，成功开展班级活动，达到班级目标。因此，班主任要善于引导学生组织、策划和实施班级活动，使学生有机会参与整个班级活动的全过程，让学生在活动中学习，在活动中健康成长。

1. 确定班级活动的主题和内容

选择和确定班级活动的主题和内容是组织班级活动的首要工作，如果无法确定活动主题和内容，活动的设计和实施也就无从谈起了。一般而言，从班级管理的整体出发，班级活动起码应该包括知识性活动、娱乐性活动、体育性活动。因此，班主任首先应该明确提出班级需要一些最基本的常规活动，例如，一个学期要有一次学习经验交流活动、一次秋游或春游、一次主题班会、一次球类比赛等。其次，什么样的主题和内容是适合本班实际的，班主任与班委会可以共同讨论，达成共识。

但是，班主任对于开展什么样的班级活动是有利于班集体的健康发展的，应该做到心中有数，胸有成竹。在确定主题和内容时要充分考虑以下三个因素：第一，通过什么样的活动能够培养班集体的凝聚力和向心力。当班集体比较松散时，一般组织球类比赛容易使学生在活动中形成一种凝聚力，形成对班集体的认同感。第二，选择什么样的主题和内容能显示出班级的奋斗目标，让学生认可班级奋斗目标并将其转化为个人目标。第三，班集体建设过程中存在什么问题急需解决，这个问题的解决能否通过班级活动的形式来妥善处理。这些问题都是班主任需要认真考虑的，也是有目的地指导学生开展班级活动所必需的。

当然，班级活动主题和内容的确定最好能征求班委会和全班同学的意见和建议。班主任可以把自己的设想告诉班委会成员，引导班干部进行讨论，并允

---

① 龚浩然，黄秀兰. 班集体建设与学生个性发展 [M]. 广州：广东教育出版社，1999：186.

许全班同学提出意见和建议。当确定主题和内容后，班干部要分工合作，商量如何设计和制订班级活动方案。

2. 制订班级活动方案和具体的执行计划

当主题和内容确定下来后，首先要做的事情就是制订班级活动方案。选择谁来制订和撰写活动方案是一个关键因素，最好是选择熟悉主题和内容的学生干部具体负责，如体育比赛的方案就由体育委员负责撰写，文娱活动的方案则由文娱委员来负责，等等。

班主任对于活动方案的内容和格式要提出明确而具体的要求，帮助学生顺利完成方案的制订。一般来说，一个完整的活动方案和计划应该包括以下几项内容：活动的内容和目的、活动的基本形式、活动的组织人或领导人、活动的时间表和地点、活动的具体准备工作等。活动方案要形成书面文本，方便大家执行。撰写班级活动方案的一般格式如下：

★活动主题：

★活动目的：

★活动时间、地点、人物：

★活动准备：

★活动流程安排：

★活动的器材设备：

★活动的主要负责人及具体分工：

✍️ 案例

"实习，你准备好了吗？"主题活动方案[①]

一、活动主题

实习，你准备好了吗？

二、活动目的

帮助学生做好实习前的思想准备和心理准备；帮助学生正确认识实习过程中可能遇到的各种困难，未雨绸缪，提前找到解决办法；帮助学生增强自信心，轻松奔赴实习岗位。

三、活动对象

中职二年级学生。

---

① 唐立，张莎. 实习，你准备好了吗？〔J〕.班主任之友（中学版），2014（3）：25-27.

四、活动准备

1. 以"实习第一周"为主题设计剧本，排练小话剧。

2. 面向全班选拔演员。

3. 由文娱委员组织学生排练。

4. 将全班学生分成4个组，每组10人。

5. 制作"实习，我准备好了！"条幅。

五、活动流程安排

（一）观看视频《唐僧上班记》

（二）直面实习

1. 情景剧表演：《实习第一周》（注：故事梗概省略）。

2. 小组讨论：围绕《实习第一周》的剧情，各小组讨论实习中可能遇到的困难，小组代表做好发言准备。

3. 方法探寻：各组代表发言，把实习中可能遇到的困难归为四类，每组负责解决一个问题。

①组1："人际交往障碍"是个纸老虎！

②组2："就业心理落差"我不怕！

③组3："畏难思想"靠边站！

④组4："法律意识淡薄"提前补！

4. 归纳提议。

（三）团体游戏：优点轰炸

游戏规则与程序：

1. 每人发数张可制成帽子的彩纸。

2. 一个人站在中间，其他人以他为中心站在周围。

3. 周围的人每人给中间人找一个优点，写在纸上，并制成帽子送给中间的人，请中间的人将优点大声地读出来，然后戴在头上。

4. 小组成员轮流站到中间。

5. 教师引导学生分享活动感受。

（四）实习，我准备好了

1. 观看幽默励志短片《上班族》。

2. "实习，我准备好了！"条幅签名活动，放背景音乐《不再犹豫》。

3. 合唱《我的未来不是梦》，结束。

六、活动器材设备

多媒体教室，准备好相关的视频、音乐等；准备好所需要的彩纸及情景剧表演的服装、道具等。

七、活动的主要负责人及具体分工

1. 情景剧由四位同学负责，文娱委员负责组织同学排练节目。

2. 小组讨论环节由各小组长负责。

3. 班长和副班长负责联系场地，班长同时是活动现场的总负责人。

4. 学习委员和宣传委员负责准备视频和音乐、条幅等。

5. 生活委员负责活动所需要的经费开支，并记账。

6. 团支部成员负责教会各组用彩纸做帽子。

7. 班委会负责现场的布置工作。

3. 做好前期准备工作，为班级活动的顺利进行做好充分的准备

任何一个活动要想获得成功，都离不开前期认真细致的准备工作。班级活动的准备工作与班级活动主题有关，一般来说，主要有三个方面的工作要保证落实：第一，组织分工合作。当班委会确定了活动主题和方案时，班干部要分工合作，把准备工作落实到人，这是组织保证。第二，一一落实活动的召集者、实施者、参与者等，如活动所需要的主持人、表演者、参与者、指导者、安保人员甚至医护人员等，确定好人员及其具体活动安排。第三，活动场地和器材的准备。提前联系好活动所需的场所和器材，如音响设备、桌椅板凳、比赛场地和用品、演出道具等。总之，前期准备工作应该尽可能做得细致、周到，为班级活动的顺利进行打下基础。

4. 班级活动的具体实施

在具体实施班级活动的过程中，会遇到诸多意想不到的事情或突发事件。因此，在班级活动实施之前，班主任首先要统一全班同学的思想认识，号召大家齐心协力、团结协作完成本次活动。其次，班主任要指导班委会冷静、果断地处理实施过程中出现的突发事件，为班干部提供有力的支持。

5. 班级活动结束后的反思与评估①

班级活动结束了，并不意味着教育和培养学生的工作结束，恰恰相反，真正的培养与教育就从对活动的反思和评估开始。反思是一个重要的学习方式，只有通过认真的反思，学生才能真正成长和发展。班级活动是培养学生的重要形式，反思和评估班级活动不仅使活动的教育效果得以加强，而且也使班级活动的教育意义得以深化和延伸。班级活动的反思和评估主要从三个方面进行：

第一，对班级活动的方案和计划的反思和评估。例如，反思和评估班级活

---

① 田恒平. 班主任理论与实务 [M].北京：首都师范大学出版社，2007：216－217.

动方案和计划设计得是否合理、科学和实用，活动主题和内容的确定是否合理，活动的时间安排是否恰当；人员的挑选和落实做得如何，有哪些地方需要改进；有哪些活动计划在实际的操作中进行了调整，为什么要调整，所作的调整是否更合理，等等。通过对班级活动方案和计划的反思和评估，学生能提高计划力和执行力，为以后的班级活动的设计和实施提供有益的借鉴。

第二，对班级活动过程的反思和评估。在活动过程中，计划没有变化快是一个基本的事实，班委在活动过程中要接受这一现实。对过程的反思和评估主要可以围绕以下几个方面进行：活动过程进展是否顺利，原因是什么；计划与实际开展的活动是否有差异，差异有哪些，为什么会有差异；活动过程中存在哪些困难，工作人员是否积极合作、相互支持等。

第三，对班级活动的效果的反思和评估。班级活动需要达到一定的预期目标，在活动结束以后，必须对效果进行评估。一般来说，活动要完全达到目标是不现实的，在这一点上教师不要苛求。但是，对于活动达到目标的程度可以进行必要的反思，对活动效果进行全面的评价。班级活动有时会收到意想不到的效果，有正面的，也有负面的，对于这些都需要认真总结和评估。

总之，学生的成长和发展是在活动中实现的，一个活动结束了，另一个活动又开始了，教育就是这样一个连续不断的螺旋式上升过程。

四、主题班会的设计和实施

主题班会是在班主任的指导下，由班委会组织的围绕一个专题或针对一个问题而进行的教育活动。它具有主题鲜明、计划性强等特点，是师生共同举行的具有教育意义的班级活动。主题班会已经成为最常用的一种思想政治教育形式，它凸显了"以学生为本""以学生发展为本"的教育理念，是我国中小学校实施素质教育的具体体现。

（一）为什么要有主题班会

主题班会是以班集体为单位进行的主题鲜明的思想品德教育活动。在中小学校，主题班会已经成为班级活动的主要形式之一，也是班主任常用的班级管理方式。主题班会要求主题突出，内容集中，形式新颖且富于变化，尽可能使全班同学都进入主题班会要求的角色，寓教于乐，寓乐于教，集教育性、娱乐性、游戏性、活动性于一体。班主任定期组织学生召开主题班会，可以培养学生的组织能力、协调能力和沟通能力。在学校教育中，主题班会普遍得到师生的认可和欢迎。

从学生角度来看，以班级为单位召开的主题班会是与同学交流、沟通的平台，也是分享快乐、分担忧愁的场所。同时，主题班会也是学生展示个性、发挥个人才干、丰富人生体验的舞台，主题班会成为伴随学生成长的人生驿站。从班主任的角度来说，开好主题班会是班主任必备的基本素质，是班主任管理和建设良好班集体的重要手段和方法。举办主题班会不仅是教师了解学生、增进师生情感的大好机会，也是教师表现个人才智和魅力、树立教师威信的重要平台。

（二）如何设计和实施主题班会

主题班会是班级活动常见的类型，它的设计和实施与班级活动的基本流程大体一致。由于主题班会在中小学班级管理中被普遍应用，它形成了丰富多样的主题和形式，已经成为学校德育活动的重要组成部分。

1. 班会主题的选取是关键

首先，班会主题的选取要来源于学生生活。

要搞好主题班会，提炼班会主题是至关重要的。班会主题一定要源于学生生活，只有与学生生活息息相关的主题才能产生教育作用。一般来说，学生生活主要包括三个层面：学校生活、社会生活和家庭生活。[1]

学校生活是学生最为熟悉，也是最为关心、最愿意去思考和讨论的。学校生活由众多同龄人和师长的生活共同构成，必然会发生种种事情，有正面的，也有负面的，有感人至深的，也有发人深省的。我们要善于观察，学会捕捉学校生活中具有教育意义和教育价值的事件，让学生对发生在身边的事件进行讨论、反思，这不仅能够培养学生发现问题、分析问题和解决问题的能力，又能帮助学生明辨是非，从而有助于校园文化形成正确的舆论导向，共同营造良好的学习氛围。一般学校生活的题材主要集中在学习、班集体建设、同学友谊、师生交往、校园文化等方面。

社会生活的题材相对比较宽泛，对于学生而言，社会生活主题主要集中在生存、理想、前途、事业、环境保护、竞争与合作、社会道德规范、国家时事政治等。学校并非世外桃源，学生每时每刻都在受到社会生活方方面面的影响，如何引导学生关注社会也是主题班会应该重点考虑的。教师应该有意识地通过主题班会引导学生了解社会，理解社会生活，一方面帮助学生形成正确的世界观、人生观和价值观；另一方面通过关注社会生活、社会问题培养学生的社会责任感，使学生成为关注时政的现代公民。

家庭生活无疑是每个学生都极为熟悉的，但它可能是学生容易忽视的角度。

---

① 田恒平. 班主任理论与实务［M］. 北京：首都师范大学出版社，2007：206.

比如，初中阶段学生自我意识急剧发展，这可能使他们与父母的冲突增多，青少年更加关注自身的需要和发展，可能不一定关注家人的情感需求。因此，班主任应当关注学生在家庭生活方面存在的问题，如伦理道德、家庭美德、情感沟通等，引导学生处理好与父母之间的关系，理性思考家庭伦理道德方面的问题，从而促进学校教育与家庭教育相结合。

总之，主题班会的内容应该来源于生活又高于生活，才能发挥教育意义，体现教育价值。

其次，班会的主题要突出对学生世界观、人生观、价值观的引导和教育，体现主题班会的德育属性。

主题班会是思想政治教育的重要形式，具有德育功能，班主任可以借助主题班会对学生进行世界观、人生观、价值观教育。引导和教育学生要学会处理以下几种关系：与自己的关系，学生要学会与自己相处；与他人的关系，学生要学会与同学相处、与教师相处、与家人相处等；与社会的关系，主要表现在学生要学会正确处理与班集体的关系；与自然相处，学生要学会热爱大自然，学会正确地对待自然的态度和生活方式；等等。这些关系共存于学生的生活之中，它们可能单独对学生的成长产生影响，也可能交互作用。因此，班会主题的选择可以从不同角度切入，关键要吻合学生的身心发展规律和班级发展的实际情况。

教师要有意识地通过主题班会，培养学生正确对待自然、对待社会、对待他人和对待自己的态度。因此，在主题选取方面可以强调以下几对关系：人与自然的关系、人与社会的关系、人与他人的关系、人与自己的关系等。例如，教师可以选择关爱地球、保护环境等主题，培养学生正确对待自然的态度。在人与社会的关系方面，主题班会可以突出提倡法治、道德、友爱、世界和平等主题；同时，结合我国国情和社会现实，积极倡导"富强、民主、文明、和谐；自由、平等、公正、法治；爱国、敬业、诚信、友善"的社会主义核心价值观，帮助学生树立正确的价值观。在帮助学生处理与他人的关系方面，可以选择如真诚、善良、学会换位思考、"己欲立而立人，己欲达而达人"、"己所不欲，勿施于人"等作为班会主题，教育学生做个善良的人，学会与他人建立良好的人际关系。在教会学生如何与自己相处方面，教师一方面可以选择理想、信念、人生价值、人生目标等主题，帮助学生树立正确的人生态度；另一方面可以选择悦纳自己、直面人生等关于正确对待自我的主题，帮助学生学会与自己相处。

最后，班主任要从班集体的整体发展出发，在不同阶段选择不同的主题。下面提供一些可供参考的主题班会选题范围：

（1）对生命的态度。班主任可以针对不同年龄段学生具体选择合适的主题，主要目的是引导学生珍爱生命，树立生命意识。例如，对小学低年级学生可以从关爱小动物开始，引导学生关注生命；对于初中生，重点培养他们珍爱生命、爱护自己的思想观念；对高中生则可以从更大的范围来引导，讨论如保护动物、尊重生命等严肃话题。

（2）认识自己。通过主题班会帮助学生正确认识自己，包括认识自己的性格、情感、态度等，了解自己的独特之处，使学生学会悦纳自己，正确看待自己的个体特征以及优缺点。对于不同年龄阶段的学生，认识自己可以有不同的侧重点，班主任可以根据学生的身心发展特点有针对性地选择不同主题，引导学生正确认识自己、评价自己和不断完善自己。

（3）与他人的交往。如与同学、教师、家人等的交往，帮助学生正确认识人与人之间的关系，学会与人沟通和合作，建立良好的人际关系。

（4）学习方法的指导。学习是需要掌握科学的方法的，学习方法的获得对于学生来说很重要，班主任可以根据不同年龄段的学生有针对性地提供科学的学习方法，或介绍一些有关学习的理论和方法，帮助学生构建适合自己的科学的学习方法。

（5）闲暇时间的利用和指导。随着经济的发展，人们生活水平提高，出游的机会多了，不少中小学生都有国内外旅游的经历。那么，如何科学利用闲暇时间，班主任可以在这个方面给予适当的指导，或提供一些有建设性的意见和建议。例如，寒假结束后，班级可举行"寒假见闻大家谈"这样的活动，让同学互相交流、彼此借鉴，学会科学合理地利用闲暇时间。

（6）挫折教育。挫折教育是一个老生常谈的话题，但它又是学生生活中绕不开的一个现实而又敏感的话题。生活富裕了，人似乎反而变得脆弱了！不同学习阶段的学生都会遇到挫折，如何正确面对生活中的挫折，需要成人的指导和帮助。因此，挫折教育是班会常见的主题之一。

总之，学生是生活在网格式的关系中的人。教师应该清醒地意识到，学生既是社会的人，也是发展中的人，他们的成长和发展是处在一系列的关系之中的，并且这些关系和主题始终贯穿在学生的现实生活当中。因此，如何教会学生以正确的态度去对待学习、对待生活、对待自然、对待我们所生活的这个世界，这些都是主题班会选题的来源，都可以提炼为班会的主题。

2. 班主任要制订一学期的主题班会计划，使之系列化，突出主题班会思想道德教育的连贯性和计划性

班级教育所涉及的主题不可能是单一的，因为学生的生活本身是丰富多彩的，处于发展中的学生必须是综合发展、全面发展的。因此，主题班会要发挥它的教育意义，必须整体呈现学生的生活。有经验的教师会通过设计系列化的主题班会来凸显教育的连贯性和计划性，发挥主题班会思想道德教育的特点。一般来说，主题班会主要包括如下几个方面的内容：班集体建设方面的主题、学习方法系列的主题、人生态度系列的主题；还可以有心理健康教育方面的主题、人际交往方面的主题等。总之，班主任要善于从整个学期的层面来构建班级的主题班会，使主题班会发挥持续而完整的教育作用。

3. 设计主题班会要使之格式化、程序化，撰写主题班会的活动方案，以便于执行和实施

主题班会采用什么样的形式并没有统一的规定，教师完全可以根据主题的需要，鼓励学生力求创新，使主题班会形式新颖，重点突出，达到教育目的。在班级管理中，常用的主题班会形式主要有专题报告、集体讨论、文艺表演、游戏、辩论、知识竞赛、案例分析等。

在确定好班会主题和基本的表现形式以后，要撰写主题班会的活动方案，它的一般格式如下：

★活动主题：

★活动目的：

★活动时间、地点、人物：

★活动准备：

★活动流程安排：

★活动的器材设备：

★活动的主要负责人及其分工：

下面请看一则主题班会的案例，通过这则案例来了解主题班会的活动方案。

案例

"用行动呵护地球"的主题班会方案设计①

一、活动背景

勤俭节约和环境保护是当前小学生思想品德教育的主要内容，也是培养合格的现代公民的重要素质要求。我们的孩子在一定程度上缺乏勤俭节约及环境保护的意识和习惯，浪费可再生资源的现象比较普遍。因此，培养孩子们具有较强的勤俭节约观念和环境保护意识，必须从小事做起，从小学生开始培养。

二、活动目标

知识目标：通过主题班会帮助孩子们认识各种可再生资源的生产回收过程

---

① 本主题班会活动方案由东莞市东城区中心小学提供。

及其利用价值，知道各种可再生资源与自然界相辅相成的共存关系。

情感、态度、价值观目标：让每个孩子体验勤俭节约和环境保护的现实意义，引导其树立勤俭节约观念和环境保护意识，并能在日常生活中养成良好的行为习惯。

三、活动形式

体验活动与讨论交流相结合的形式。

四、活动准备

1. 整理班内废品回收的成果。

2. 孩子们收集环保资料。

3. 准备好课件。

4. 联系好废品回收的从业人员。

五、活动对象

小学六年级学生。

六、活动时间

一课时。

七、活动过程

（一）展示半学期班内积累起来的废纸、金属罐、塑料瓶等，引出班会活动主题。

（设计意图：通过展示班内废品回收的成果，造成视角上的强烈冲击，让学生感受到人人参与、积少成多的成果。直接让学生体验人人参与的力量是无穷的。）

（二）学生展示、交流收集到的环保资料。

（设计意图：通过学生展示、交流收集到的资料，实现教育内容和信息的多样化，让学生在信息展示、交流中接受环保教育，实现学生主体自我教育的效果。）

（三）利用课件，系统介绍可再生资源的来源及其回收利用价值与相关的环保意义，帮助学生系统认识身边的环境问题。

1. 介绍常见废弃物的污染现状及其危害。

2. 介绍城市垃圾的回收利用价值。

3. 请废品回收人员介绍回收后废品的再生产利用流向，指出环保从业人员的社会作用，倡议学生向他们致敬。

（四）现场变卖。

（设计意图：把半学期班内积累起来的废纸、金属罐、塑料瓶等废品在教室进行变卖，通过变卖让学生亲身体验节约和废品回收的社会经济价值，让学生意识到节约和环保不仅有很重要的社会意义，同时也可以创造财富。）

（五）总结活动成果和意义。

（设计意图：通过总结，使学生明白本次活动的意义，进一步帮助学生明确勤俭节约是一种美德，环境保护是一种责任和义务，激发学生进一步自觉参与和深入开展环保、节约行动的积极性。）

（六）提出进一步开展活动的目标和要求。

（设计意图：通过学生自由发言提出建议，明确深入开展活动的要求，进一步推动环保行动在日常生活中的落实，使每个孩子养成良好的行为习惯。）

课后评价和反思：主题班会的设计立足于学生的生活，从学生已有的生活经验和认识出发，通过大量的现实信息和数据，帮助学生获得完整的环保认知；通过创设现场变卖情境，让学生直接体验环保从业人员的社会价值，理解环保的价值和意义。整个过程力求在体验、交流、认识的过程中，不断强化学生对环境保护的认知程度和情感、态度、价值观，从而有效地帮助学生形成环保观念，树立环保意识，激发学生自觉参与环境保护的行为意向。这次主题班会实现了教育目标，达到了思想品德教育的目的。

（三）主题班会对班主任的素质要求

主题班会已经成为现代学校教育的重要组成部分，它所具有的教育意义和价值不言而喻。主题班会对班主任提出了更高的要求，它需要班主任具有较高的综合素质，包括教育理论素养、良好的文化素养和师德修养水平等。

1. 班主任要有问题意识

何谓问题？在日常生活中，人们每天都面临一个又一个问题。在班级管理中也是如此，班主任不断面临新的问题，不断尝试解决问题。如果班主任不明白问题是什么，那么班主任的解决办法是值得怀疑的，也是不可能从根本上解决问题的。因此，班主任必须有问题意识，善于发现问题，这是有效解决问题的关键。在这里，教师的问题意识也是教师的教育敏感性，教师在班级管理过程中，要善于发现教育中存在的问题，同时能找到对学生施予教育的切入点。下面请看一则案例，根据案例的描述，可进一步思考：班主任该如何发现问题？

✍️/案例

一位母亲给女儿的班主任写了一封 E-mail，她写道："那是在我女儿刚读预备班的时候，有一段时间，我发现她有点闷闷不乐，也不太喜欢与人交流。我们问起，她也不太愿意和我们说，当时我非常担心。一次非常偶然的机会，我'碰巧'看到了她写的周记，这才知道了事情的原委。原来，前些时候，她们班上一些男生违反学校规定在教室里踢足球，搞得乱七八糟，还把她的两支笔砸坏了。于是，气不过的她就向教师反映了情况。教师严厉地批评了那些淘气的学生，并且罚他们打扫卫生两天。不知这帮学生怎么知道了'告密者'，说她爱打小报告，于是经常找机会欺负她，不是今天不小心把她的书碰掉了，就是明天把水洒到她身上，或者往她帽子里塞些小纸团。这样一来，我女儿是不敢再向教师'打小报告'了，而且她还怀疑自己是不是做错了。"

案例中的问题是什么？教师又该如何解决这个问题呢？

有的教师认为小学生就是爱打小报告，尤其是低年级的学生，这是很平常的一件事情，教师不需要太在意。

有的教师认为，案例中的情况与一般的打小报告有所不同。首先该女生自觉遵守教室的规则，并且敢于对违规行为说"不"，是值得表扬和支持的。但是，她因为这种勇敢受到了同学不公正的对待，教师应积极介入。其次，那些男生的行为是一种报复行为，可以说是比较恶劣的，小朋友可能是因为无知而这样做，但教师不能不采取措施，不能对这样的无知行为放任不管，因为小朋友行为习惯的养成是需要教师做出正确引导的。

有的班主任认为案例中的问题绝不是打小报告这么简单的事情，男生在利用他们的势力欺负女生，作为一个班集体来说是绝不允许的。如果不对男生采取适当的教育措施，有可能会对男生的发展不好，男生会变得暴力；女生因为受到不公正的待遇，可能会对社会、对人生产生消极态度。作为班主任不能坐视不管，必须想办法解决问题。

那么，什么是问题？简而言之，当你想做一件事情，却又不知道怎样去做时，便产生了问题。"一个问题产生于一个活着的人，他有一个目标，但又不知道怎样做才能达到这个目标之时。每当他不能通过简单的行动从一种情境达到另一种情境时，就要求助于思考……这种思考的任务是设计某种行动，这种行动能使其从当前的情境达到需要的情境。"① 因此，问题的产生与一个人的目标有关，如果没有目标追求，问题也难以产生。对于班级管理来说，要达到什么样的目标，教师有明确的预期和希望，当班级现实状况与班级目标不符合时，问题便由此产生。

---

① 罗伯逊. 问题解决心理学 [M].张奇，等译. 北京：中国轻工业出版社，2004：4–6.

当问题发生时，如何表述问题使学生能够理解班级发展中存在的问题，以及如何根据问题找到解决方案，这些都是很重要的。可以说，问题解决起始于一个问题的表述或已知初始情境，我们可以称之为问题的"初始状态"。根据问题的已知初始情境和教师已有的知识，教师必须为解决问题而努力。当教师达到目标时，就进入了问题的"目标状态"。那么，从问题的"初始状态"到问题解决的"目标状态"过程中，教师经过了一定数量的"问题中间状态"。这就是整个问题从产生到解决的完整过程。简单来说，就是发现问题和解决问题。问题的解决有两层含义：一是找到了问题的最后答案；二是找到了解决问题的方法，即解决问题的步骤。班级的主题班会一定要建立在发现问题的基础之上，教师不能想当然，而应找到班级发展存在的真正问题，也是班级亟待解决的问题。如果说教师发现的问题更多是与教育理念、管理理念有关，那么，能否解决问题就与教师的理论素养、知识素养密切相关了。

2. 班主任要具备较为丰富的教育理论知识，才能明确解决问题的主要方向

当班主任明确问题的根源所在时，必须考虑解决问题所需要的一些知识或理论，并尽可能多地列举出来，从而综合得出最后的解决方案。

要解决案例中所谓"爱打小报告"的问题，班主任起码要具备一些相关知识和理论，如青少年发展心理学、伦理道德、学校的规章制度、管理沟通理论等知识，也是教师必备的知识结构。与此同时，班主任必须明确一个基本的教育理念，即如何培养和管理学生，希望学生成为什么样的人。在这一环节中，班主任首先要坚持立德树人，清楚"培养什么样的人"的问题，依据它来判断班级存在的问题，并思考解决问题的方案。可见，主题班会的组织和实施涉及多方面的知识。如果教师知识储备不足，就难以捕捉到真正的问题，也不可能调动不同的知识资源来解决问题。

以上述案例为例，中小学生爱打"小报告"是一个普遍现象，那么，这一现象与学生的道德发展有什么关系？班主任应该如何正确分析案例中男生和女生的行为呢？班主任在解决这一问题时需要哪些知识和理论，又应该如何在此基础上提出相应的解决方案呢？

其实，班主任可以尝试用柯尔伯格的道德发展阶段的理论来深入分析这个年龄段学生的道德水平，并借鉴道德发展阶段的理论来分析学生的道德判断能力，提高学生的道德水准。

柯尔伯格是美国著名的心理学家，他认为人的道德发展是有阶段性的，人的道德认知水平有一个从低到高的发展过程。他提出了"认知—发展"理论，主要观点是：①道德发展的核心是道德思维的积极发展，即道德发展与认知结构的发展有关道德是人类社会中的规范和法则，对于道德规范和法则，不同年龄段的人会有不同的理解，一般来说，随着思维水平、认知能力的提高，人们对道德规范和法则的理解也会更为准确、到位。人们的道德思维经过了一个从低到高的发展过程，中小学生正是处于道德思维发展的重要时期，从小学到初中，再到高中，学生的道德思维积极发展，并在高中时达到较高水平。②道德认知发展具有阶段性，可以分为三个水平、六个阶段。三个水平是指前习俗道德水平、习俗道德水平和后习俗道德水平。六个阶段是指每一个水平都有两个发展阶段，详细内容如下表所示：①

道德认知发展的阶段论——三个水平、六个阶段

水平		发展阶段	心理特征
一	前习俗道德水平（9岁以下）	1 避罚服从取向	只从表面看行为后果的好坏。盲目服从权威，旨在逃避惩罚
		2 相对功利取向	只按行为后果是否带来需求的满足来判断行为的好坏
二	习俗道德水平（10~20岁）	3 寻求认可取向	寻求别人认可，凡是成人赞赏的，自己就认为是对的
		4 遵守法规取向	遵守社会规范，认定规范中所定的事项是不能改变的
三	后习俗道德水平（21岁及以上）	5 社会法制取向	了解行为规范是为维持社会秩序而经大众同意所建立的。只要是大众达成共识的社会规范是可以改变的
		6 普遍伦理取向	道德判断是以个人的伦理观念为基础的。个人的伦理观念用于判断是非时，具有一致性与普遍性

（注：表中所列年龄不是严格划分，只是大概区别。）

柯尔伯格的道德发展理论是以习俗为标准来划分的，习俗是指社会习俗，它主要与社会规范相关，是社会大众共同认可的行为习惯和思维方式等。从表格的内容来看，一个人的道德认知发展会经过六个阶段：避罚服从取向—相对功利取向—寻求认可取向—遵守法规取向—社会法制取向—普遍伦理取向。一

---

① 张春兴．教育心理学：三化取向的理论与实践［M］．杭州：浙江教育出版社，1998：144.

般而言，小学低年级的学生主要处于避罚服从取向和相对功利取向阶段，他们对道德的理解会比较肤浅，主要从行为后果来看待好的行为与坏的行为，而且他们主要是从个人的需要是否得到满足来判断他人行为的好坏。为此，小学低年级阶段的学生时常会规避惩罚，服从权威的判断，认为教师说的都是对的。当学生进入小学中高年级，道德认知会发生变化，进入寻求认可取向阶段，认为凡是成人赞赏的行为就是对的，学生会为了得到成人的认可而采取相应的道德行为。初中生一般会进入遵守法规取向的阶段，这个阶段的学生遵守社会规范，认为规范中所定的事项是不能改变的。高中生进入社会法制取向阶段，普遍认为法制是社会必需的，也是大家应该共同遵守的，同时也开始明白社会规则是人为制定的，是可以改变的。柯尔伯格的道德发展理论可以帮助教师了解不同年龄段的学生的道德认知发展水平。

在学校教育中，柯尔伯格采用道德两难故事讨论法来测试不同年龄段的学生处于什么样的道德认知发展阶段。所谓道德两难故事讨论法，就是以道德两难故事为基本材料，让儿童对故事中的道德问题进行讨论并回答围绕该故事提出的相关问题，以此判断儿童所处的道德认知发展阶段，并引导和促进其进一步发展。这一方法的关键在于以两难故事诱发儿童的认知冲突，促进积极的道德思维的发展，从而促进其道德判断和推理能力的提高。① 柯尔伯格最欣赏，也是引述最多的例子，就是海因茨的故事。

这个故事的大意是：欧洲某地有位妇女患了癌症，已危在旦夕。医生们对她的丈夫海因茨说，有一种药可以救你的妻子，叫镭化合物，是本市一位药剂师新近发明的，不过该药剂师出售一小剂药就索价 2 000 元。海因茨竭尽全力只弄到了一半的钱。他恳求药剂师把药便宜点卖给他或者允许他以后再还账。但药剂师以发明这种药就是为了赚钱为由，拒绝了他的请求。海因茨在绝望中撬开药房，偷了这种药。针对海因茨的行为，柯尔伯格提出了一系列问题。其中有：①海因茨该不该偷药，为什么？②如果他不是很爱他的妻子，他是否该去偷药，为什么？③为了搭救一个人的性命，人们究竟该不该不择手段，为什么？④海因茨偷药触犯了法律，该不该被捕，为什么？⑤法官该不该判他的罪，为什么？②

柯尔伯格认为，道德判断比其他价值判断更重要，通过道德两难故事讨论法可以培养和提高学生的道德判断能力，从而促使学生的道德认知水平向更高一级发展。所谓道德判断能力，就是基于道德标准和行为规范，对道德行为或

---

① 卢新伟. 试论道德两难故事讨论法在班会中的应用 [J]. 班主任，2012（12）：5 - 7.
② 扈中平. 现代教育理论 [M]. 2 版. 北京：高等教育出版社，2005：317.

观念做出正确判断、评价和选择的能力。以案例中的学生为例，当男生违反教室规则时，女生认为他们这样做是不对的，选择了报告教师，这是女生基于班级规范所做出的一种判断和选择。违反规则的男生在教室里踢足球时，可能并没有考虑规则所具有的约束力，而只是凭着当时个人的喜好做事。因此，对比案例中的女生和违规男生，他们的道德判断能力是有差距的。

柯尔伯格认为道德教育应该通过激发学生的积极思维，促使他们的道德思维向更高阶段发展。在案例中，男生处理问题的方式表明他们的道德思维发展水平还停留在较低阶段——他们采用报复的手段来对待指出他们错误的学生。初中低年级学生应该可以理性地理解社会秩序和规则的重要性，当自己违反规则时能接受必要的惩罚，而不是采取报复方式。班主任如果能从这个角度来思考学生的道德教育问题，并借鉴柯尔伯格的道德发展理论来分析学生的道德水准，那么采取的教育方式和手段会更吻合学生身心发展的需要。例如，班主任可以通过"如何正确看待'打小报告'"这一主题，采用主题班会的形式来引导全班同学共同交流和讨论这类事情，帮助学生理性分析，达成共识，从而提高学生的道德判断力和道德思维水平。

3．设计班会的主题及具体的活动方案

针对案例，班主任可以采用主题班会的形式来进行道德教育，主题确定后，班主任就要制订具体的主题班会活动方案。

案例

班会主题：如何正确看待"打小报告"？

班会目的：让学生正确看待"打小报告"的现象，支持勇于指出班里存在的不良现象和行为的做法，反对不良的报复行为；同学之间要友好相处，互相帮助，共同进步。

具体活动安排：

1．角色扮演：把案例中的女生的经历改编成小品，让学生表演。

2．同学们讨论小品中的女生和男生的行为。

3．说说自己的经历，反思自己的行为（"打小报告"或被别人"打小报告"等）。

4．谈谈各人对如何处理问题的想法。

5．教师归纳总结，点明主题。

这个主题班会的主要目的是通过同学交流和讨论班级出现的问题，形成对"打小报告"这一现象的正确认识。针对案例中的情况，女生的行为是值得肯定的，也是需要同学支持的，而男生的报复行为和做法并不可取。通过主题班会公开讨论班级存在的问题，让学生对是非曲直有一个基本的判断，并达成班级共识，这对于建立良好的班风和形成良好的班级舆论具有重要意义。

4. 班主任要有创新精神

主题班会是班级常规活动，它往往容易落入俗套，因此，班主任要鼓励学生在开展主题班会时力求创新，举办富有创意的主题班会。

创意首先表现为人的创造性思维过程。在创造性思维过程中，人的心理状态主要是思想如何在问题情境中突破习惯限制，努力超越既有经验，形成解决问题的崭新观念或方法。这个过程不仅是思维过程，也是能力表达过程。班主任的创新精神表现为班主任在工作中能够不受陈规陋习的限制，灵活运用已有的经验来解决问题，且富有创意。

在班级管理中，班主任有许多工作需要创意，尤其是主题班会。一般情况下，学校每周有一节班会课，它可用于一些常规的工作总结和布置，也可以用来举行主题班会。有的重点中学会要求班主任列出一个学期的系列主题班会，学校会充分利用主题班会来开展德育工作，对学生进行思想教育。因此，主题班会的创新就显得极其重要了，通常班主任可以从主题创新和形式创新两个方面入手来表现班主任的创意。

首先，设计主题新颖、富有教育意义的班会。什么样的主题是具有新意的？在班级管理中，只要是针对班级存在问题所设计的、富有教育意义的主题都是有创意的。班会主题的创意不在于猎奇，或为新而新，关键是要突出主题所蕴含的教育价值和教育意义。也就是说，班会主题一定要有针对性，要有利于学生个人成长和班级发展。因此，在主题创新方面班主任的问题意识很重要。

其次，对于相对固定的主题，班主任要力求设计形式新颖且独特的主题班会。例如，针对一些特定的德育主题或时事政治教育需要而开展的主题班会，班主任一定要注重在活动形式、表现形式等方面创新。这是因为在班会的主题相对固定时，在主题选择和表达方面班主任个人的创意空间很小；同时，这些主题往往都较为严肃，难以创新。班主任在形式的选择和使用上求变求异、与众不同，使主题班会出其不意，让人耳目一新，往往能收到意想不到的教育效果。例如，到了小学三年级，学校要求各班以"我十岁了"为主题举行主题班会活动。案例如下。

■ 案例

"我十岁了"主题班会活动①

一、前期准备

（一）学生与教师一起设计一份给家长的问卷调查表，内容主要涉及：

1. 在孩子的成长过程中最难忘的事件是什么？

2. 记录孩子成长历程的方式有哪些？

3. 你特别关注孩子哪些方面的成长？

4. 对本次主题班会活动有何建议？

（二）家长、学生、教师同时为主题班会进行精神和物质上的准备。主要包括：

家长方面的准备工作：

1. 认真完成问卷调查表。

2. 和孩子一起看成长记录（如照片、录像、日记、成长档案等）。

3. 认真写好"10 岁献辞"，题目：孩子，我想对你说……

学生方面的准备工作：

1. 和父母一起看成长记录。

2. 给父母写一封信，题目：我十岁了。

3. 用心准备班会节目。

4. 为父母做一件事。

教师方面的准备工作：

1. 指导学生写信；认真阅读调查表的结果，了解有关情况和家长的需求。

2. 指导学生排练节目。

3. 帮助学生制作多媒体课件。

4. 设计成长贺卡，指导学生写"10 岁宣言"。

二、主题班会的具体流程

1. 真情追忆：家长、学生、教师一起观看成长记录，互相分享不同的成长历程。

2. 真情互动：家长与孩子互相交换信件，阅读各自的信。

3. 节目表演。

4. 10 岁庆典仪式：家长朗读"10 岁献辞"，赠送成长贺卡，学生朗读"10 岁宣言"。

---

① 王一军，李伟平．班级活动设计与组织实施［M］．北京，教育科学出版社，2007：82－83.

《教育部关于进一步加强中小学班主任工作的意见》指出："中小学班主任工作是学校教育中极其重要的育人工作，既是一门科学，也是一门艺术。"主题班会是班级管理科学性和艺术性的统一，班主任要依据教育学、心理学、管理学等相关学科的理论来开展工作，随着现代教育的发展，班主任工作越来越专业化，形成了特有的学科理论和特点。如果离开了严谨的科学态度和自觉的学科意识，班主任工作只能是一种低层次、重复的事务性劳动。因此，教师要树立学科意识，自觉运用科学理论指导自己的教育教学工作。没有科学的教育理念和科学的方法、手段，班主任工作很难走出"班级保姆"或"班级警察"的教育误区。班主任工作是一门艺术，表明其既具有情感性、个性化特征，又富有创造性、创新性，这是班主任教育风格的体现，也是教育艺术性的体现。

五、体验式德育活动的设计与实施①

德育是班级管理的重要内容，也是班主任工作的重要组成部分。如何对学生进行德育，如何开展德育活动都是摆在班主任面前的一个重大课题。在日常班级管理过程中，班主任遇到的一个难题就是：学生对道理都懂，比如良好习惯的重要性他们都知道，但是他们就是不做、不改。对于班主任来说，德育所面临的最大挑战就是学生的知行脱节了。如何改变这样的局面，如何让学生去践行良好的行为习惯，从而形成良好的品德？反思目前班级管理中常见的德育方式，我们会发现，简单的说教、单一的灌输已经无法满足要求，也无法适应学生发展的需要。说教和灌输的方式只能使德育停留在知识层面，难以深入地触及学生的情感，更难以塑造学生的行为。品德的形成是学生的知、情、意、行统一的过程，也是学生自主建构品德意识的过程，要真正使德育收到良好的效果，必须提供机会让学生亲自去体验、去发现、去修正，这就是体验式德育活动的优势所在。

所谓体验式德育活动，是指教育者根据德育的目标和要求，有意识地创设活动情境，引导学生在参与活动的过程中去体验、去感悟，鼓励学生分享经验，交流感受，进而帮助学生内心成长，达到德育的目的。下面重点介绍佛山市南海区九江中学贾高见老师设计和实施的体验式德育活动，它适合40分钟的课堂，具有短小精悍、易于操作、富有教育性等特点。这些是贾高见老师充分利用各种活动资源，创造性地加以融合与开发，设计出来的适合班级管理的德育小活动。

---

① 贾高见. 小活动　大德育：体验式活动的设计与实施［J］.班主任之友（中学版），2014（6）：12－18.

（一）将一些小游戏进行创造性转化，成为适合班级德育活动的方案

"猜猜30秒"源于日本小学生的一个小游戏，因为小学生自我控制力差，随便冲红绿灯会造成危险，为了让学生学会等待，教育工作者创造了"猜猜30秒"的小游戏。对于中学生来说，30秒实在太短了，于是贾老师创造了"猜猜90秒"活动，目的是让学生通过体验这90秒，感知时间，珍惜时间。

✎/案例

猜猜90秒

活动目的：通过活动，让学生体验时间，感受在不同的活动方式中，人们对时间的主观感受也不同，教导学生珍惜时间，学会合理高效地利用时间，成为时间的主人。

活动流程：

1. 变式1——猜猜90秒

（1）所有学生闭上眼睛，趴在桌面上，保持安静。

（2）教师发出"开始"的指令，学生开始在心里默默计时，当学生感觉时间够90秒的时候就站起来并睁开眼睛。90秒时，教师宣布时间到。（注：在活动中，实际情况是很多同学在65秒的时候就起来了，很少人真正坚持到90秒。）

（3）感悟分享。

2. 变式2——竞赛90秒

（1）知识竞赛，各小组抢答教师给出的问题，先举手者有优先答题权。

（2）知识竞赛进行90秒后，告诉学生90秒时间到，竞赛结束。（注：当教师宣布时间到时，学生一片惊讶——时间过得太快了！）

（3）感悟分享。

通过两种不同的活动方式让学生体验：在同样的时间内，利用时间的方式不同，人们对时间的感受也不同。活动使学生真切感受到时间，促使其思考自己平常对时间的态度，懂得合理利用时间的重要性。

活动中的两个变式就是从小游戏"猜猜30秒"变化而来的，一个小学生的安全教育游戏经过简单变化，就可以变成适合中学生的时间管理教育活动。因此，在班级管理过程中，教师要善于融合和开发资源，创造适合班级教育的活

动。类似的创新转化其实并不难，它需要教师的一个逆向思维或迁移转化。"猜猜90秒"就是一种迁移转化，把小游戏迁移转化为中学生的时间管理教育。

（二）将电视上参与性较强的节目转化为班级体验式德育小活动

很多教育类节目有参与性较强的活动，我们可以根据需要把电视上的活动转化为班级中的体验式德育活动。如教育部与中央电视台合作的大型公益节目《开学第一课》主题为"我的梦，中国梦"中的"梦想长城"活动，其本意是让学生认识到"信任"的重要性，我们可以把它转化为班级活动，突出信任和坚持对于班集体建设的重要性。

✎ **案例**

信任和坚持的力量

（1）将8张椅子围圈放（请班委会完成场地布置）。

（2）每个小组选出两名代表，男生一组、女生一组，8位队友脚朝顺时针方向围圈坐在椅子上，并将自己的头部靠在后面一位队友的腿上，同时用自己的腿支撑起前一位队友的头。

（3）8名学生按指挥撤走椅子并计时，看看每组能坚持多久。（注：失去椅子的支撑，各位同学要完全靠腿支撑着队友的头部，队友之间要相互信任才能坚持下来。）

活动中，虽然8名学生的腿和头都在发抖，但是他们仍旧紧握双手、闭着眼睛坚持着，坚持了60秒才放弃，无论是否赢得挑战，每组都赢得了同学们热烈的掌声和赞叹声。

感悟分享：整个团队要相互信任，接受考验，并坚持到最后一刻。信任和坚持所产生的力量是难以估量的，它既是人的品质，也是团队重要的力量源泉和班集体建设的重要精神支柱。

从以上案例可以看出，转化活动并不困难，只要教师做生活的有心人，随时随地都可能发现精彩的活动、故事、视频，使其成为体验式德育活动的灵感来源及素材。

（三）自主开发和设计班级活动

有时候教师想要达到特定的目的，却很难找到合适的活动来承载，此时，教师可以根据需要自主设计新活动。设计新活动有两个关键：第一，明确班级存在问题的症结所在，解开症结才能解决问题；第二，找到合适的承载形式或承载工具作为突破口。

开学第一周，学生很努力地参与军训会操比赛，却没有在比赛中胜出，沮丧、郁闷、不公平感笼罩全班。如何帮助学生在认清现实的同时，激发学生的动力呢？短时间内教师难以找到现成的活动，语言的劝慰又显得苍白，此时关键是要寻找问题的症结在哪里。通过思考，两个关键词浮现在教师头脑中："没获胜""不公平"。因为在评选中"没获胜"，于是抱怨评委"不公平"。可见，问题的症结是对"获胜"和"公平"的看法。那么，如果我们自己做评委，就一定能选出最好的吗？就一定能做到公平、公正吗？根据这两个关键词，贾老师设计了"请你做评委"的活动。

案例

请你做评委

（1）请你从以下6条绝对不等长的线段中选出你认为最长的一条线段。

教师事先准备好A、B、C、D、E、F六条不等长的线段，但是相互间的差距并不太大（其中C最长），请学生用目测方式选出哪条线段最长，如下图所示：

A———B———C———D———E———F

学生看了许久，终于艰难地做出了选择，可6个答案全部都有人选。然后，教师通过线段移动的方式让他们看到C是最长的，比其他线段长1毫米左右。

教师点评：在相互差距并不太大的线段中选出最长的线段是很难的，当一个人当评委，面对不相上下的参赛者时，他们的选择将会变得很难，而且也并不一定很准确，这是正常的。因此，班级在军训比赛中没有获胜并不是不公平导致的。

（2）教师仍然准备6条不等长的线段让学生选择最长的一条，但是这次最长的线段特征很明显，C比其他线段长1厘米，如下图所示：

A———B———C———D———E———F

所有同学都毫不犹豫地选了C。

（3）思考：为什么两次都是C最长，第一次我们很难看出来，第二次却可以轻而易举地选出呢？

教师点评：有时候我们没有胜出，不是因为我们不优秀，而是因为我们不够优秀。在军训比赛中每个班都很努力，都表现出色。如果我们班的同学不仅出色，而且与其他班相比优势明显，那么我们将会胜出。军训中我们没有胜出，不能抱怨评委偏心，应该反思我们自己是否做得足够优秀。正所谓，你若盛开，蝴蝶自来；你若精彩，天自安排。我们要追求更好的自己，追求更好的班级，为成为年级最优秀的班级而努力！

通过这个活动，教师帮助学生对失败形成正确的归因，化失败为前进的动力，激发学生积极向上、争先创优的斗志，解开了学生心结。因此，班级活动的设计一定要源于班级问题，并找准症结所在，找到解决问题的突破口，班级活动才能收到良好的教育效果。

六、班级课外活动方案设计

班级活动是学生认识世界、认识他人和自己，适应学校生活和社会生活的重要途径，也是建设良好班集体的重要组成部分。班级管理需要通过形式多样的班级活动来调动全体学生积极参与，通过活动来培养学生，使学生获得知识和经验、形成基本的能力，从而达到教育目的。下面主要介绍课外活动总体方案设计，以及体育比赛活动方案设计等。

（一）课外活动总体方案设计

1. 案例描述：县城关中学初一（2）班有56人，男生30人，女生26人。经过一学期的了解、熟悉，班主任发现学生的课余及星期六、日时间利用得不好。为配合素质教育的实施，并利用好周末两天的时间，班主任决定在本班成立四个课外小组：生物观察小组、绘画小组、学习小组、科技制作小组。请就该班课外活动的总体安排及各小组活动的目的、意义、计划、实施、检查等方面提出具体要求，并指导各小组设计具体活动方案。

2. 活动方案的具体内容及格式：

初一（2）班第二学期课间和课外活动方案

一、活动预期目标

（一）能力目标

1. 培养学生获取信息的能力。

2. 培养学生的实践能力、动手能力和口头表达能力。

3. 培养学生的观察能力和审美能力。

（二）知识目标

1. 理论联系实际，加深学生对课堂知识的理解。

2. 让学生对社会、对生活有更进一步的认识。

（三）情感态度目标

1. 激发学生观察生活、发现问题、探究问题的兴趣，让学生充分发挥主观能动性，热爱生活。同时，通过交流，让学生学会与人交往、与人合作；在实践活动中尊重他人、帮助他人；在娱乐活动中体验学习和创造的乐趣。

2. 培养学生的集体主义感、责任感及团队合作的精神。

3. 培养学生广泛的兴趣爱好，充分调动学生的积极性和主动性。

4. 培养学生的个性和特长。

二、活动准备

1. 拟订活动时间：课后及星期六、日。

2. 活动场所：主要在校内，其他根据活动的特点和需要再做具体的安排。

3. 做宣传，做海报，引起学生的重视，鼓励学生踊跃参加。

4. 找好指导老师，指导学生如何开展活动。

5. 联系各团体单位。

6. 做好经费预算。

三、活动总设计

1. 设置四个小组，分别是生物观察小组、绘画小组、学习小组、科技制作小组。各位同学可以自由参加自己喜欢的、感兴趣的一个或多个小组。

2. 本学期各小组的活动主要有：①生物观察小组：参观广州瀛洲生态园；制作标本。②绘画小组：漫画比赛；自制书签（与科技制作小组合作）；手抄报评比（与学习小组合作）。③学习小组：各学科学习经验交流会；手抄报评比（与绘画小组合作）。④科技制作小组：飞机模型制作比赛；自制书签（与绘画小组合作）。

3. 课间和课外活动主要根据教学周的时间顺序来安排，共20周，同时，各小组活动可以穿插进行。

四、活动具体安排

（一）课间活动设计

1. 听歌学英语。

时间：每周二、周四早上课前15分钟。

地点：本班教室。

目的：培养学生学习英语的兴趣，让学生轻松学英语。

要求：听英文歌，填写单词。

具体措施：全班学生自愿报名参与，英文歌曲的准备，由英语科代表负责登记和安排；科代表采用抽签形式在参加的学生中确定轮流顺序，由学生自选歌曲，并准备好相关歌词和所需物品。可以请英语老师辅导。

人员：全班同学。

指导老师：英语老师。

主要负责人：英语科代表。

设备和器材：多媒体、磁带和录音机等。

2．120 秒演讲或表演。

时间：每周三、周五早上课前 5 分钟。

地点：本班教室。

目的：锻炼学生的胆量，培养学生严谨的逻辑思维，提高语言表达能力。

要求：按学号让学生轮流上台演讲或表演，自由选择内容和排练，可以用普通话、方言或英语；可以个人表演，也可以多人合作。

人员：全班同学。

指导老师：班主任。

主要负责人：班长和宣传委员。

设备和器材：由表演的同学准备。

3．浇花苗。

时间：每天早读前。

地点：教室前的花圃。

目的：让学生接触自然，培养细心观察的科学态度。

要求：让学生按学号轮流浇水，并写观察日记。

人员：全班同学。

主要负责人：生活委员。

设备和器材：小桶或花洒、记录本。

（二）周六、周日班级活动安排

1．感受大自然——参观瀛洲植物园。

时间：第四周周日上午 8：00 在学校门口集中，8：30 出发。

地点：瀛洲生态植物园。

目的：让学生亲近大自然，培养学生的生态意识和环保观念。

人员：生物观察小组成员，也欢迎其他有兴趣的同学参加。

指导老师：班主任、生物老师。

主要负责人：生物科代表。

作业：写一篇观后感，小组内互相交流。

2．最后的一滴水，可能就是我们的眼泪——珍惜水漫画比赛。

时间：绘画小组的同学从第二周开始准备主题漫画，第七周进行作品展示。

地点：学校中厅展示橱窗。

主题：地球母亲的泪；点点滴滴都是情；最后一滴水，可能就是我们的眼泪。

目的：激发学生的环保意识，关注地球水资源的利用，培养学生节约能源的意识，同时发挥学生的特长并展示他们的兴趣爱好。

人员：绘画小组成员，也欢迎其他同学积极参与。

指导老师：美术老师。

主要负责人：副班长。

奖项：最具创意奖1名、优秀奖3名，由美术老师评分和同学投票决定。

总之，课外活动是综合实践活动。首先，它是知识与能力的综合，通过活动使课本知识与现实生活相结合，培养学生的能力。其次，课外活动也是学生素质的综合锻炼平台，是学生知、情、意、行统一、协调的过程。最后，课外活动能丰富学生的情感，使其获得对生活世界的积极体验，培养学生的观察能力、分析能力和解决问题的能力。

（二）体育活动比赛方案设计

高二（1）班秋季篮球赛活动方案

活动目的：督促学生加强体育锻炼，通过比赛让学生体会运动的乐趣，防止学习疲劳，让学生意识到劳逸结合的重要性。鼓励全体同学参与到比赛活动当中去，发挥团队精神，充分感受团体合作的益处。

比赛时间：11月7—11日，每天下午放学后。

比赛地点：学校篮球场，1号、2号篮球场为比赛用场。

参赛队员：以全班学习小组为单位，共6个学习小组，每组每次派5名队员参赛，其中至少有2名女生参加，组成参赛队员。

比赛规则：

1. 共6支球队。

2. 每场比赛30分钟，打全场，中间不休息。各队有三次暂停机会，时间为1分钟；两次换人机会，换人不算暂停，但必须在10秒钟内完成换人。

3. 6支球队通过抽签进行淘汰赛，共3场。抽签号为1号、2号、3号，各2个签，抽中相同签号的为一组，进行淘汰赛。3支队伍进入决赛后，采用循环赛的方式。决赛采用积分制，胜积2分，负积1分，根据积分高低评出冠、亚、季军。如果有积分相同的情况则算比赛时的具体比分，得分高者胜出。具体时间表如下：

时间	场地	比赛球队	比赛结果
11月7日下午5：00	1号篮球场	1号签	
	2号篮球场	2号签	
11月8日下午5：00	1号篮球场	3号签	
赛后三支优胜队ABC抽签决定比赛时间和场次			
11月9日下午5：00	1号篮球场	A－B	
11月10日下午5：00	1号篮球场	B－C	
11月11日下午5：00	1号篮球场	A－C	
赛后进行颁奖仪式			

4. 比赛时，球必须至少一次经过本队女生手中，女生上篮得分按3分记。

5. 比赛裁判员由体育老师担任，比赛过程中各队必须服从裁判。

赛后颁奖仪式：由班长负责组织实施，请班主任、体育老师分别为冠、亚、季军颁奖。

其他事项说明：

1. 每组选出一名小组长负责本队的具体工作，选好队员，起好队名，并把名单交给体育委员。

2. 每组选出一名学生负责本组的后勤工作，组织本组的后勤小组，事先准备好水、毛巾、药物等必需品，在比赛时为队员提供必要的服务。

3. 运动员必须穿运动鞋、运动服参加比赛。

4. 体育委员负责落实裁判员工作，联系学校的体育老师，申请场地、翻分牌等。

5. 比赛时，各方要派一名学生监督翻分工作，保证分数准确无误。

6. 每场比赛全班同学须准时到场，各组的非运动员作为拉拉队，为队员打气加油。

第九章　师生沟通的艺术

在组织行为学里，管理就是沟通。同样道理，班级管理就是班级师生之间的沟通和交流。师生沟通是指教师与学生之间通过语言和非语言方式所进行的有意或无意的传达，从而引起彼此之间的思想、情感交互作用的过程。作为班主任，要懂得如何与班级学生沟通、与学生干部沟通，建立良好的师生关系。从心理学上来说，人际沟通是有一定规律的。教师要掌握这些基本的规律，才能更好地管理班级。师生沟通的艺术性就在于教师既懂得师生沟通是有规律的，又能够在师生沟通过程中讲方法、讲策略；既掌握师生沟通的教育理念，又掌握沟通的具体方法和手段。教师既懂沟通又会沟通，这就是师生沟通的艺术。

一、良好师生关系的基本特征

所有的人际关系理论都强调，良好的沟通取决于两个前提，一是沟通双方自身拥有正确的对人际关系的理解和理念，二是双方沟通技巧的有效运用。也就是说，人际关系一方面取决于交往双方所持有的态度和观念，他们对人际关系的看法和基本观点将决定人与人之间的关系状态；另一方面，良好的人际关系也需要沟通双方善于运用有效的沟通技巧和方法，使人际关系保持一种相对良好的状态。同样，师生关系一方面取决于教师对师生关系的基本态度和理念，另一方面也取决于教师是否善于运用沟通技巧，与学生保持有效交流和互动。

因此，在学校教育中，不同的教师，教育理念不同，教育方式方法也不同，从而在班级管理过程中形成了不同类型的师生关系。一般来说，常见的师生关系主要有三种类型：第一种是专制型的师生关系。教师希望学生按照自己的意愿来学习和做事，教师过度发挥自己的指导作用，指挥学生干这干那，学生的思想和行动都受制于教师所发出的指令，学生往往是处于被动地位去适应教师的教育方式。专制型教师在评价学生时也表现出过强的个人主观意见，较少顾及学生个性心理特征。第二种是放任型的师生关系。教师对学生的成长和发展没有特别的期待，管理班级随意性较大，计划性不强，教师对班级活动也缺少必要的指导和参与，对学生活动也不进行评价。第三种是民主型的师生关系。教师期望与学生共建良好的班集体，使学生能够在集体中健康快乐地成长。教师与学生积极参与班级管理，师生相互支持、相互合作形成一种共生关系，师生共同制订班级目标和工作计划，策划班级活动。教师能够在突出学生主体地位的基础上去发挥指导作用，能够客观、公正、中肯地评价学生的成长和班集体的发展。民主型的师生关系是和谐共生的师生关系，也是良好的师生关系，它能够最大限度地发挥班级管理的教育效能，促进学生全面发展。

良好的师生关系，就是教师在教书育人的基础上，在教育过程中与学生保持良性互动，使学生不仅学会学习，而且学会做人。教师秉承教书育人、与人为善、诚实相待的原则，使师生关系处于良好的状态。在班级管理中，良好的师生关系具有以下几个基本特征：

（1）坦诚的师生关系。坦诚的师生关系意味着教师和学生之间彼此诚实相待，不欺骗对方。师生关系的坦白或明朗状态是最为基本的一种人际关系，教师作为教育者不欺骗学生，学生也不以欺骗教师来达到自己的目的。

（2）师生相互关切对方的利益，师生彼此知道自己被对方所重视。教师关心学生的学习、成长和身心的健康发展，学生也理解教师的工作特点，尊重教师的工作和劳动，师生彼此重视是建立良好的师生关系的重要因素。

（3）师生相互保持相对的独立性。他们有独立的个性、独立的思想，无论是教师还是学生，他们的所作所为是个体自由意志的选择，任何一方都不强迫对方遵循自己的个人意愿，也不依赖另一方。

（4）教师要尊重学生的个体性和差异性。每一个学生都是具有独特个性的人，每一个学生都有不同的成长背景、来自不同的家庭，有不同的经历、不同的观念，等等，班主任应该能够充分理解班级学生的个性和差异性，并允许学生在班级中保持并发展其独特的个性与创造力。

二、师生沟通的基本原则

师生沟通的主要目的在于教师充分发挥自身的影响力，引导学生人性向善、人心向学。在师生沟通过程中，教师所做的每一件事情都是为了与学生沟通，它包括语言与非语言、有意传达与无意传达。教师的语言、手势、表情及仪表、着装都有可能影响师生沟通的有效性。师生之间的沟通是双方整体信息的沟通，是每时每刻都在不断进行的。因此，在师生关系中，教师的一言一行，教师的思想、态度和对人际关系的理念都对学生产生深刻的影响。例如，教师的人性观会影响教师对学生的基本看法和评价。如果教师认为学生都是善良的人、爱学习的人，那么，教师会倾向于相信学生是一个有价值的人，并想尽一切办法让学生相信他自己是一个有价值的人。教师也会帮助学生相信——即使教师对他的某些行为和想法并不认同，但他在教师的眼中仍然是一个有潜力和有价值的人。良好的师生关系不是偶然形成的，师生沟通必须要坚持三个基本原则，才能有助于构建良好的师生关系。

（一）用真诚获得学生的信任

古人云："君子坦荡荡，小人长戚戚。"在师生沟通的过程中，教师要有君子心态，教师坦荡为师就是要坚持人与人相处的基本原则——以诚相待，用真诚来获得学生对教师的信任。所谓真诚，就是一个人自由地表达真正的自己，表现出开放和诚实的态度，表明自己是一个表里一致、真实可靠的人。真诚使人具有一种"心底无私天地宽"的气度，让对方心生信任感和安全感。教师的真诚表现为教师能够面对真实的自己，在学生面前能够做到开诚布公、表里如一、言行一致。

真诚对于人际关系来说意义重大。首先，心理学研究认为，虚伪是一种不健康的生活方式，人在伪装时，会耗费大量的精力并产生极大的焦虑感，这样的生活方式并不利于人的健康。其次，当人与人之间缺乏真诚时，彼此之间会产生许多的防卫和指责，相互之间缺少必要的体谅与宽容。因此，当教师与学生之间不能真诚相待时，教育的效能便无法产生。教师向学生表达自己的真诚能产生一种强大的教育力量。一方面，学生对教师能否真诚地对待每一个学生非常重视，"亲其师，信其道"，教师的真诚有利于学生接受教育。另一方面，在师生的交往过程中，学生对教师的言行是否一致非常在意，表里如一的教师容易获得学生的信任，得到学生的认可和接纳。在师生沟通过程中，教师要善于表达自己的真诚。

首先，教师要学会接纳自己。所谓接纳自己，就是一个人要坦然面对自己的优点、缺点，既不要夸大自己的优点或优势，甚至沾沾自喜、自以为是，如恃才自傲、倚老卖老等，也不要因为自己的某些不足而觉得低人一等，或过于在意等。一个人总会有某些特征容易被别人当作话题，尤其是当教师的不可避免会成为学生议论和取悦的对象。

例如，有一位教师上课时，看到黑板上有一幅讽刺漫画，仔细一看画的是他的脸，而且画得精准可笑。学生正等着看他的反应。他观察了一下，然后说："画得很棒！擦掉未免太可惜。我们不如先请作这幅画的大师把它描在纸上，我要向这位艺术天才致敬！"[①] 这位教师面对学生的所作所为并没有大发雷霆，反而欣赏学生对自己肖像的描绘，肯定捣蛋学生身上具有的艺术天分。教师为什么能这样处理，首先在于教师的自我接纳，教师接纳自己的形象特征，认可自

---

① 海穆·基诺特.师生沟通技巧［M］.许丽美，许丽玉，译.广州：广东世界图书出版公司，2003：20.

己的外貌，能够坦然接受学生对自己的认识。相反，如果教师很在乎自己的形象，当看到学生以自己的外貌作为恶作剧的手段时，可能会怒火中烧，那么，师生会立刻陷入僵局，课堂教学也将无法正常进行。

有一位中学女老师，个子特别小，只有148厘米。在学校里，时常有学生故意走近，和她比一比身高，每次她都坦然面对，或故意踮起脚尖与学生一比高低，或对学生说："怎样，很骄傲吧，长这么高，有这么好的身材。不过，如果在学识上也高过我，那才是真本事噢！"这位女教师坦然接受自己的外表，她这种接纳自己的态度表现了一种真诚。以实事求是的态度对待自己的人，也一定会用实事求是的态度对待他人。

在现实生活中，有些教师可能对自己的外表过于在意和敏感，当有些学生议论或取笑自己时，反应很激烈，认为学生没教养，或以为学生看不起自己等等。在与学生交往过程中，如果教师有太多的个人主观臆测，往往不利于与学生的沟通和交流。其实，任何人都不可能是完美无缺的，教师准确地认识自己、定位自己，将更有利于师生之间建立良好的人际关系。因此，教师要能够清楚地了解自己的优点和缺点、长处和短处，能够接纳自己的不足，做到在学生面前扬长避短，尽己所能，教书育人。

其次，在恰当的时候，教师要勇于向学生承认自己也有无知、犯错误和存在主观偏见的时候。教师要有分寸地向学生承认自己不是一个完美无瑕的人，这样在沟通过程中可以缩短与学生的心理距离。比如教师在处理学生之间的冲突时，因为个人的原因处理不当，教师要勇于承认自己的过失。

最后，在与学生相处时，教师要努力成为学生的良师益友，在为学生制订计划时，教师要有明确的"教师意识"；让学生实施计划时，教师又要有"朋友意识"，在计划实施过程中以朋友的身份指导学生，做学生的良师益友。

（二）接纳和尊重学生

首先，要接纳和尊重各自的独立人格。无论是教师还是学生，他们作为一个独立的个体，都具有独特的个性特征，任何一个人在与他人交往的过程中都带有鲜明的个性特征。教师作为教育者，在与学生的交往过程中，应该接纳和尊重学生的个性特征，充分考虑个性特征不同的学生在与人交往过程中的不同表现，并给予充分的理解和适当的宽容。

其次，师生在沟通过程中，教师要遵守沟通者的誓言。所谓沟通者的誓言是指：无论我是否同意你的观点，我都将尊重你，给予你说出它的权利，并且以你的观点去理解它，同时将我的观点更有效地与你交换。

在师生沟通过程中，沟通双方应该尊重对方的话语权和表达个人看法的自由。由于经验、学识、年龄等方面的优势，教师应该自觉遵守沟通者的誓言，给学生表达的权利和自由，尊重学生个人的思想和观点，这样学生才会更容易接受教师的批评教育，也才能真正习得如何尊重他人。

最后，接纳和尊重学生的沟通原则要求教师应该养成就事论事的习惯，不要针对学生个人的个性和品格恣意评判。海穆·基诺特指出："最优秀的老师以学生的立场就事论事；最不称职的老师总是批评学生的品格与个性。"①就事论事就是根据具体情况做出的一种有效的交流，而教师动辄评价学生的品性则是对学生的一种不尊重的表现。例如，当学生因为不小心把刚交上来的作业弄翻在地时，就事论事的教师会说："没事，重新把作业本放好就行了。"可是，爱评判学生个性和品格的教师则会说："你怎么笨手笨脚的，你为什么这么粗心？"其实，师生之间的有效沟通立足于教师能根据不同情境做出正确应对，尊重学生在不同情境中的不同表现，就事论事，不要轻易对学生进行品德或人格方面的定性评价。

（三）教师要学会换位思考，富有同理心

所谓换位思考，就是在与人沟通过程中，尝试站在对方的立场和角度来看问题，是同理心的具体表现。在师生沟通过程中，换位思考就是教师站在学生的立场去了解学生，了解导致学生产生某种行为或思想的因素；同时，教师让学生知晓教师正在设身处地地理解他，以取得学生的理解和支持。换位思考的本质是沟通双方暂时放弃自身的主观参照标准，尝试从对方的参照标准来看待事物。因此，教师的同理心表现为教师能够尽可能站在学生的立场和角度去想他所想、感同身受、换位思考，先放下个人的主观意见，与学生交流、沟通。

教师的换位思考表明了一种沟通态度，即教师在与学生交往的过程中，愿意主动理解学生。它表明教师尝试站在学生的立场上了解学生，力求与学生产生同样的感受和体验，协助学生自我表达、自我探索和自我了解。对于教师而言，换位思考也是一种沟通能力。换位思考使教师学会用学生的眼光去看"他的世界"，体验学生的心情，并从学生的言行推断出他的感受、信念和态度。

如果教师不善于换位思考，将难以从学生的角度去理解学生，也往往会在师生沟通的过程中造成一些不良的后果。例如：

生："老师，我觉得很烦，学习没什么意思！"

---

① 海穆·基诺特. 师生沟通技巧［M］. 许丽美，许丽玉，译. 广州：广东世界图书出版公司，2003：20.

师："你烦什么！你们这代人真是身在福中不知福！"

生："老师，我不是这个意思。"

师："那你是什么意思啊？"

当学生向教师表达感受时，学生的心情和体验往往只是个人的主观体验，教师如果过早地进行评价容易误解学生的真实想法，让学生不愿意再和教师交流。上面的例子中，教师面对心情烦闷的学生时，一句"你们这代人真是身在福中不知福"就给学生下了一个基本的判断，而且显示出师生双方似乎存在难以逾越的代沟。其实，教师这时应该倾听学生的抱怨，在倾听过程中充分了解学生的个人体验，然后再做出适当的指导。针对上面的例子，教师可以换一种回应方式，鼓励学生更清楚、准确地表达出自己的心情。例如：

生："老师，我觉得很烦，学习没什么意思！"

师："是吗？你觉得学习没什么意思，是学习上的事让你觉得很烦吗？"

生："是啊。有时候我都不知道为什么要学习，学习有什么用！"

师："是啊，学习是一个长期的过程，学习的好处不容易被人发现，尤其是你们学生，不容易弄清学习能给你们带来什么好处。"

生："老师，你说我该怎么办？"

…………

当教师换一种方式回应学生时，可以更准确地了解学生，获取更多的信息。上面例子中，学生的烦恼在于觉得"学习没什么用"，类似这种困惑在学生中是普遍存在的。当教师知道学生的真实想法后，给予的帮助和引导才会更加有效。

在学校教育的过程中，学生与教师的交流往往重在交流的过程，而不仅仅是交流的结果，学生时常会在与教师交流的过程中化解心中的烦恼。因此，在师生沟通的过程中，坚持换位思考的原则，其实是强调教师要善于理解和同情学生，富有同理心，能够与学生共情、感同身受。教师只有学会站在学生的立场和角度来思考问题，理解学生的真实想法、观点、态度，才能在师生沟通过程中产生必要的同情。如果教师不能理解学生，或不能同情地了解学生，良好的师生关系就难以建立。

当学生觉得教师不理解自己时，就会认为教师并不关心自己，会感到很失望、沮丧，对教师的信任度也会降低，向教师敞开心扉的欲望会很快消失。当教师对学生没有产生一定的同情心时，教师就不能真正接纳学生，容易对学生进行无益的批评，甚至指责，教师的批评和指责极易让学生反感，从而与教师产生对立情绪，不利于师生之间的深入交流。当教师不能真正理解和同情学生时，教师对学生内心世界的需要难以做出积极的、有益的回应，也对学生基于主观的价值判断缺乏必要的了解，可能会对学生造成不利的教育影响，甚至误导学生。

因此，教师学会换位思考是一种能力，它表明教师具备良好的沟通能力，善于与学生交流思想，分享经验，从而建立良好的师生关系。教师的换位思考和富有同理心，源于对学生的全面了解和整体把握。首先，教师必须不断丰富自己的人生阅历，开阔视野，理解不断变化的世界及人性的特点，理解学生也有七情六欲、喜怒哀乐惧，学生的生活同样充满着未知和变化，与学生共情、共鸣、共成长。其次，教师应加强语言表达能力，丰富个人的词汇，对各种人生感受有更加清楚的分辨和体会。例如，教师可以从学生的话语，特别是用词方面入手，来理解学生常用词汇所蕴藏的真实含义，如学生挂在口头上的"酷""烦""郁闷"等词汇。教师平时也要多留意学生说话语调的缓急高低，体会它们所传达出来的学生的情绪和心态；从学生的行为、面部表情、眼神等非语言表达中读懂学生，如发型、着装、背包、饰物等。再次，教师要主动理解生活在"网络时代"的学生所具有的生活特点、思维特点、情感特点等。例如，学生所具有的反权威的倾向，学生崇尚效率、追求公平，现代学生还具有全球化的观念、多元化的知识和适应数字化生存等特点。最后，教师要掌握消除代沟的有效方式，如上网、玩游戏，尽可能了解学生的沟通习惯、娱乐方式、消费观念等。

总之，在日常的教育教学工作中，教师要细致地观察学生，了解学生的生活，理解学生的情感、态度和价值观，找准共情点，进行有效的师生沟通，建立良好的师生关系。

三、师生沟通中常见的心理效应

师生关系与普通人际关系一样，受到人与人之间情感交流互动的心理影响。每一个人作为社会人存在于集体生活中、社会生活中，都必然具有一些心理共性。这些心理共性在人际交往中会自然而然地流露出来，从而影响人与人之间的交往。教师要明确师生沟通是有规律可循的，了解人际沟通中的心理效应，善于利用好心理效应，发挥教师的影响力，从而使师生沟通达到事半功倍的效果。

1. 首因效应——教师要重视给学生留下良好的第一印象
首因效应就是我们常说的第一印象。当我们刚刚认识一个人时，总是要根据有限的信息对这个人形成最初印象。社会心理学研究表明，在人际交往中，对某人的最初印象在很长一段时间内影响着此人对其人以后一系列心理及行为特征的解释。这就是社会心理学中所说的首因效应。

有经验的班主任往往都会精心准备与班级学生的第一次见面，会提前准备好发言内容，尽可能让学生在第一次见面时就接纳班主任、认可班主任，甚至喜欢班主任。因此，教师给学生的第一印象很重要，它往往影响学生对教师的信任和评价，也影响教师和学生良好人际关系的建立。班主任在班级管理中会面临不少的第一次，班主任有意识地做好第一印象管理就很有必要了。一般来说，班主任可以从做好"五个一"开始：见好第一次面；讲好第一次课；批好第一次作业；开好第一次班会；处理好第一件班级事件。① 教师要重视师生沟通中的第一印象，给学生留下良好的第一印象有助于教师发挥个人影响力，促进师生之间的情感交流。

2. 期望效应——教师要善于给学生积极向上的心理暗示

所谓教师期望效应，就是教师的期望与学生的表现是密切相关的，教师的正面态度和较高期待会使学生努力实现教师的期望，相反，教师对学生过多的负面评价和解释，也会使学生逐渐对自己失去信心。

当然，教师期望效应并不是绝对的，教师的期望对不同的学生会产生不同的影响。社会心理学也在研究教师期望与学生的自我实现之间的关系，根据罗森塔尔的统计，在500个左右已发表的研究中，有五分之二的研究确实可以验证期望显著地影响行为。但是较低期望并不会毁掉一个有能力的孩子，同样较高的期望也不会魔术般地将一个学习吃力的孩子变成毕业生代表。人类的天性不是如此易变的。不过，较高的期望确实会影响成就低的人，对他们来说，教师的正面态度可能是一缕带来希望的清新空气。② 因此，虽然我们不能肯定教师的期望一定会实现，但是，它确实会影响学生对自己的判断和评价，从而使学生调整自己的行为。在班级管理过程中，班主任还是要善于利用期望效应，以正面教育为主，对学生提出较高的期望，期待学生为更好的自己而努力。

3. 权威效应

教师的权威效应，就是指教师的专业知识、业务素质、学历背景等如果都令学生佩服，他对学生的影响力就大，在师生沟通过程中，教师的观点和态度就容易被学生接受和认可。

---

① 屠荣生. 师生沟通的心理攻略［M］. 上海：上海人民出版社，2002：4.
② 戴维·迈尔斯. 社会心理学［M］. 8版. 侯玉波，乐国安，张智勇，译. 北京：人民邮电出版社，2006：90-91.

师生之间的人际关系与普通的人际关系有所不同，最重要的一点是教师承担着教书育人的职业角色，它使师生关系相对单纯。师生之间的关系首先是建立在知识的传授与接受基础上的。教师所具有的良好的综合素质、系统的知识背景和娴熟的教育教学技能及技巧，有助于其在与学生交往的过程中教师权威的形成，学生愿意接受教师的专业指导，愿意倾听教师给出的意见和建议。这就是教师的权威效应。师生之间的沟通是相互影响的过程，教师在管理班级时要树立较高的威信，才能积极地影响学生，在师生沟通过程中更好地发挥教师的主导作用。

4. **品德效应**

品德效应就是教师个人的人品、为人处世的态度和方式方法会潜移默化地影响学生。如果教师能够以身作则、身体力行、真诚平等待人，那么他对学生的影响力就大，也容易获得学生的信任。

5. **性格效应**

性格效应就是教师如果具有良好的个性特征，如为人和蔼可亲、开朗乐观、坚强果断等，那么他对学生的正面影响就强，学生容易对他产生亲近感。

四、课堂教学的师生沟通策略

课堂教学是师生沟通的重要方式之一，课堂管理沟通主要是指教师在课堂上用来维持学生合宜行为的措施，它是教学中最基本、最综合的一个技术和策略。课堂教学的师生沟通，主要包括教师试图鼓励学生合作参与课堂任务而采取的一系列行为和活动的组织技术。它不仅约束、控制着有碍课堂教学的不良行为，而且能够引导学生从事积极的学习活动，从而增进课堂学习的效果。[①]在课堂教学的师生沟通中，教师应将沟通建立在对学生正面评价的基础上，也就是说教师应该对学生有三个基本认识：一是学生在课堂上是想学习的，即使是在班上最为捣蛋的学生也是如此，只不过他还没有找到适合他的学习方式；二是大多数学生在课堂上是在寻求帮助的，教师应该在课堂上有一定量的个别指导和教育，满足寻求帮助的学生的需要；三是学生是希望教师能公平对待每一个学生的。教师在课堂教学过程中，有可能会把精力过多地放在成绩好的学生身上，关注平时表现好的学生，这样会给其他表现一般或比较差的学生一种不公平的感觉。为此，教师在课堂教学中要给予一些表现少、发言少、比较迟钝或害羞的学生一些特殊的保护和关注，尽可能顾及全班学生的需要。只有这

---

① 傅道春．教学行为的原理与技术［M］．北京：教育科学出版社，2001：34．

样，师生才能在课堂教学中进行良好的沟通。

（一）课堂安静的策略①

1. 学会等待

一般来说，静候噪音消失需要几分钟的时间，教师要舍得花这几分钟的时间去等待。但是，我国传统课堂教学管理偏重纪律，尤其重"静"。其实，安静不一定是课堂管理的理想状态。在课堂教学中，教师要求学生自始至终地保持安静是不现实的，也是不可能的，甚至对于小学生来说是有点残酷的，因为学生心智还没有成熟到足以在40分钟内很好地控制自己的情绪、行为和态度。尤其是在小学生的课堂里，不时地出现嘈杂和吵闹是很正常的。当学生出现吵闹时，教师最好不要立即大声制止，相反，教师应耐心等待，让学生有机会去发表自己的感受。等待过后，教师再有选择地表明自己的立场和态度，如教师可以这样说："好，大家也说了一会儿了，也该安静下来了。"当教师表明自己的态度后，还有部分学生无法安静时，教师可以进一步表示自己的态度，如"我数到10，看看哪组同学最先安静下来"。教师可以通过这种较为耐心的指示让学生安静下来。当然，课堂教学中师生沟通有许多种方式，但是教师学会等待是很重要的，等待的过程是教师实现"以静制动"的过程，也是一种策略。有些教师无法忍受学生的吵闹，往往采用喊叫的方式，或用其他带有威胁性的方式让学生立刻安静下来，这并不是最好的方式，也不宜时常采用。

2. 学会正确使用教师的体态语言

当教室里很吵闹时，教师站在哪个位置上更能引起学生的注意？教师如何等待才能让学生尽快安静下来？教师发出什么样的信号、使用什么暗示可以集中全班学生的注意力？当教室过于吵闹时，教师要站立在前排中央或讲台中央，这两个位置是最容易引起学生注意的，而且教师要让学生养成这样的习惯：当教师站立在讲台中央或前排中央时，就是希望全班学生能安静下来，并集中注意力听讲。因此，教师平时要注意，当宣布重要信息或讲解重点内容时，一定要回到讲台中央或前排中央，不要在教室的其他地方向全班同学宣布重要事情或讲解主要内容。

善用眼神。当学生过于吵闹时，教师可以用严肃的眼神扫视全班，并接触每一个学生，必要时可以把眼神停留在特别吵闹的学生身上。当教师要表达严肃态度时，注意自己的眼神要停留在学生的额头位置或眼睛上，通过直接的眼

---

① 罗杰斯. 问题班级管理策略［M］.2 版. 吕红日，范立. 译. 北京：中国轻工业出版社，2014：25.

神交流来达到控制学生行为的目的。

教师还可以通过走动来控制课堂。例如，走过去与扰乱课堂的学生小声说两句，然后返回讲台继续讲课；教师或者可以走到比较不安静的小组附近站立，用身体语言向学生表达自己的态度。

当然，教师使用哪种体态语言与学生的年龄有关。教授低年级学生的教师要善于利用学生的好奇心，如通过讲故事、猜谜语或画画等方式来吸引学生的注意。例如，教师可以说："只有同学们安静下来，我才开始讲故事。"教师还可以在黑板上画卡通人物，再写上"请安静，谢谢大家"等来让学生安静。例如，有一位教师在黑板上画了一个椭圆形，然后画上眼睛和耳朵，最后画上一个向上弯曲的嘴巴，这时，黑板上出现了一个笑脸。教师说："请同学们的眼睛和耳朵往这边来，谢谢。"这些方法对于小学低年级学生非常有效。

3. 教师要保持冷静

有一则案例是这样描述的：班主任正在上课，给同学们布置了练习题，同学们都埋头认真思考。突然，静悄悄的教室里传来了"嘟嘟"的电子游戏机的声音。教室里一下子骚动起来。班主任三步并作两步走到某同学的座位旁："把游戏机给我。上课有纪律没有？胡闹什么！"谁知该同学根本没有将老师放在眼里，若无其事地继续打他的游戏。班主任更火了，硬把他的游戏机抢了过来。该学生也更嚣张了，坐在位子上把东西故意弄得"叮当"乱响，摆起一副"我也给你点颜色看看"的样子，班主任把他叫到办公室，却叫不动。班主任十分生气，用本子一拍讲台，大声说："你不认错，今天就不上课了！"[①] 这时，课堂教学无法正常进行，师生处于僵持状态。

其实，班主任在处理这样的事情时应该三思而后行。首先，要考虑学生的个性特征，教师应该充分考虑到是什么类型的学生在玩游戏机。如果是一个个性特别倔强的学生，教师应该不动声色，尽可能采用私下交谈的方式去处理。一般情况下，一个学生敢在课堂上玩游戏机，说明他是准备好接受教师的挑战的了。其次，教师还要把握分寸，坚持适度原则。当发现有学生上课玩手机或其他电子设备时，教师可以先发出警告或提示，千万不要立刻责备或没收学生的东西，这样一下子就把问题升级了，学生往往会难以接受，容易与教师产生对抗。案例中的班主任在处理问题时就不够冷静，愤怒和生气于事无补，只能使师生之间的矛盾激化。

在班级管理中，不时会出现这样的情况，教师被学生气得哇哇大叫，站在

---

① 迟希新，代贝．优秀班主任九项修炼［M］．北京：中国人民大学出版社，2011：93.

讲台上大声地训斥学生。其实，面对吵闹的班级，教师气急败坏的样子往往不能使情况好转，也许当时学生因为觉得教师生气了而安静下来，但是教师不冷静的态度却造成了一些不良的反应。如果是小学高年级或初中学生，他们有可能会利用教师的这种不冷静，故意制造吵闹来看看教师的反应。如果是小学低年级学生，教师不够冷静的样子会让他们不安或产生不必要的焦虑，也有学生会无所谓，对于教师的情绪不予关注，依然我行我素。因此，教师要尽可能保持冷静——表情淡定、语气平静、举止稳重，学生更愿意与这样的教师合作和交流。

当然，教师保持冷静，并不意味着对班级的吵闹不着急或不作为，而是能否对班级的突发状况表现出应有的冷静、沉着和果断。"和声细语驱散愤懑，刻薄话语点燃怒火"，如果教师说话的声音、语气、态度由着性子来，声音大到甚至刺耳的地步，会加剧原本可能缓和的紧张气氛。[①] 教师的冷静可以向学生传递一个正面的信息——一切都在教师的掌控之下，教师有能力来处理班级出现的问题。教师的这种冷静让学生感受到教师的理性，学生知道教师会理性行事，不是任性而为，这一点对于学生来说很重要。相反，如果教师不能冷静地对待班级的乱局，并且总是用负面话语来表达不满，如"你们为什么总是这么吵！""不要吵了！"等，学生会误以为教师无力面对班级的吵闹，或认为教师无法理性地对待学生的吵闹。一旦学生对教师有这样的负面评价，教师的指示或教育会大打折扣，甚至无法对学生产生应有的威慑作用。因此，教师的冷静源于教师的自信，教师应相信自己有能力管理班级。同时，教师对课堂认真备课、精心组织，提前做好充分的准备，有助于教师保持冷静。

（二）课堂问题行为的处理策略[②]

课堂问题行为是指在课堂中发生的，违反课堂规则、妨碍及干扰课堂活动的正常进行或影响教学效率的行为。课堂问题行为是消极、负面的，而且具有普遍性，程度上也具有差异性。研究表明，课堂问题行为以轻度为主，其中最为普遍的有：大声说话（38%）、思想开小差（24%）、讲废话（23%）、不恰当地使用教材或设备（20%）、吃零食（12%）、随便走动（11%）、小动作（9%）、故意大笑（6%）、打架（5%）、弄坏课本或设备（1.5%）、不听从教

---

① 罗杰斯. 问题班级管理策略［M］.2 版. 吕红日，范立，译. 北京：中国轻工业出版社，2014：103.

② 施良方，崔允漷. 教学理论：课堂教学的原理、策略与研究［M］.上海：华东师范大学出版社，1999：290－293.

师的指令（1.5%）、侮辱同学（1.5%）、侮辱教师（1%）等。真正程度比较重的问题行为只占极少数。在课堂教学中，这些轻度行为持续时间短，易变性强。那么，教师应该怎样正确处理课堂问题行为呢？

1. 教师要了解课堂问题行为，分清学生出现的问题行为属于哪种类型，并有针对性地采用策略

一般来说，课堂问题行为可以分为人格型、行为型和情绪型三种类型。人格型问题行为往往与学生的个人性格特质有关，主要表现为退缩行为。如有的学生在课堂上害怕教师提问和批评，不信任教师，显得忧心忡忡等；有的学生不相信自己的能力，缺乏信心和兴趣；有的学生坐在教室里常常手足无措，显得心神不宁、焦虑不安；有的学生神经过敏，无端猜疑；有学生的沉默寡言，胡思乱想，爱做白日梦等。这些人格型问题行为需要教师有足够的耐心去面对，同时也要给予学生充分的理解和同情，不要过多地指责学生或评价学生。行为型问题行为主要表现出攻击性、对抗性或破坏性等特征，主要包括破坏课堂秩序、不守纪律、不道德行为等。例如，有的学生爱交头接耳，以逗人发笑来取乐；有的学生爱干扰别人，拿别人的东西或对别人动手动脚等；有的同学爱欺侮弱小的学生等等。对于这类型的行为，教师应该及时指出学生的错误所在，并鼓励受到干扰或欺侮的同学与这类型行为做斗争。情绪型问题行为主要表现为学生个人因情绪多变而导致的社会障碍。如有些学生常常漫不经心，态度冷漠；有的学生过分依赖教师和同学，不能独立完成作业；有的学生胆小怕事；有的学生情绪抑郁，心事重重；有的学生情绪过于紧张，容易慌乱等。遇到这一类型的学生，教师同样应该耐心对待，给予理解和更多的鼓励与支持。

2. 运用行为控制策略，及时终止问题行为①

（1）鼓励和强化良好行为，以良好行为控制问题行为。有效的问题行为管理是积极鼓励学生的良好行为，因为良好行为一旦得到鼓励或赞扬，就会得到强化，并逐步巩固下来，成为课堂其他成员学习或模仿的榜样。同时，通过鼓励和强化课堂中的良好行为或新的良好行为，可抑制或终止其他问题行为。教师通常可以采用社会强化、活动强化、行为协议等方式。

所谓社会强化，主要是指教师通过包括面部表情、身体接触、语言文字等在内的方式来表达教师对学生行为的肯定或批评，从而达到鼓励良好行为和抑制不良行为的效果。比如，课堂教学中学生保持安静是一种良好的行为，教师可以通过学生之间的相互提醒来保持安静的行为。有一位小学二年级的班主任，

---

① 施良方，崔允漷. 教学理论：课堂教学的原理、策略与研究［M］. 上海：华东师范大学出版社，1999：302－304.

当教室里出现吵闹时，她说"我安静"，并让学生也跟着说"我安静"，每一个学生的"我安静"不仅是对自己行为的一种暗示，也在提醒其他同学要保持安静。可见，教师可以通过语言来强化学生的良好行为。当然，教师还可通过其他方式，如面向学生微笑、亲切地轻拍学生的头或背、称赞学生能干或告诉学生自己很欣赏他的行为等。教师在运用社会强化时，必须遵循四个原则：强化要针对目标行为，强化要指向已完成的行为，强化要强调学生所付出的努力，强化要不断变换形式。

所谓活动强化，就是当学生表现出具体的期望行为时，教师允许学生参与其最喜爱的活动，或为其提供较好的机会与条件，如允许学生优先选择活动或合作伙伴、提供设备的优先使用权、担任课堂活动的组织者或领导角色等。活动强化在很大程度上也可以说是对学生良好行为的具体鼓励方式，可强化良好行为。教师在课堂中可以采用多种多样的活动，见机行事，通过活动强化来控制学生的问题行为。活动强化在小学和初中低年级阶段采用，效果显著。

所谓行为协议，就是教师与学生订立旨在鼓励和强化期望行为的协议，它可以是口头的，也可以是书面的，但必须经由教师和学生共同认可，而且一旦确定，就要切实执行。如教师可以和学生确立口头协议，"如果小组同学上课积极回答问题，就奖励小组成员每人一朵小红花""如果课堂作业做得好，就可以免做家庭作业"等。例如，有一位英语老师与总是排名最后的班级的同学打赌，如果这个班能在期末考试不排在最后一名，就请全班同学吃雪糕。结果，这个班的英语成绩真的不再是倒数第一，开学第一天上英语课时，教师就履行诺言，买雪糕请全班同学吃！这一天就像过节一样，全班同学都很兴奋。通过这种方式，在所有学生面前强化了教师的期望行为，从而鼓动学生积极表现，为达成期望行为而努力。

（2）选择有效方法，及时终止问题行为。学生的问题行为大多以轻度为主，因此大部分问题行为只需要教师运用一定的影响力便可得到制止。教师通常可以采用的方法主要有：

信号暗示。教师向发生问题行为的学生及时发出信号，如突然停顿、走近学生、用眼神暗示等体态语言，用以提醒或警告学生，进而终止刚刚发生的问题行为。

使用幽默。教师可以用轻松幽默的语言来调节课堂气氛，尤其是当课堂上的学生注意力下降、班级气氛沉闷之时，教师可以主动调节课堂气氛，降低学生问题行为产生的可能性，或者当学生出现问题行为时，教师也可以采用幽默风趣的方式来回应学生程度较轻的问题行为。例如，有一位学生在上课时觉得无聊，开始玩弄手中的笔，甚至把笔抛起来再接住，这时教师停下讲课，对着这位同学说："我看你接笔的水平挺高的，你看过刘德华表演嘴接香烟吗？你干脆来个嘴接笔表演算了，怎么样？"学生听教师这么一说，有点不好意思了，赶紧把笔收起来。其实，对于学生的问题行为，教师要表现出一定的宽容度，幽默的方式正是表明教师对学生行为的一种宽容，而这种宽容是具有教育意义的，也容易让学生接受。

有意忽视。某些学生做出问题行为是想要获得他人的关注，如果教师直接干预，可能正好迎合了学生的个人目的。因此，教师要有意忽视这一类型学生的问题行为，让学生自觉没趣而改变其行为。

移除媒介物。有时学生会在课堂中做不相干的事情，例如，一位教师在讲植物的生长过程时给学生发了几粒种子进行观察，可是当这个活动结束一段时间后，学生就把种子当成玩具了，不时在手中玩弄几下，上课分心了。这时，教师应想办法及时移除这些种子，从而制止学生上课玩种子的行为。

正面批评。当其他方法都不起作用时，对于学生的问题行为就要严肃批评，指出其错误，制止其行为。当然，正面批评一定要尊重学生的人格，教师不能冷嘲热讽，更不能伤害学生的自尊心和自信心。

利用惩罚。对于有些较严重而又难以制止的问题行为，教师可适当利用一些惩罚措施，如运用得当，可以起到制止问题行为的作用。但是如果惩罚运用不当，也会造成学生的对立或逆反心理，甚至产生与教师直接对抗的行为。因此，教师要慎用惩罚，不到迫不得已最好不用。

总之，对于学生的问题行为，教师既不能不闻不问，也不可急躁武断，而应根据具体行为分析其产生的原因及后果，讲究方法和策略，选择适宜的方式方法，并在实践中创造性地加以运用。

五、常见的师生沟通障碍及应对策略[①]

师生沟通本身离不开语言，语言是决定师生沟通成功与否的一个重要因素。在班级管理的过程中，教师借助语言来对学生施加影响时，往往会出现一些常见的沟通障碍。所谓沟通障碍，就是指由于教师不当的沟通语言或错误的方法，使师生之间的对话陷入僵局的情形。

（一）师生关系中常见的沟通障碍

语言是人类交流思想、情感的利器，但是人们往往也会用语言来相互攻击、

---

① 屠荣生：师生沟通的心理攻略［M］.上海：上海人民出版社，2002：47－58.

相互伤害。这种攻击和伤害有时是有意的，有时是无意的。师生关系中也常常会出现因语言运用不当而产生的沟通障碍。

1. 陷入沟通僵局

✍️/案例

沟通的大门难以打开

办公室里，教师与家长在和赵亮同学谈话。赵亮是一名初二学生，由于非常迷恋电子游戏，他常常忘记做作业。他父母非常气愤和焦虑，找来教师一起和他谈话。

尽管教师和家长反复说了许多话：

"你为什么老是犯这样的错误？"

"你以为只要你不说话就行了吗？真是自作聪明！"

"你想过没有，再这样下去会有什么后果！"

赵亮仍是不作声，始终保持沉默。

沟通遇到了障碍，陷入了僵局。教师和家长一时都不知道该怎样跨越障碍，打破僵局。

在班级管理过程中，班主任都会面临学生沉迷网络游戏等问题，如何与他们妥善交流和沟通，了解学生所遇到的困难呢？班主任作为教育者，如果只是凭以往的经验和习惯来解决问题，可能会遇到困难，甚至难以和学生交流。在上面的案例中，赵亮的态度已经表明，他向教师和家长关闭了沟通的大门，采取一副以不变应万变的态度——沉默是金！

在这个案例中，沟通的障碍是什么？为什么会产生这样的障碍呢？从家长和教师的立场来看，他们的态度是否有问题呢？他们有没有设身处地地站在学生的角度来思考和表达呢？在案例中，家长和教师都说了太多责备的语言，把所有责任都推向赵亮。其实，这无疑就是告诉学生"我不想听你的想法"，学生会以为自己再多的说辞也会被看成"狡辩"，这时，师生沟通的大门就关上了。

2. 过度说教，上纲上线

过度说教是一种过度教育，它是指教育者过于苦口婆心地给学生提出建议、意见或要求，或时常反复对学生进行说教。过度教育在班级管理中，有时是不知不觉就会出现的。教师的身份和地位容易给人留下好为人师的印象，教师也容易习惯性地对学生进行说教，因此，当出现过度教育时，教师可能还不自知。

学生听多了，往往会产生一种厌烦心理，虽然嘴上不说，但内心不愿意再接受教师的"唠叨"。

教师的职业特点是教书育人，但是人们往往也戏称教师"好为人师"。为什么呢？其实，教师这种"好为人师"的态度和方式，往往由于其职业习惯而时常表现出来，尤其是在与学生进行交流的时候，教师总是一副"好为人师"的姿态，容易过度说教，甚至上纲上线，教师表面上是在尽自己的职责，实质上是犯了过度说教的沟通错误。例如，在教师与学生对话的过程中，教师给学生过多的忠告；或者教师对于学生的一些行为表现轻易上纲上线，曲解学生的行为，认为学生行为的背后总是藏有其他目的；或者教师对于犯错误的学生过多指责，不接受学生犯错误；等等。

3. 含沙射影，冷嘲热讽

案例

有个学生名叫"智伟"，有一次，他在回答一个简单的问题时竟然答错了。教师说："智伟同学，如果你稍微用点儿脑子，你就可以成为名副其实的'智慧伟人'了。"全班同学听了老师的话，哄堂大笑，而智伟却面红耳赤，他恨不得地上有个洞可以钻进去。

很显然，教师不应该采用这样的方式与学生交谈。无论如何，教师没权利用学生的名字取笑学生，或者任意曲解学生的名字来达到批评学生的目的。教师采用含沙射影、冷嘲热讽的方式与学生交流，无论出于什么样的理由，都是不成熟的表现。教师的这种不成熟会给学生带来不必要的心灵伤害，也不利于建立良好的师生关系。

4. 在与学生对话过程中，教师过度使用"你向信息"来表达个人的看法

所谓"你向信息"，是指在师生交流过程中，教师个人的主观意识过强，忽略了对方的感受，不留余地说出对学生的评价，结果使学生不悦，以至于伤害了学生的自尊心，甚至产生冲突，从而使沟通不顺。"你向信息"这种表达方式在沟通过程中，比较容易变成责备、命令的口吻，使对方产生抗拒心理或畏缩心态，从而阻碍了有效的交流和互动。例如，在下面几个情景中，教师的说话特点就是"你向信息"：

情景1：小明上课时老接嘴说话。

教师说："小明，你怎么就这么多话呢？"

情景2：小强上学经常迟到。

教师说："小强，你为什么总迟到？"

情景3：小东和小红经常走在一起聊天。

教师说："你们总在一起是不是谈恋爱了？"

在以上三种情景下，教师都表达出自己对学生行为表现的不满，传递出教师对学生的一种指责。类似的措辞还有许多，如教师有时会说："你不准时交作业，就叫你的家长来见我！""你究竟有没有照我的话去做？""你怎么总是不听老师的话？"诸如此类的表达方式有一个共同的特征，就是教师都是在说学生怎么样，却很少问学生为什么这样，既不让学生自己表达想法，也不允许学生对自己的行为进行必要的解释。

在师生沟通中，教师如果过多地使用"你向信息"，极易让学生认为教师是不会倾听他的解释的，因而学生往往选择沉默或对抗。因此，教师要注意把握"你向信息"的正确表达，尽量不把责任推给对方，给学生造成一种教师不接纳他的负面印象，不要把教师与学生的沟通变成简单的责备和说教。

（二）师生沟通的基本策略和方法

在师生沟通过程中，教师必须要讲究语言的艺术，做到会说，会听，善问。还是以前面的三个情景为例，假如教师这样回应，会有什么样的效果呢？

情景1：小明你总接嘴，老师觉得上课很累，总会被你打断思路。

情景2：我觉得很奇怪，这段时间你经常迟到，能跟我说说为什么吗？

情景3：我看到你俩特别聊得来，同学之间有共同的话题真好！

在情景1中，当教师面对上课爱接嘴的小明时，并没有直接批评他，只是说明小明接话时常打断自己的思路，让自己觉得很累，表达了自己的真实感受。情景2中，教师也没有直接质问小强为什么迟到，只是表示自己对于小强的频繁迟到感到很奇怪，并试探性地问小强能否和自己说说情况，表达自己对学生迟到的关怀。情景3的教师说话很有艺术性，他没有无端猜测学生是否谈恋爱，而是直接肯定同学之间有共同的话题是一件好事。

可见，教师回应学生的行为时，并没有太多的指责，也没有明显表达出对学生行为表现的不满，只是真实地表达个人的感受和基本态度，这样的沟通方式更容易让学生接受。因此，师生沟通过程中，教师一定要讲究方法和策略，以达到师生彼此之间的相互理解、坦诚相待。

1．教师要会说

教师尝试向学生表达自己真实的个人感受或体验，让学生理解教师的真实态度和情感。在上面三个情景中，教师的回应只是表达了个人的感受，并没有直接指责学生：

在情景1中，当学生的行为影响教师或其他同学的时候，教师真实地表达了个人的感受和基本的态度，小明爱接嘴的行为打断了教师的教学思路，让教师感觉很累。这是人人都能理解的一种真实体验，当教师表达出这种真实体验时，学生容易理解，也容易同情教师所处的情景，教师能够得到绝大多数同学的支持。在情景2中，教师尝试了解学生迟到的原因，希望学生可以跟他说明原因，而且口吻也是商量式的，没有让学生一定要说出来，一般情况下，学生也不容易拒绝教师的这番好意。教师的这种回应方式，容易使师生之间的交流进行下去。在情景3中，教师并没有无端猜测学生的行为，只是表明教师对于男生和女生之间的正常交往持肯定态度。

类似这样的表达方式，有一个共同的特点，就是教师所说的话是有关教师对学生行为的个人感觉以及这一行为对教师个人所产生的实质影响。在师生沟通过程中，当学生给教师带来困扰时，教师只是表达自己的想法、态度、观点，表达方式立足于个人真实的感受和体验，这样的表达方式也可以称为"我向信息"。"我向信息"是一种责任信息，教师发送"我向信息"是为了对自己的内心情况负责，并承担向学生敞开心扉做自我评价的责任。"我向信息"把学生行为的责任留给学生自己去承担，它比"你向信息"更能有效地面对学生，对学生包含最低程度的否定评价，具有促使学生愿意改变自己的行为的高度可能性，也不损害师生关系。同时，"我向信息"使学生把教师当作一个真实的人来看，教师是一个会感到失望、难过、愤怒、恐惧，也有缺点和弱点的真实的常人，一个和学生相似的普普通通的人。

在班级管理过程中，班主任要善于运用"我向信息"的表达方式，提高沟通的有效性。教师在发送"我向信息"时，应尽可能准确地表达自己内心真实的感受。在表达"我向信息"时要注意三点：①应该能使学生听出对教师造成影响的问题是什么；②要表达出学生特殊的行为对教师造成的真实或具体的影响；③叙述出教师因受这些实质影响而产生的内心感受。例如，当班主任在课堂巡视时，有学生把脚横放在过道上。这时教师可以说："当你把脚横在过道上时，我很担心会踩到你的脚，同时我也会被绊倒！"如果学生是无意的行为，当教师这样善意提醒后会主动把脚放回桌子底下。但是，如果这是学生的挑衅行为，那么，教师这样的回应其实也给学生一种鲜明的态度——如果老师踩到你了，那可别怪老师不客气！

2. 教师要学会积极聆听

积极聆听是人本主义教育理念要求教师必须具备的基本技巧。所谓积极聆听，是指当师生交谈时，教师除了耐心听学生诉说之外，还要采用一种关心与谅解的态度与口吻简要复述学生的话，用以表示完全了解学生所说的一切，并鼓励学生继续诉说下去。积极聆听并非沉默不语。如果教师沉默不语，会使学生误以为教师对他所讲的话没有兴趣。积极聆听一方面可以消除师生间的沟通障碍，另一方面可以帮助学生自由表达感情，增加对教师的信任感，有利于解决问题。例如：

生：老师，我很烦！我的父母只关心我的考试成绩，一点儿也不关心我。我做他们的儿子，好像只是为了给他们脸上贴金！

师：你觉得你的父母只看重你的成绩，是吗？

生：是的。他们只在意我的成绩。

…………

生：这个学校没有以前我上过的学校好。我在以前的学校里，同学们待我都比较好。

师：噢！你对现在的学校不太满意是不是？

生：是！

…………

在师生沟通过程中，积极聆听的技巧首先表现在教师能倾听学生的感受，了解学生的所说、所想、所感。其次，教师尝试在听的过程中帮助学生明确问题，可以通过简单地复述学生所表达的意思来确认问题所在。因此，教师积极聆听的价值，一方面是让学生有诉说的机会，另一方面是帮助学生确立"问题归属意识"。所谓"问题归属意识"，就是指在师生沟通中，教师要明确问题的发生是学生应该承担的责任还是教师本人应该承担的责任。如果是学生应该承担的责任，教师就要帮助学生树立"这个问题我要自己解决，我可以通过自己的努力来解决自己的问题"的意识，这种意识就是问题归属意识。例如：

生：这个学校没有以前我上过的学校好。我在以前的学校里，同学们待我都比较好。

师：噢！你对现在的学校不太满意是不是？

生：是！

师：你是因为这个学校的同学对你不够好而不满意这个学校吗？

生：嗯。有时候我觉得不知道该怎样主动和同学打交道。

师：你想主动和同学交流却又不知道该怎么办，是吗？

生：是的。

师：刚到一个新学校，认识新同学是需要一些时间的，不用着急。

生：是的。我知道了。

在这个案例中，教师通过与学生的对话，帮助学生明白他对学校的不满意是自己急于想融入新学校而造成的一种主观感受。虽然教师并没有点明这一点，但是在与学生的交流中，学生明白了自己的问题所在。所以，教师在积极聆听的过程中，能帮助学生树立问题归属意识，从而帮助学生解决问题。

3. 教师要善问

在积极聆听过程中，教师除了要细心倾听对方的意思，还要及时以简洁的言辞回应对方。在积极回应学生时，教师要善于提问，尽可能提"开放式问题"，少提"封闭式问题"，使学生尽可能自由地表达自己的情感。

所谓开放式问题，是指提出的问题没有一个简单的答案，回答时没有固定的模式和规则，可以沿着这个问题所提供的话题，充分地提供细节和信息。封闭式问题，就是只需要学生回答"对"或"不对"、"是"或"不是"的问题。例如，下面几个问题是封闭式问题：

你喜欢我们班吗？

你和其他同学商量好秋游的事了吗？

你平时与父母交流吗？

这些问题只需要学生简单地回答"喜欢"或"不喜欢"、"有"或"没有"，教师从学生的回答中无法获取更多的信息。

在积极聆听过程中，教师需要获得更多的信息，了解学生真实的想法，才能有效地帮助学生。因此，开放式问题有助于师生沟通的继续进行。例如，上面的问题可以转换一下疑问词变成开放式问题：

你喜欢我们班的哪些方面？

你是怎样同其他同学商量秋游的事的？

你平时如何与父母交流？你常与父母聊什么？

疑问词"哪些""怎样""如何"等问题的回答，需要学生提供细节和更多的信息，学生会更容易表达出个人的想法。

总之，在师生沟通过程中，教师应尽可能少犯沟通中常见的错误，如过度说教、训话、冷嘲热讽等。同时，教师在与学生沟通过程中尽量不要随意打断学生说话，让学生充分表达自己的想法，教师尽可能帮助学生找到问题所在，帮助学生找到解决办法，助力学生健康成长。

总而言之，教育即沟通，教育要能够帮助学生去理解在生命中所发生的一系列事情，如理解学习、理解生活、理解社会、理解自然、理解他人、理解自己、理解人生，以及理解现在、过去和未来，等等。师生沟通就是要达到这种意义上的理解。这意味着教师既要掌握师生沟通的基本原则和规律，又要讲究方法和策略。也就是说，教师的真诚、理解和接纳，只有与沟通的方法和策略完美结合起来，才能在与学生交流互动过程中尽可能帮助学生去理解其生命中的一系列事情，从而能够帮助学生找到自我发展之路，实现人生价值，成为对自己、对国家、对社会有用的人。

参考文献

［1］王道俊，王汉澜．教育学［M］.北京：人民教育出版社，1989.

［2］黄济．教育哲学通论［M］.太原：山西教育出版社，1998.

［3］黄济，王策三．现代教育论［M］.北京：北京大学出版社，1996.

［4］屠大华．现代教育理论［M］.武汉：华中科技大学出版社，2002.

［5］扈中平．现代教育理论［M］. 2 版．北京：高等教育出版社，2005.

［6］贾馥茗．教育的本质：什么是真正的教育［M］.2 版．北京：世界图书出版公司北京公司，2006.

［7］王国维．教育学［M］.福州：福建教育出版社，2008.

［8］赵汀阳．每个人的政治［M］.北京：社会科学文献出版社，2010.

［9］杨伯峻．论语译注［M］.2 版．北京：中华书局，1980.

［10］唐明邦．周易评注［M］.北京：中华书局，1995.

［11］王阳明．传习录［M］.于自力，孔薇，杨骅骁，注译．郑州：中州古籍出版社，2008.

［12］朱熹，吕祖谦．近思录［M］.查洪德，注译．郑州：中州古籍出版社，2008.

［13］夏甄陶．人是什么［M］.北京：商务印书馆，2000.

［14］王北生．当代教育基本理论论纲［M］.北京：人民教育出版社，2012.

［15］郭思乐．教育走向生本［M］.北京：人民教育出版社，2001.

［16］王坤庆，岳伟．教育哲学论纲［M］.北京：人民教育出版社，2022.

［17］王守昌．西方社会哲学［M］.北京：东方出版社，1996.

［18］叶秀山．无尽的学与思：叶秀山哲学论文集［M］.昆明：云南大学出版社，1995.

［19］张岱年，方克立．中国文化概论［M］.修订版．北京：北京师范大学出版社，2004.

［20］周保松．走进生命的学问［M］.北京：生活·读书·新知三联书店，2012.

［21］孟昭兰．普通心理学［M］.北京：北京大学出版社，1994.

211

［22］孟昭兰．情绪心理学［M］．北京：北京大学出版社，2005.

［23］高玉祥．健全人格及其塑造［M］．北京：北京师范大学出版社，1997.

［24］张春兴．教育心理学：三化取向的理论与实践［M］．杭州：浙江教育出版社，1998.

［25］黄希庭．人格心理学［M］．杭州：浙江教育出版社，2002.

［26］莫雷．教育心理学［M］．广州：广东高等教育出版社，2002.

［27］时蓉华．新编社会心理学概论［M］．上海：东方出版中心，1998.

［28］李晓文，张玲，屠荣生．现代心理学［M］．上海：华东师范大学出版社，2003.

［29］董奇，陶沙，等．脑与行为：21世纪的科学前沿［M］．北京：北京师范大学出版社，2000.

［30］屠荣生．师生沟通的心理攻略［M］．上海：上海人民出版社，2002.

［31］唐思群，屠荣生．师生沟通的艺术［M］．北京：教育科学出版社，2001.

［32］傅道春．教学行为的原理与技术［M］．北京：教育科学出版社，2001.

［33］施良方，崔允漷．教学理论：课堂教学的原理、策略与研究［M］．上海：华东师范大学出版社，1999.

［34］黄向阳．德育原理［M］．上海：华东师范大学出版社，2000.

［35］高德胜．生活德育论［M］．北京：人民出版社，2005.

［36］檀传宝．学校道德教育原理［M］．北京：教育科学出版社，2000.

［37］乔建中．班主任德育理论与操作［M］．南京：南京师范大学出版社，2007.

［38］李伟胜．班级管理［M］．2版．上海：华东师范大学出版社，2021.

［39］齐学红．班级管理［M］．北京：北京师范大学出版社，2015.

［40］郭景扬．中小学素质教育论［M］．上海：学林出版社，1998.

［41］班华，陈家麟．中学班主任实施素质教育指南［M］．南京：南京师范大学出版社，1999.

［42］解思忠．国民素质读本［M］．北京：国际文化出版公司，2000.

［43］齐学红．新编班主任工作技能训练［M］．上海：华东师范大学出版社，2007.

［44］魏书生．班主任工作漫谈［M］．南京：译林出版社，2013.

［45］魏国良．学校班级教育概论［M］．上海：华东师范大学出版

社，1999.

［46］丁榕．班级管理科学与艺术：我的班主任情［M］.北京：人民教育出版社，2004.

［47］赖华强．班主任工作案例教程［M］.广州：暨南大学出版社，2006.

［48］田恒平．班主任理论与实务［M］.北京：首都师范大学出版社，2007.

［49］《班主任工作策略》编写组．班主任工作策略［M］.广州：世界图书出版广东有限公司，2010.

［50］李玉萍．一份特别教案：教育艺术案例与分析［M］.北京：中国人民大学出版社，2003.

［51］陈桂生．聚焦班主任：“班主任制”透视［M］.北京：教育科学出版社，2012.

［52］李永生．和谐班级的建设：班级中的交往与互动［M］.广州：广东教育出版社，2007.

［53］迟希新，代贝．优秀班主任九项修炼［M］.北京：中国人民大学出版社，2011.

［54］赵坡．班级管理实战指南［M］.上海：华东师范大学出版社，2013.

［55］李国汉．班集体建设与创新人才培养［M］.重庆：西南师范大学出版社，2013.

［56］赵敏，江月孙．学校管理学新编［M］.广州：广东高等教育出版社，2008.

［57］钟启泉．班级管理论［M］.上海：上海教育出版社，2001.

［58］张福墀，安桐森．管理中的情·理·法［M］.北京：经济管理出版社，2001.

［59］林冬桂，张东，黄玉华．班级教育管理学［M］.广州：广东高等教育出版社，1999.

［60］唐迅．班集体教育实验的理论与方法［M］.广州：广东教育出版社，2000.

［61］龚浩然，黄秀兰．班集体建设与学生个性发展［M］.广州：广东教育出版社，1999.

［62］刘培征，窦连佩，刘桂梧．班集体活动论［M］.天津：天津教育出版社，2002.

［63］王一军，李伟平．班级活动设计与组织实施［M］.北京：教育科学出版社，2007.

［64］杨连山，杨照，张国良．班级活动创新与问题应对［M］.重庆：西南师范大学出版社，2013.

［65］卡西尔．人论［M］.甘阳，译．上海：上海译文出版社，2004.

［66］布伯．我与你［M］.陈维纲，译．北京：生活·读书·新知三联书店，2002.

［67］莫兰．复杂性理论与教育问题［M］.陈一壮，译．北京：北京大学出版社，2004.

［68］怀特海．教育的目的［M］.庄莲平，王立中，译．上海：文汇出版社，2012.

［69］谢弗．发展心理学：儿童与青少年［M］.6 版．邹泓，等译．北京：中国轻工业出版社，2005.

［70］桑特洛克．青少年心理学［M］.寇彧，等译．北京：人民邮电出版社，2013.

［71］戴维·迈尔斯．社会心理学［M］.8 版．侯玉波，等译．北京：人民邮电出版社，2006.

［72］拉森，巴斯．人格心理学：人性的科学探索［M］.2 版．郭永玉，等译．北京：人民邮电出版社，2011.

［73］罗杰斯．个人形成论：我的心理治疗观［M］.杨广学，等译．北京：中国人民大学出版社，2004.

［74］罗伯特·斯莱文．教育心理学［M］.7 版．姚梅林，等译．北京：人民邮电出版社，2004.

［75］阿德勒．儿童的人格教育［M］.彭正梅，彭莉莉，译．上海：上海人民出版社，2011.

［76］海穆·基诺特．师生沟通技巧［M］.许丽美，许丽玉，译．广州：广东世界图书出版公司，2003.

［77］P. H. 墨森，等．儿童发展和个性［M］.缪小春，等译．上海：上海教育出版社，1990.

［78］A. H. 马斯洛．动机与人格［M］.许金声，程朝翔，译．北京：华夏出版社，1987.

［79］戈布尔．第三思潮：马斯洛心理学［M］.吕明，陈红雯，译．上海：上海译文出版社，2001.

［80］罗伯逊．问题解决心理学［M］.张奇，等译．北京：中国轻工业出版社，2004.

［81］罗杰斯．问题班级管理策略［M］.2 版．吕红日，范立，译．北京：

中国轻工业出版社，2014.

[82] 柯尔伯格. 道德教育的哲学 [M]. 魏贤超，柯森，等译. 杭州：浙江教育出版社，2000.

[83] 列夫·维果茨基. 思维与语言 [M]. 李维，译. 北京：北京大学出版社，2010.

[84] 维柯. 维柯论人文教育：大学开学典礼演讲集 [M]. 张小勇，译. 桂林：广西师范大学出版社，2005.

[85] 费尔南多·萨瓦特尔. 伦理学的邀请：做个好人 [M]. 于施洋，译. 北京：北京大学出版社，2008.

[86] 唐立，张莎. 实习，你准备好了吗？ [J]. 班主任之友（中学版），2014（3）：25 - 27.

[87] 许志强. 中学班级文化建设的思考与实践 [J]. 教育导刊，1996（10）：13 - 31.

[88] 徐创成. 班级文化建设的内涵、途径和方法 [J]. 学周刊，2011（23）：10 - 11.

[89] 王冀生. 试论现代大学的教育理念 [J]. 中国高等教育，1999（4）：7 - 9.

[90] 何杨勇. 为教育理念的合理性辩护 [J]. 高等师范教育研究，2003（6）：56 - 61.

[91] 扈中平，陈东升. 教育价值选择的方法论思考 [J]. 教育研究，1995（5）：16 - 20.

[92] 贾高见. 小活动　大德育：体验式活动的设计与实施 [J]. 班主任之友（中学版），2014（6）：12 - 18.

[93] 卢新伟. 试论道德两难故事讨论法在班会中的应用 [J]. 班主任，2012（12）：5 - 7.

[94] 韩延明. 学风建设：大学可持续发展的永恒主题 [J]. 高等教育研究，2006，27（3）：19 - 24.

[95] 张小媚. 公平正义：社会主义核心价值观的价值基础 [J]. 中央社会主义学院学报，2011（3）：93 - 96.

[96] 孙伟平. 在科学与人文之间保持必要的张力：科学精神与人文精神研讨会综述 [J]. 哲学动态，2002（12）：17 - 19，27.

[97] 俞吾金. 科学精神与人文精神必须协调发展 [J]. 探索与争鸣，1996（1）：4 - 7.

[98] 梁嘉声. "6S" 管理理念下的班级文化建设 [J]. 教学与管理，2014

（4）：29 - 31.

　　[99] 黄显甫. 关于中小学学风建设的几点思考 [J]. 现代中小学教育，2006，22（2）：9 - 12.

　　[100] 张培刚. 熊彼特的创新理论 [J]. 教育参考，2003（1）：63.

　　[101] 刘春雷，王敏，张庆林. 创造性思维的脑机制 [J]. 心理科学进展，2009，17（1）：106 - 111.

　　[102] 张志文，张巳瑛. 问题意识与创新精神和创新能力的培养 [J]. 中国教育学刊，2002（1）：39 - 40.

　　[103] 龚克. 教育的目的在于人 [N]. 中国教育报，2014 - 03 - 14（02）.

　　[104] 姚本先. 问题意识与创新精神 [N]. 中国教育报，2001 - 02 - 21.

　　[105] 曹钧. 青少年逆反心理的相关因素分析 [D]. 南京：南京医科大学，2008.

　　[106] 朱红枫. 非正式群体状况及班级管理策略：基于某职校班级的社会学分析 [D]. 南京：南京师范大学，2004.

后　记

　　书稿终于付梓了！内心感慨万千，不由自主地回想起近十五年的教学生涯。其实，《班级管理理论与实践》是由我担任主讲的课程"班主任工作概论"的课程讲义转变而成的，时间跨度大概十五年。

　　记得2000年，系领导让我担任"中学班主任工作概论"课程的主讲。当时的我刚刚出来工作不久，没有太多的经验，让我上两年制脱产进修班的课，我的心理压力很大。因为两年制脱产进修班的学生大都是来自全省各地的中小学教师，他们对班主任工作都有直接经验，甚至不少人已经很熟悉班主任工作了。该如何上好这门课？讲些什么内容才能满足学生的需要？怎样讲才能让他们觉得学有所思、学有所获呢？这些问题总在我的脑中盘旋。我开始查阅大量期刊、图书等资料，发现介绍班主任常规工作的相关书籍都大同小异。我凭着自己的经验判断，如果我按这类书籍的内容来讲课，学生肯定觉得没意思。但是，熟悉班主任工作不等于在班主任工作中没有遇到困难和问题，如果课程内容能够帮助脱产进修的学生解决他们在从事班主任工作的过程中遇到的问题，或者帮助他们提升教育思想和教育理念，那么学生应该会喜欢上这门课的。于是，我转向翻阅教育类期刊，寻找班主任工作的新动向和遇到的新问题，并进行归类，拟出十个专题的内容，主要涉及班主任教育理念的建立与实施，素质教育、现代教育理念简介，班级目标管理，班级管理中的法、理、情，主题班会，师生沟通等等。我利用整个暑假围绕这些专题准备资料，并且决定在开学后的第一次课上先让学生自己来选择最喜欢的专题，我再根据学生的要求来备课。

　　开学后，当我在第一次课上讲明我对课程的基本设想后，他们很支持我的想法，对我所列的十个专题进行选择，并提出了许多宝贵的意见和建议。我在此基础上重新备课，撰写讲稿。无法忘记备课的日子，如水的月光洒在书桌上，它陪伴我度过了许多忙碌而又充实的夜晚。本书最初的讲稿就是给"2000政本二"的学生用的，非常感谢他们。如果没有他们的支持与配合，这本书的内容将会成为什么样子是无法想象的。

　　后来，我以"班级管理理论与实践"为名，在全校开设公共选修课。学生都喜欢这门课，大多数学生认为这门课对于师范生来说很实用，不仅让他们知道班主任工作的主要内容，也让他们知道如何进行班级管理。学生一直希望我能够把讲义编成教材，我自己也有这个想法。2010年寒假时，我根据授课提纲开始撰写书稿。真正去做时才发现写书并没有想象中的那么容易，哪怕是已经有讲稿为基础。在讲课时，课堂中信手拈来的案例可以让学生感同身受，有时学生自己亲身的教育经历又会成为课堂教学中的案例，课堂教学过程中师生之间的互动与交流可以不用过分追求语言表达的准确性。可是，真正要写成书时才发现，编写一本书与上课完全不同。上课时，你可以通过学生的表情来判断学生是否理解你所讲的内容，并及时进行调整或作补充说明。可是，写作并没有如此的便利。课堂教学中，实践案例与教育理论可以结合得天衣无缝。可是当写作时，理论有理论的逻辑推理过程，实践中的案例又是经验的叙事，这两者该如何整合在一起是我遇到的最大难题之一。因为这样，本书的写作从开始到真正完成，写写停停、停停写写，大约用了四年的时间。

2010年初稿完成后，它一直沉睡在书架上，我没有强烈的愿望要逼迫自己出书，更何况写书实在是太辛苦了！当我停下来，内心也准备放弃出书时，机缘来了。在系主任高家方教授的大力支持下，本书的出版得到了资助，也实现了我出书的心愿，在此对高家方教授表示衷心的感谢！

我还要感谢我的同事叶长茂教授，感谢他的支持和鼓励。他帮助我联系出版社，并在百忙之中抽出时间，亲自陪我前往出版社洽谈合作出版事宜。更为重要的是同事间的心理支持和鼓励，它让我能坚持写作、修改，能坚持这种苦行僧式的写作生活，日复一日坐在电脑前敲打文字，如果没有同事的支持和鼓励，这实在不是一件容易坚持的差事。

我还要感谢我的先生，是他最早鼓励我写书的。记得写初稿时是在一个寒假，每天除了买菜做饭之外，就是坐下来思考和写作。在写不下去时，我时常会一个人在花园里转悠，望望天空，闻闻花香，觉得自己过上了神仙般的生活！不过，当我把初稿整理出来后，却停下来了。这一停就是三年。先生对我很不满意，他认为我缺乏恒心和毅力，无法坚持不懈地做好一件事。他说得很有道理，也确实如此。所以，当我去年重新拿出初稿进行修改时，他只说了一句"早该如此了！"说不清这是对我的鼓励还是批评。管不了那么多了，反正书稿的写作终于步入正轨。对于我而言，也许这就是所谓的"天时、地利、人和"吧！

其实，本书的内容还是很粗糙的。我虽然敏感地觉得目前我国班级管理存在不少问题，如班级管理流于教师个人的经验，缺乏科学的理论依据和先进的教育理念等，可是当自己试图去深入分析和阐述其中的道理时，却显得漏洞百出，捉襟见肘！在修改过程中，我深深感受到本书存在的诸多不足：如何从哲学的高度厘清人性的特点，这是班级管理的人性基础；班级管理应该坚持基本的价值取向，这是教育的社会价值，可是如何突出班级管理的价值取向所具有的时代特征，这也是我的软肋；班级管理要坚持法、情、理相结合，那么三者之间的关系又是怎样的呢？班主任又该如何平衡三者在班级管理中的地位和作用呢？面对这些不足我却有无力之感，深知这些都是我学力所不逮的。

书出版了，我要感谢周玉宏编辑，她温婉的气质让人印象深刻，她的鼓励也让我对自己充满信心，希望通过自己的努力尽可能把这本书做好。我还要感谢暨南大学出版社。最早关注暨南大学出版社是源于一本书——《班主任工作案例教程》，它是由赖华强老师主编的。教学之初，我一直苦于没有合适的教材给学生上课用，2004 年暨南大学出版社出版了《班主任工作案例教程》，我如获至宝，立即用作学生的教材。学生很喜欢这种以案说理的书籍，可读性强，既可以获得一些班级管理的经验，又有一定的教育理论作为支撑。因此，自己的书稿能在暨南大学出版社出版，我深感荣幸。然而，我深知才疏学浅非短时之力所能弥补，本书的错误疏漏都是我的责任。话说丑媳妇总要见公婆的，书也一样。唯愿此书能抛砖引玉，在不久的将来，学界学人能出一本既有理论深度又有丰富实践案例的班级管理书籍，惠及众多的教育工作者。

此外，本书参考和选用了不少国内外学者和一线教师的研究成果，同行们的真知灼见让我受益无穷，在此特向原作者们表达深深的谢意。同时，本书在引文和注释方面还存在诸多的疏漏和不足，也请原作者给予谅解。其中，本书第七章和第八章的不少方案选自以前学生的小组合作学习作业，主要是由 2003 级思想政治教育专业和历史专业四年制本科班及 2004 级思想政治教育专业四年制本科班的学生设计和撰写的。他们积极认真完成老师布置的小组合作学习作业，并撰写不同类型的班级活动方案在班上展示、交流和讨论。借此机会，对我的学生表示衷心的感谢，这些方案是我们师生共同学习、共同成长的美好见证。

罗越媚

2015 年 8 月